"十四五"高等职业教育城市轨道车辆应用技术专业系列教材

编审委员会

"十四五"高等职业教育城市轨道车辆应用技术专业系列教材

城市轨道交通概论

徐 帅 阿鲁斯◎主 编
任博威 段瑞英◎副主编
董培军 李雷雷◎主 审

中国铁道出版社有限公司
CHINA RAILWAY PUBLISHING HOUSE CO., LTD.

内 容 简 介

本书以教育部颁布的城市轨道交通类专业人才培养方案为纲领，以"十四五"职业教育规划教材建设实施方案为引领，以《地铁设计规范》(GB 50157—2013)及中国城市轨道交通协会发布的行业数据、标准等为依据，体现其科学性、合理性及行业发展的新技术、新工艺、新规范、新标准。全书共分七个项目，内容包括城市轨道交通概况、城市轨道交通线路、城市轨道交通车站、城市轨道交通车辆、城市轨道交通供电系统、城市轨道交通信号与通信系统、城市轨道交通运营管理。

本书内容设计逻辑严谨、梯度明晰，文字表述规范、准确、流畅，图文并茂、形式新颖；提供微课、题库等数字资源。

本书适合作为高等职业院校"城市轨道交通概论"课程教材，也可作为企业员工培训用书。

图书在版编目(CIP)数据

城市轨道交通概论 / 徐帅，阿鲁斯主编. -- 北京 ：中国铁道出版社有限公司，2024. 9. -- (“十四五”高等职业教育城市轨道车辆应用技术专业系列教材).
ISBN 978-7-113-31450-7

Ⅰ. U239.5

中国国家版本馆 CIP 数据核字第 2024E8W589 号

书　　名：城市轨道交通概论
作　　者：徐　帅　阿鲁斯

策　　划：李中宝　　**编辑部电话：**(010)83527746
责任编辑：李中宝　彭立辉
封面设计：郑春鹏
责任校对：苗　丹
责任印制：樊启鹏

出版发行：中国铁道出版社有限公司(100054，北京市西城区右安门西街 8 号)
网　　址：https://www.tdpress.com/51eds/
印　　刷：北京联兴盛业印刷股份有限公司
版　　次：2024 年 9 月第 1 版　2024 年 9 月第 1 次印刷
开　　本：787 mm×1 092 mm　1/16　**印张：**16　**字数：**443 千
书　　号：ISBN 978-7-113-31450-7
定　　价：55.00 元

前言

城市轨道交通具有便捷、环保、节能、安全和运量大等特点，对缓解城市交通拥堵、改善城市交通结构、促进经济社会可持续发展具有十分重要的作用。随着我国城市经济的高速发展和城市规划的扩展，城市轨道建设正在进入高速发展期，已成为前景广阔的“朝阳产业”，未来10年我国将成为全球最大的城市轨道交通市场。

中国城市轨道交通协会信息显示，截至2023年底，我国共有59个城市开通运营城市轨道交通线路，运营线路总长度11 224.54公里。《中华人民共和国国民经济和社会发展第十四个五年规划和2035年远景目标纲要》提出：“新增城市轨道交通运营里程3 000公里。”城市轨道交通行业的用人需求量将急剧增长。

为满足城市轨道交通行业对轨道交通类人才的需求及高职院校对培养轨道交通相关专业人才的需求，结合教育部专业教学标准，编写了本书。本书全面、系统地介绍了轨道交通整个系统的基本知识，内容包括城市轨道交通概况、城市轨道交通线路、城市轨道交通车站、城市轨道交通车辆、城市轨道交通供电系统、城市轨道交通信号与通信系统、城市轨道交通运营管理。本书能够帮助读者建立城市轨道交通的系统意识，了解各专业的基本知识和相互之间的关系，培养城市轨道交通类专业学生的基本专业素养，为进一步学习专业课程起到融会贯通的作用。

本书主要有以下特色：

1. 结构清晰、难度适中，符合认知规律

本书符合职业教育特点，遵循学生的认知和能力发展规律，在内容选取上难度适中，以够用为度。在内容结构设计上，采用项目引领、任务驱动的结构，教学目标明确，重点、难点突出，并配有知识图谱，以便于学生清晰、高效地梳理知识点，掌握项目知识目标。

2. 呈现形式新颖、多样

本书内容呈现形式新颖、多样，在确保教材体系完整、知识点满足教学目标的前提下，开发丰富、多元的教学资源，为读者提供微课、题库等资源。

3. 内容新颖，紧跟行业发展

城市轨道交通行业发展迅猛，技术日新月异。为了让学生了解城市轨道交通发展的最新技术及行业动态，本书及时纳入新技术、新工艺、新规范，紧跟行业发展。

4. 校企协作，融入行业与企业新动态

通过对呼和浩特市地铁的深度调研，以及企业技术骨干参与编写，明确岗位需求，将企业规范和行业发展新技术融入教材中，突出教材内容的职业性和实用性。

5. 融入思政元素，增强育人功能

根据城市轨道交通企业对人才的要求和职业教育的特点，从知识、能力、技能等方面，以拓展阅读的形式将爱岗敬业、精益求精、追求卓越的工匠精神融入教材中，培养学生职业认同感和专业素养。

本书由包头铁道职业技术学院与呼和浩特市地铁集团有限公司合作完成。包头铁道职业技术学院徐帅、阿鲁斯任主编，包头铁道职业技术学院任博威、段瑞英任副主编，祁瑒娟、李博含参与编写。具体编写分工：徐帅编写项目二、项目四；段瑞英编写项目一；阿鲁斯编写项目三；祁瑒娟编写项目五；李博含编写项目六；任博威编写项目七。全书由呼和浩特市地铁集团有限公司董培军、李雷雷主审，徐帅负责统稿。

本书在编写过程中，参考和引用了大量有关文献资料，在此对文献的作者表示衷心感谢！

由于编者水平有限，加之编写时间仓促，书中疏漏和不当之处在所难免，敬请读者批评指正，并将建议及时反馈给我们，以便修订完善。编者联系方式：28222346@qq.com。

编　者

2024 年 4 月

目录

项目一

城市轨道交通概况

项目导入

随着城市化进程加快、城市规模扩大，经济发展和居民收入提高，城市人口和外来人员的流动日益频繁，市内交通需求持续增长。但汽车生产的相对无限性与道路建设的相对有限性对人们的出行产生较大影响，道路交通越来越拥堵。因此，为了解决城市的交通难题，发展以城市轨道交通为主、道路公共交通为基础、出租车为补充的大城市公共交通系统势在必行。

项目目标

知识目标：

①掌握城市轨道交通的定义、特点和类型。

②了解城市轨道交通的起源与发展历程。

③了解我国城市轨道交通发展概况。

能力目标：

①能够说出城市轨道交通的特点。

②能够区分城市轨道交通的类型。

③能够说出世界城市轨道交通发展历程。

④能够说出我国城市轨道交通发展历程。

素养目标：

①了解城市轨道交通的基本概念，培养自主学习新知识的能力，提升服务社会的成就感。

②了解世界和中国城市轨道发展历程，增强爱岗敬业、精益求精、力求创新的意识。

知识导图

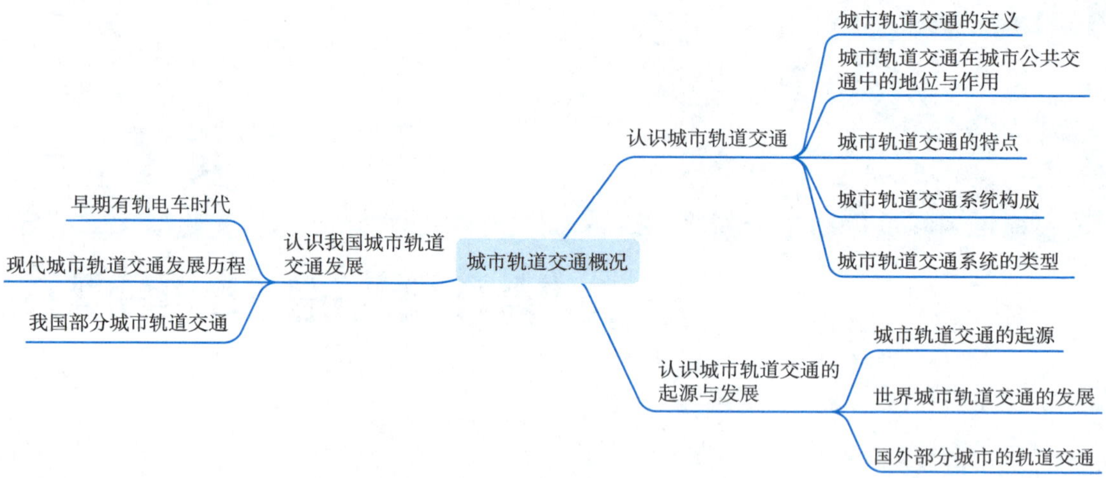

任务一 认识城市轨道交通

任务目标

①掌握城市轨道交通的定义。

②了解城市轨道交通在城市公共交通的地位与作用。

③掌握城市轨道交通的特点。

④了解城市轨道交通系统的构成。

⑤掌握城市轨道交通系统的类型。

任务描述

城市轨道交通的基本概念涉及内容广泛，要求能归纳出城市轨道交通特点，认知不同类型城市轨道交通的基本特点，识别城市轨道交通类型，具备城市轨道交通基本认知。

核心知识

一、城市轨道交通的定义

轨道交通是一种独立的有轨交通系统，它可提供资源节约利用、环境舒适、节能减排、安全快捷的大容量运输服务，能够按照设计能力正常运行，与其他交通工具互不干扰，具有强大的运输能力、较高的服务水平和显著的资源环境效益。运载人和物的车辆在特定的轨道上运行，轨道起支承和导向作用的交通手段称为轨道交通。

城市中，使用车辆在固定导轨上运行并主要用于城市客运的交通系统称为城市轨道交通。国际上对城市轨道交通没有统一的定义。我国现行行业标准《城市公共交通分类标准》(CJJ/T 114—2007)中定义，城市轨道交通为采用轨道结构进行承重和导向的车辆运输系统，依据城市交通总体规划的要求，设置全封闭或部分封闭的专用轨道线路，以列车或单车形式，运送相当规模客流量的公共交通方式。

二、城市轨道交通在城市公共交通中的地位与作用

①城市轨道交通是城市公共交通的主干线、客流运送的大动脉，是城市的生命线工程。建成运营后将直接影响城市居民的出行、工作、购物和生活。

②城市轨道交通是世界公认的低能耗、少污染的公共交通，是解决“城市病”的一味良药，对于实现城市的可持续发展具有非常重要的意义。

③城市轨道交通是城市建设中最大的公益性基础设施，对城市的全局和发展模式将产生深远的影响。城市轨道交通的发展将会吸引更多的客流向城市集中，进一步促进了城市社会经济的发展，它也是城市现代化水平的标志之一。

④城市轨道交通的建设与发展有利于提高市民出行的效率，节省时间，提高生活质量。

三、城市轨道交通的特点

随着城市与城市交通的快速发展，城市轨道交通近年来发展迅速。目前建设与发展城市轨道交通系统已成为世界各国解决城市交通问题的首选方案。城市轨道交通具有传统的地面公共交通方式没有的特点，具体表现在以下几方面：

1. 运输能力强

由于城市轨道交通的列车行车时间间隔短，运行速度快，列车编组辆数多且密度大，因此具有较强的运输能力。地铁单向高峰每小时的运输能力可达到3万~7万人次，甚至可达到8万人次；轻轨可达到1万~4万人次；有轨电车可达到1万人次，城市轨道交通的运输能力远远超过公共汽车。

2. 准时性高

城市轨道交通是在专用行车道上运行，因此不受其他交通工具干扰，不会产生线路堵塞。尤其是在上下班高峰时段，地面交通拥挤不堪时，列车能按运行图运行，而且它不受气候影响，是全天候的交通工具，具有可信赖的准时性。

3. 速度快

由于城市轨道交通采用先进的电动车组动力牵引方式，车辆有较高的运行速度和较高的起动、制动加速度；同时多数车站采用高站台，列车停站时间短，乘客上下车迅速方便，换乘方便，缩短了出行时间。目前，地铁列车的最高运行速度一般为80 km/h以上，平均速度基本可以达到35~60 km/h。

4. 舒适性好

城市轨道交通由于运行在不受其他交通工具干扰的线路上，因此车辆具有较好的运行特性。同时，其车辆、车站等装有空调、引导装置、自动售票等直接为乘客服务的设备，使城市轨道交通具有较好的乘车条件，舒适性优于公共电车和公共汽车。

5. 安全性高

城市轨道交通有专用行车道且没有平交道口(除有轨电车)，不受其他交通工具干扰，并且有先进的通信信号设备，因此极少发生交通事故。

6. 占地少

大城市地面拥挤、土地费用昂贵，城市轨道交通可以充分利用地下、地上空间进行开发，能有效缓解由于汽车大量发展而造成的道路拥挤、堵塞现象，有利于城市空间的合理利用，进而提高了土地利用价值，并能改善城市景观。

7. 污染低

城市轨道交通采用电气牵引，与传统公共汽车相比不会产生废气污染，可以称为“绿色交

通”，这符合现代都市提倡的低碳生活。同时，由于线路和车辆上采用了各种降噪措施，因此一般不会对城市环境产生严重的噪声污染。

8. 能耗低

城市轨道交通是大运量客运系统，且采用了多项高新技术，相比传统公共电车、公共汽车更节省能源。在同等运能下，轨道交通的能耗只相当于公共汽车的1/2。但也要看到，与其他交通工具相比，城市轨道交通也存在一定的劣势，它具有一次性建设投资大、建设周期长、工程质量要求高、设备技术复杂，且路网结构一旦形成后就不易调整和变更等特点，对其规划、建设的前期工作要求高。因此，一定要有战略考虑，使规划建设的前期工作做细、做实、做深入，才能保证其发挥最大效益。

四、城市轨道交通系统构成

城市轨道交通是一个多专业多工种配合工作、围绕安全行车这一中心而组成的、有序联动、实时性极强的复杂系统，如图1-1所示。

视频

城市轨道交通系统

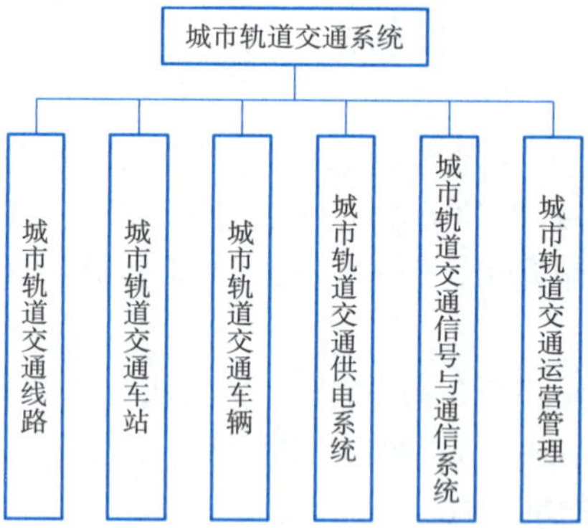

图1-1 城市轨道交通系统

城市轨道交通必须具有线路设备，作为车辆和列车运行的基础；在线路中间设置各种类型的车站，作为乘客乘降列车的场所；车站内安装各种机电设备，保障乘客的乘车环境和乘车秩序；拥有大量和质量优良的列车作为运送乘客的工具；具有完善的供配电系统，作为列车的动力来源和为维持运营提供必要的动力和照明用电。同时，为了确保行车安全和提高运输效率，城市轨道交通又必须设置一套完备的、现代化的信号与通信系统，作为运输调度集中和统一指挥的工具；为了确保乘客有序和安全乘车，城市轨道交通还必须设置运营安全管理系统，以及各种设备检修的必要场所，确保各种设备正常和安全。

五、城市轨道交通系统的类型

城市轨道交通种类繁多，技术指标差异较大，世界各国的评价标准各不相同，并无严格的分类，不同的国家有不同的标准和分类方法。

城市轨道交通系统按容量（运送能力）不同，可分为高容量、大容量、中容量和小容量；城市轨道交通系统按导向方式不同，可分为轮轨导向和导向轨导向；城市轨道交通系统按线路架设方式不同，可分为地下、高架和地面。按运营组织方式不同，可分为传统城市轨道交通系统、城市快速铁路系统和市郊铁路系统；城市轨道交通系统按基础技术特征的不同，主要可分为地铁系统、轻轨系统、单轨系统、有轨电车、磁浮系统、自动导向轨道系统、市域快速轨道系统。

1. 地铁系统

地铁(见图 1-2、图 1-3)是城市快速轨道交通的先驱,是由电力牵引、轮轨导向、轴重相对较重、具有一定规模运量、按运行图行车、车辆编组运行在地下隧道内,或根据城市的具体条件,运行在地面或高架线路上的快速轨道交通系统。地铁车站站间距较紧密(1 ~ 2 km),列车由电力牵引,一般线路全封闭,实现信号自动化控制。

图 1-2　北京地铁

图 1-3　呼和浩特地铁

世界上首个地铁系统是在 1863 年开通的英国伦敦地铁,是为了解决当时伦敦的交通堵塞问题而建。当时电力尚未普及,所以即使是地下铁路也只能用蒸汽机车。由于机车释放出的废气对人体有害,所以当时的隧道每隔一段距离就要有和地面打通的通风槽。1870 年,伦敦开办了第一条客运的钻挖式地铁,在伦敦塔附近越过泰晤士河。但这条铁路并不算成功,运营数月后便关闭。现存最早的钻挖式地下铁路在 1890 年开通,亦位于伦敦,连接市中心与南部地区。铁路的建造者最初计划使用类似缆车的推动方法,但最后用了电力机车,使其成为第一条电动地铁。早期在伦敦市内开通的地铁亦于 1906 年全数电气化。

我国第一条地铁线路始建于 1965 年 7 月 1 日,1969 年 10 月 1 日建成通车,北京也因此成为中国第一个拥有地铁的城市。地铁主要技术参数见表 1-1。

表 1-1　地铁主要技术参数

序　号	项　目	技术参数	序号	项　目	技术参数
1	高峰小时单向运输能力/人	30 000 ~ 70 000	9	安全性和可靠性	较好
2	列车编组	4 ~ 8 节,最多 11 节	10	最小曲线半径/m	150
3	列车容量/人	3 000	11	最小竖曲线半径/m	2 000
4	车辆构造速度/(km · h^{-1})	80 ~ 100	12	舒适性	较好
5	平均运行速度/(km · h^{-1})	35 ~ 60	13	城市景观	无大影响
6	车站平均间距/m	1 000 ~ 2 000	14	空气污染、噪声污染	小
7	最大通过能力/(对 · h^{-1})	30	15	站台高度	一般为高站台,乘降方便
8	与地面交通隔离率	100%			

2017 年 5 月,首款山地型地铁 As 诞生,As 型地铁是介于 A、B 型地铁之间的新车型,As 型地铁适用于山地环境,具有爬坡能力强、转弯半径小、载客量大等特点,最高运行时速为 100 km。

2018 年 9 月,中国中车正式发布新一代碳纤维地铁车辆。新一代地铁车辆采用先进的碳纤维技术，车体、转向架构架、司机室、设备舱及设备机体等均使用碳纤维复合材料制造，成功突破碳纤维大型复杂件结构设计、制造成型等关键技术，是大规模应用碳纤维复合材料的地铁车辆。新一代碳纤维地铁车辆的车体、司机室、设备舱分别减重30%以上，转向架构架减重40%，整车减重13%。

视频

轻轨系统

2. 轻轨系统

轻轨系统(见图1-4)是在有轨电车的基础上发展起来的，由电气牵引、轮轨导向，列车或车辆编组运行在专用行车道上的中运量城市轨道交通系统，输送客流能力介于地铁与有轨电车之间，单向高峰小时客运量在1.5万~3万人次，是地铁的1/3~1/2，其运量在轨道上的负荷及车辆轴重相对地铁较轻，因而称为轻轨。现在，轻轨是一个比较广泛的概念，由于轻轨具有投资少(每公里0.6亿~1.8亿元，不到地铁的1/3)、施工方便、建设工期短等特点，足以缓解城市交通拥挤的状况，且建设标准低于地铁，因此轻轨发展很快。

图1-4　轻轨系统

轻轨系统的最初定义是指采用轻型轨道的城市交通系统。当初确实使用的是轻型钢轨，而如今的轻轨已采用与地铁相同质量的钢轨。所以，目前国内外都以客运量或车辆轴重(每个轮轴传给轨道的压力)的大小来区分地铁和轻轨。目前，轻轨指的是运量或车辆轴重稍小于地铁的轻型快速轨道交通。

视频

单轨系统

3. 单轨系统

单轨系统是指车辆在一根轨道上运行的一种城市轨道交通系统。单轨系统通常分为跨座式单轨和悬挂式单轨两种，如图1-5和图1-6所示。跨座式单轨为车体跨座在轨道梁上的单轨交通型式。车辆采用橡胶车轮，走行装置位于梁轨合一的轨道梁内。除走行轮外，在转向架的两侧有导向轮和稳定轮，夹行于轨道梁的两侧，保证车辆沿轨道安全平稳地行驶。悬挂式单轨交通的轨道架设于支柱上端，车辆的车轮在车厢的上方，并支撑于悬空轨道的钢轨上，车辆可以是对称或非对称布置，也可以是单个或成双布置。单轨系统的车厢一般由铝合金制造。驱动机构由电动机机组组成，与动轮布置在一起。单轨系统的优点是技术较简单、投资费用少、不受地面交通干扰、占用土地少和运行平稳等；其缺点是运能较小、能耗大、发生事故时疏散和救援工作困难。单轨交通的运输能力为1万~3万人/h，运行平均速度为30 ~ 60 km/ h。

单轨系统与轻轨系统相比有很多突出的优点：由于单轨客车的走行轮采用特制的橡胶车轮，所以振动和噪声大幅减少；两侧装有导向轮和稳定轮控制列车转弯，运行稳定可靠。高架单轨轨道梁宽仅为85 cm，不需要很大空间，可适应复杂地形的要求，同时对日照和城市景观影响小。

图 1-5　跨座式单轨

图 1-6　悬挂式单轨

1821 年,亨利·罗宾逊帕尔默的单轨设计获得了英国专利,这是关于单轨最早的设计。根据这一设计,1824 年,为了运送货物便捷,在伦敦船坞建设了一条由马匹拉动的单轨交通,这是单轨最早的起源,是世界上第一条单轨交通。我国重庆市于 2000 年在轨道交通 2 号线引入跨座式单轨技术,该线路于 2004 年 12 月 11 日开通运营,为其他城市的轨道交通建设建立了示范工程。2023 年 9 月 26 日悬挂式单轨首次在武汉开通运营。

4. 有轨电车

有轨电车是采用电气牵引轮轨导向的低地板式电动车辆,在专用轨道上运行,具有多种路权方式,以地面线路为主的中低运量的城市轨道交通系统,如图 1-7 所示。有轨电车轨道有胶轮式或钢轮钢轨式两种,钢轮钢轨式轨道与铁路轨道相似,只是有轨电车轨道一般采用槽型轨,其供电方式为接触网供电或无触网供电,其中无触网供电包括第三轨供电、储能式供电等。现代有轨电车设计车速为 70 km/h,运行平均速度为 30 ~ 40 km/h,运输能力为 1.0 万 ~ 1.5 万人次/h。有轨电车与公交车相比,其平均运行时速大于城市中公交车平均时速,单向每小时运输能力远远高于公交车辆。由于其灵活好,对车站要求低,车站也可以变动,故更方便乘客,可以满足城市街道的复杂布局要求。

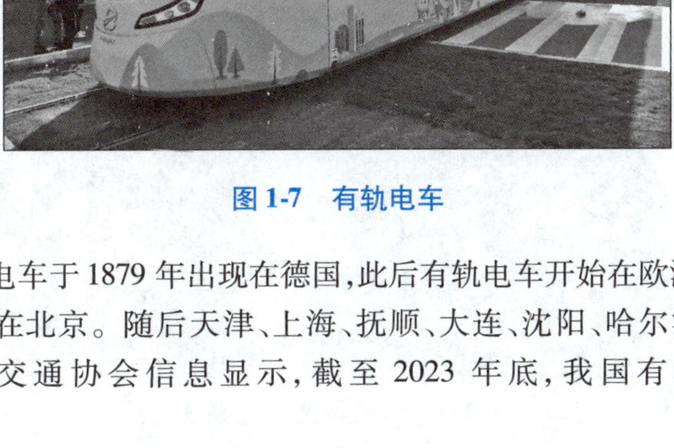

图 1-7　有轨电车

世界上最早的有轨电车于 1879 年出现在德国,此后有轨电车开始在欧洲各国兴起。1899 年,中国第一条有轨电车出现在北京。随后天津、上海、抚顺、大连、沈阳、哈尔滨等城市先后开通有轨电车。中国城市轨道交通协会信息显示,截至 2023 年底,我国有轨电车运营总里程达 578.42 km。

5. 磁浮系统

磁浮系统是指一种非黏着、用直线电动机驱动列车运行的新型轨道交通系统。其原理是利用常导磁铁或超导磁铁产生的吸力或斥力使列车车辆浮起，产生导向力，用直线电动机产生牵引动力。它的速度可达到500 km/h以上，是当今世界最快的地面客运交通工具，具有速度快、爬坡能力强、能耗低、运行时噪声小、安全舒适、污染少等优点。

全世界范围内在商业运营的磁悬浮线路以常导吸引型磁悬浮为主。常导吸引型磁悬浮分为高速型和中低速型，高速型磁悬浮的运行速度一般大于400 km/h，如德国TR系列高速磁悬浮列车和中国的高速磁悬浮列车；中低速型磁悬浮列车的运行速度为80～120 km/h，如日本HSST系列中低速磁悬浮列车、中国CMS系列中低速磁悬浮列车和韩国MLV系列中低速磁悬浮列车。

6. 自动导向轨道系统

自动导向轨道系统是一种通过非驱动的专用轨道引导列车运行的新型无人驾驶轨道交通系统，如图1-8所示。自动导向交通系统是一个模糊的概念，不同国家和城市对此有不同的理解和命名，目前还没有统一和严格的定义。广义上认为，自动导向系统是那些所有现代化新型公共交通方式的总称。狭义上自动导向系统则定义为：由电气牵引，具有特殊导向、操作和转向方式的胶轮车辆，单车或数辆编组运行在专用轨道梁上的中小运量轨道运输系统。

图1-8　自动导向轨道系统

7. 市域快速轨道系统

图1-9所示为市域快速轨道系统，简称市域快轨，通常分为城市快速铁路和市郊铁路两部分，主要服务对象为通勤旅客。城市快速铁路是指运营在城市中心包括近郊城市化地区的轨道系统，其线路采用电气化，与地面交通大多采用立体交叉。市郊铁路是指建在城市郊区，把市区与郊区尤其是与远郊联系起来的铁路。市郊铁路一般与干线铁路设有联络线，线路大多建在地面，部分建在地下或高架。其运行特点接近于干线铁路，只是服务对象不同。市域铁路与地铁的区别见表1-2。

图1-9　市域快速轨道系统

表 1-2　市域铁路与地铁的区别

主要差异	地　铁	市域铁路
服务范围	位于城市中心区，线路长度一般不超过 35 km	位于中心城区与城市组团之间，服务范围大，线路可延伸到不同行政区，线路长度一般不超过 100 km
设计速度	设计速度较低，为 80 ~ 100 km/h	设计速度较高，为 100 ~ 160 km/h，时间目标为 1 h 之内
客流特点	城市中心区客流，属于大运量或高运量	城市外围的通勤、通学客流为主，同城化效应明显，属于中运量
换乘方式和网络连接	一般与铁路网不连通，但在重要节点换乘	与轨道交通多点换乘、多点衔接，与铁路不互通
运行平均速度与站间距	运行平均速度低，站间距离小，运行平均速度为 35 ~ 60 km/h；平均站间距离为 1 ~ 2 km	运行平均速度高、站间距离大，运行平均速度为 50 ~ 80 km/h，平均站间距离为 2 ~ 8 km
线路敷设方式	一般为地下线路	多为地面线和高架线

我国自“十三五”时期开始着手市域（郊）铁路规划工作，《中华人民共和国国民经济和社会发展第十四个五年规划和 2035 年远景目标纲要》提出要加快建设市域（郊）铁路并逐步成网，充分利用现有铁路能力开行市域（郊）列车。总体来看，目前已运营市域（郊）铁路的建设模式主要为利用既有铁路（含改造既有铁路）和新建两种。

笔记栏：

任务实施

任务工单见表1-3。

表1-3　任务工单

<table>
<tr><th colspan="4">阐述城市轨道交通的特点</th></tr>
<tr><td colspan="4">姓名：　　　　　　　　班级：　　　　　　　　日期：</td></tr>
<tr><td colspan="4">团队成员及分工：</td></tr>
<tr><td>实训目标</td><td colspan="3">①掌握城市轨道交通的概念。
②掌握城市轨道交通的类型及特点</td></tr>
<tr><td>实训内容</td><td colspan="3">以小组为单位，以自己所在城市为例，调查城市公共交通有哪些，归纳各类城市公共交通类型的优势和劣势</td></tr>
<tr><td>引导问题</td><td colspan="3">①城市轨道交通的特点有哪些？

②城市轨道交通有哪些类型？</td></tr>
<tr><td colspan="4">训练：
①简述以下城市轨道交通系统图片的类型名称和特点。</td></tr>
<tr><td>序号</td><td>城市轨道交通系统图片</td><td>类型名称</td><td>特　点</td></tr>
<tr><td>1</td><td></td><td></td><td></td></tr>
</table>

续表

序号	城市轨道交通系统图片	类型名称	特　　点
2			
3			
4			
5			

②简述地铁与轻轨的区别。

③查阅资料分享市域快速轨道交通、自动导向轨道系统的发展。

任务评价

任务评价见表1-4。

表1-4 任务评价

序号	评价内容	评价标准	分值	分数		
				学生自评	组间互评	教师评分
1	城市轨道交通车辆的概念	三个关键词,共10分	10			
2	城市轨道交通的特点	八个特点,每个特点5分	40			
3	城市轨道交通的分类	正确判断类型,能描述各类型的特点,共20分	20			
4	团队协作,完成资料查阅,分享学习成果	有图片、有视频、资料内容新,共计30分	30			
总成绩						

拓展视野

我国首条空轨线路开通运营

空轨全称“悬挂式轻型空中轨道”,2023年9月26日,由中国铁建铁四院总体设计的全国首条悬挂式单轨商业运营线——光谷空轨一期工程开通运营,如图1-10所示。光谷空轨一期线路全长10.5 km,设站6座。空轨列车采用全自动无人驾驶模式运营,最高运行时速60 km,最多能容纳220余人,同时可在2~6节车厢之间灵活编组,适应不同客流的运输需求。

图1-10 光谷空轨

光谷空轨列车造型以“科技之翼”为创意,色彩为“科技蓝”,整体设计充满科幻感。光谷空轨线路全长约26.7 km,设站16处,并配套车辆段与停车场各1处,列车具备全自动无人驾驶功能,无须人工操作,司乘人员只需随车应对突发情况。

光谷空轨列车作为国内首条开通运营的空轨线路,对于打造流动的“空中观景平台”,探索绿色低碳城市轨道交通新形势有重要意义。

任务二　认识城市轨道交通的起源与发展历程

任务目标

①了解城市轨道交通的起源。
②熟悉世界城市轨道交通发展的历程。
③了解国外部分城市的轨道交通。

任务描述

城市轨道交通发展距今历史较久，要求认知城市轨道交通的起源，归纳世界城市轨道交通各发展阶段的特点，了解国外部分城市的轨道交通特色，具备城市轨道交通相关专业技术人员必备的基础知识。

核心知识

一、城市轨道交通的起源

从城市轨道交通雏形的出现至今已有 300 多年历史。最早的专门服务于城市内的交通工具——出租马车出现于 17 世纪初的伦敦与巴黎。这种雇佣马车即是今天出租车的原型。1662 年，法国数学家帕斯卡首先设想可以通过提供一种在固定路线上运营的公共马车服务，来降低乘坐的费用。他从国王处得到了运营许可，并在巴黎提供了五条这样的线路，然而由于他的去世和这类马车市场竞争力差的原因，公共马车服务运行了不到两年就倒闭了。1775 年，英国人约翰·乌特兰发明了靠马匹牵引车辆、车轮在铁制轨道上滚动行驶的交通运输工具，如图 1-11 所示。

图 1-11　有轨马车

随着瓦特蒸汽机的诞生，蒸汽机车也随之进入人们的生活。1804 年 2 月 29 日，世界上第一台轮轨式蒸汽机车新城堡号诞生。这天英国火车之父——理查德·特里维西克造的这台机车牵引着 5 节车厢，载着 10 t 货物和 70 名旅客，沿着摩根夏运河 16 km 长的铸铁轨道以 8 英里(1 英里≈1.609 千米)的时速行驶，宣告了蒸汽机车的诞生。但由于蒸汽机车重，铸铁做轨道承重能力差，致使“新城堡号”所到之处的轨道全部被压坏，这让潜在客户和投资人失去了信心。最终，特里维西克只能卖掉"新城堡号"的专利权以维持生活。1825 年 9 月 27 日，斯蒂芬驾驶着与他人共同制造的“旅行者号”试车成功,这是世界上第一辆商业运作的蒸汽机车。尽管斯蒂芬森的蒸汽机车并不是第一辆,但是因为这条铁路的运行成功,他被人们尊称为“蒸汽机车之父”。1830 年,第一条城际火车线路在利物浦与曼彻斯特之间开通。然而,蒸汽机因为其巨大的体积、危险的高温蒸汽、巨大的能耗和噪声,并没有被应用到城市内部交通中,但铁路却被引入到城市交通。1832 年,约翰·斯蒂芬森在美国纽约曼哈顿岛上的哈勒姆区,铺设了第一条城市交通用的铁轨运行公共马车,称为轨道马车。第一个提出将马车轨道嵌入路面的是法国南特人埃米尔·卢巴。根据这项发明,1835 年,他为巴黎修建了第一条嵌入式凹形马车轨道;又于 1852 年负责修建了纽约 6 号街的马车轨道。有轨马车在城市客运中的出现,标志着轨道运输形式进入城市。

1843 年,英国人查尔斯·皮尔逊提出在英国修建地下铁道的建议,1860 年,英国伦敦开始修建世界上第一条地铁(见图 1-12),采用明挖法施工,为单拱砖砌结构。1863 年 1 月10 日建成通车,线路长 6.4 km,用蒸汽机车牵引。英国伦敦地铁的开通标志着世界城市轨道交通的诞生。1870 年,美国第一条在曼哈顿格林尼治大街及第九大道的高架快速轨道交通线路开始运营,标志城市轨道交通高架线路的出现。自 1863 年到 1899 年,英国伦敦和格拉斯哥、美国的纽约和波士顿、匈牙利的布达佩斯、奥地利的维也纳、法国的巴黎五个国家七座城市率先建成地铁。1881 年,德国西门子在柏林近郊铺设了第一条电车轨道,并逐步采用将输电线路架高的方式解决了供电和安全问题。1890 年,英国伦敦第一条使用电动列车牵引的地下铁路建成,成为世界上最早使用电力机车牵引的地下铁路。1896 年,匈牙利布达佩斯修建了欧洲大陆最早的电气化地铁,解决了地铁通道的空气污染问题。到今天这条线路改造后仍在使用,当地居民昵称为“小地铁”,它是欧洲大陆上的第一条地铁。

图 1-12 伦敦第一条地铁

二、世界城市轨道交通的发展

自 1863 年伦敦开通世界上第一条地铁以来,城市轨道交通的发展已有 160 多年历史,各大城市的地铁、轻轨、城市铁路、新型城市轨道交通都得到了很好的发展,为城市的客运交通和经济发展做出了重要的贡献。世界城市轨道交通的发展经历了一个曲折的过程,大致可分为以下几个阶段。

1. 初步发展阶段

19 世纪末,电力机车牵引的方式开始进入城市轨道交通领域,该方式大幅提升了城市轨道交通的实用性,使城市轨道交通进入了一个比较快速的发展时期。在这一阶段,欧美的城市轨道交通发展较快,其间 13 个城市建成了地铁,还有许多城市建设了有轨电车。世界上第一条地铁的诞生,为人口密集的大都市如何发展公共交通提供了宝贵经验。

1890—1920 年是有轨电车在世界范围大发展的时期。在第一次世界大战之前，世界上几乎每个大城市都有有轨电车。由于这种电车的路轨是固定的，车辆在行驶过程中不能让路，在交通拥挤的街上往往会造成诸多不便，因此一些城市很快便废弃了这样的电车。不过，在欧洲大陆上的许多城市至今仍保留了这种有轨式电车。20 世纪 20 年代，美国、日本、印度和中国的有轨电车有了很大发展。这种旧式的有轨电车行驶在城市的道路中间，运行速度慢，正点率很低，而且噪声大，加速性能低，乘客舒适度差，但在当时仍然是公共交通的骨干。

2. 停止萎缩阶段

第二次世界大战的爆发和汽车工业的发展，导致了城市轨道交通的停滞和萎缩。汽车由于其灵活、便捷及可达性，一度成为城市交通的宠儿，得到飞速发展。而轨道交通因投资大，建设周期长，一度失宠。这一阶段只有五个城市发展了城市地铁，有轨电车则停滞不前，有些线路被拆除。美国 1912 年已有 370 个城市建有有轨电车，到了 1970 年，只剩下 8 个城市保留了有轨电车。虽然出现了停滞萎缩景象，但这一时期仍有一些国家新建了城市轨道交通系统。例如 1926 年，澳大利亚悉尼开通了隧道电车，揭开了其建立城市轨道交通系统的序幕；1927 年，日本东京开通了浅草至涩谷的地下铁道线，成为亚洲最早的地下铁道；1935 年，莫斯科第一条地铁通车投入运营。

3. 再发展阶段

第二次世界大战后，各国经济开始复苏，造成汽车过度增加使城市道路异常堵塞，行车速度下降，严重时还会导致交通瘫痪，加之空气污染、噪声严重，大量耗费石油资源，市区汽车有时甚至难以找到停车的地方，于是人们又开始重新注意到占地少、污染小、运力大的城市轨道交通。

在此期间，一些新型的城市轨道交通形式相继出现。1959 年，美国第兹尼兰德的跨座式轻轨铁路开始运营；1961 年，意大利的独轨铁路在世界博览会开始运营；另外加拿大的多伦多、蒙特利尔，意大利的罗马、米兰，美国的费城、旧金山，日本的名古屋、横滨等几十座城市相继建成了地铁。

4. 高速发展阶段

20 世纪 70 年代以后，城市轨道交通进入了高速发展阶段，在这一阶段，世界各国城市化的进程加快，导致人口高度集中，要求城市轨道交通高速发展以适应日益增加的交通需求，经济与科学技术的发展也为轨道交通奠定了良好的基础。由于地铁造价昂贵，建设进度受财政和其他因素的制约，因此，各大城市在建设地铁的同时，又重新把注意力转移到地面轨道上来。利用现代高科技开发了新一代噪声低、速度高、转弯灵活、乘客上下方便，甚至照顾到老人和残疾人的低地板新型有轨电车、独轨电车和磁悬浮列车。在线路结构上，也采用了降噪声技术措施。在速度要求较高的线路上，采用专用车道；与繁忙道路交叉处，进入半地下或高架交叉，互不影响；对速度要求不高的线路，可与道路平齐，与汽车混合运行。截至 2023 年底，全球有 79 个国家和地区的 563 座城市开通了城市轨道交通系统，总里程超过 43 400. 40 km，其中地铁、轻轨、有轨电车分别占 50. 07%、10. 69% 和 39. 24%。同时，城市轨道交通的新技术、新形式也层出不穷，城市轨道交通在全世界范围内正处于高速发展时期。

三、国外部分城市的轨道交通

1. 伦敦地铁

伦敦地铁是英国伦敦城市轨道交通系统的主要组成部分，世界上第一条地铁于 1863 年 1 月 10 日在伦敦建成通车。地铁车辆在伦敦市中心地下运行，至郊区在地面运行，其中地面运行线路占55%。伦敦地铁在英文中别称 The Tube(管子),名称来源于车辆在像管道一样的圆形隧道里行驶。福德郡的部分地区,1856 年开始修建,1890 年又建成一条地下铁道。其长 5.2 km,隧道为圆形,内径 3.10～3.20 m,铸铁管片衬砌。用电力机车牵引列车,为世界上第一条电气化地铁。现在英国伦敦地铁列车通过第三轨供直流电,电压为 600 V。列车运行速度约 32 km/h,最高时速达 96 km。伦敦地铁于 1971 年开始在维多利亚线区应用遥控和计算机技术操纵列车。2021 年 6 月 22 日,据英国《卫报》报道,伦敦市长宣布,伦敦所有地铁隧道和车站将在 2024 年底前实现 4G 信号全覆盖。图 1-13 所示为伦敦地铁大都会线。

2. 纽约地铁

纽约地铁第一条线路通车于 1904 年 10 月 27 日,运行于市政府与 145 街至百老汇交叉口之间,是全球历史最悠久的公共地下铁路系统之一。自 1904 年开通地铁以来,纽约地铁系统已有 120 年的历史,连接着曼哈顿、布朗克斯区、布鲁克林区及皇后区。曼哈顿是主要的商业中心,其他三区以居住为主。纽约的轨道交通系统由三层系统构成:地铁、通勤铁路和城际铁路。其中地铁系统又分为快线和慢线,主要服务于市内。纽约地铁系统有 472 个车站和 24 条不同的线路,由 A、B、C 等字母和 1、2、3 等数字命名。它一年 365 天、每周 7 天、每天 24 小时不间断运行。图 1-14 所示为纽约地铁 J 线。

图 1-13　伦敦地铁大都会线

图 1-14　纽约地铁 J 线

3. 巴黎地铁

法国巴黎也是最早修建地铁的城市之一,但比英国要晚 37 年。为举办巴黎世博会,1898 年 10 月 4 号,巴黎地铁一号线正式动工。1900 年 7 月 19 日,法国的第一条地铁正式开通。修建的巴黎第一条地下铁道从巴士底通往马约门,全长约 10 km,它为巴黎地铁网络的不断发展和完善打下了基础。1930 年前,地铁建设集中在巴黎市以内。到 1913 年,巴黎地铁的线路已经达到 10 条,年客运量从 1901 年的 5 500 万人次,增长到了 1913 年的 4.67 亿人次。从 1930 年开始地铁线路逐渐扩展到巴黎近郊。

法国巴黎市内共有 16 条地铁线、300 多个地铁站,极短的站间距使乘客在 500 m 范围内就能找到一座地铁站。高峰期地铁每 2 min 就会运行一次,非常简单快捷,是人们日常出行最常选择的交通方式之一。巴黎地铁被誉为世界上最好的地铁系统之一,是欧洲第三大地铁系统,线路长度排在伦敦地铁、马德里地铁之后。巴黎大部分地铁线路的列车用的是硬橡胶制成的车轮,这种车轮噪声小,但其缺点是速度相对较慢,车辆颜色统一为蓝白相间,再加上巴黎地铁的站间距很小,使巴黎地铁成了世界上车辆行驶速度相对较慢的地铁系统。图 1-15 所示为行驶在塞纳河桥上的地铁。

4. 东京地铁

东京地铁也是世界上最繁忙的城市轨道交通系统之一，其第一条线路于 1927 年 12 月 30 日正式开通运营，使东京成为亚洲第一个开通地铁的城市。东京高密度发展的城市形态，使这个城市的内部交通量高度集中，东京仅距城市中心半径 20 km 的范围内就聚集着 800 多万人口。所以，东京有着全球最复杂、最密集且运输流量最高的铁道运输系统和通勤车站群，市民公共交通出行率高达 70%。到 2022 年，东京地铁系统拥有 13 条线路，220 多座车站，线路总长 312.6 km。东京地铁日平均客流量为 1 100 万人次，是世界上客流量最大的地铁系统之一。图 1-16 所示为东京地铁银座线。

图 1-15　巴黎地铁

图 1-16　东京地铁银座线

5. 其他城市地铁

(1)莫斯科地铁

1935 年 5 月 15 日，一条以红线为标志的莫斯科第一条地铁线通车。这是苏联的第一条地铁线，总长度为 11.6 km，从索科里尼基站到文化公园站，沿途设有 13 个车站。此后，莫斯科又开通了两条地铁线：绿线和蓝线。莫斯科地铁气势恢宏，内部装饰华贵，多个拱弧门相互连接，以大理石铺地或用大理石做立柱和墙面，天花板和墙面上饰有马赛克壁画和浮雕，站内通道上还装饰着各种立体雕塑。枝形吊灯林立，灯光与艺术作品色调和谐，享有“地下艺术殿堂”之美称。图 1-17 所示为莫斯科地铁马雅科夫斯卡娅站和革命广场地铁站。

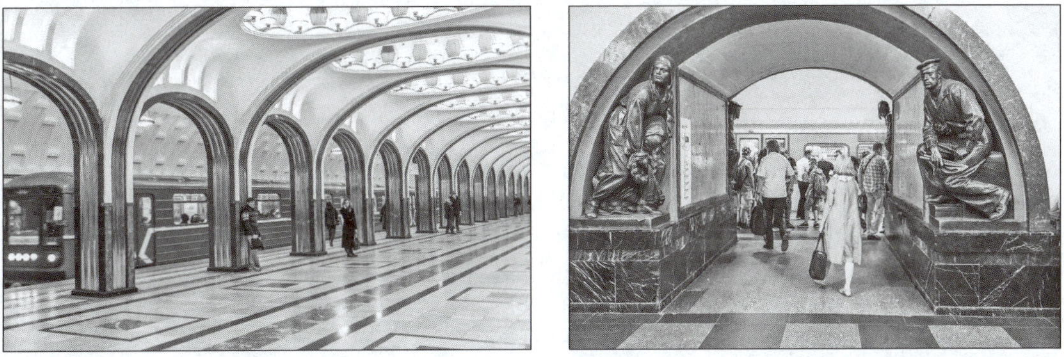

(a) 马雅科夫斯卡娅站　　(b) 革命广场地铁站

图 1-17　莫斯科地铁

(2)新加坡地铁

新加坡地铁又称大众捷运系统(mass rapid transport, MRT)，是继马尼拉轻轨之后，东南亚地区第二个兴建的地铁系统。新加坡第一条地铁南北线 1983 年开始修建，1987 年 11 月通车。从 1987 年起，每年都陆续有新建成的地铁站通车。1990 年，东西线和南北线正式完成。2003 年，第三条重要的线路东北线正式开通。截至 2021 年，新加坡地铁已经发展成有东西线（绿线）、南北线（红线）、东北线（紫线）、环线（橘黄）、滨海市区线（蓝线）、汤申-东海岸线（棕线）、机场地铁支线共七条路线的地铁系统。新加坡地铁网络全长约 203.8 km，到 2030 年将延长到 360 km，到 2040 年，将进一步扩展到将近 400 km，地铁密度可媲美伦敦和纽约。新加坡地铁是目前世界上最发达、高效的公共交通系统之一。图 1-18 所示为新加坡地铁南北线列车。

图 1-18　新加坡地铁南北线列车

笔记栏：

任务实施

任务工单见表1-5。

表1-5　任务工单

<table>
<tr><th colspan="2">阐述世界城市轨道交通发展阶段</th></tr>
<tr><td colspan="2">姓名：　　　　　　　　　　班级：　　　　　　　　　　日期：</td></tr>
<tr><td colspan="2">团队成员及分工：</td></tr>
<tr><td>实训目标</td><td>①掌握世界城市轨道交通发展的历程。
②熟悉世界主要城市轨道交通</td></tr>
<tr><td>实训内容</td><td>以小组为单位，选取国外某一城市的城市轨道交通为研究对象，搜集其相关资料，整理并汇报：该城市轨道交通发展历史，城市轨道交通特色及目前的新技术</td></tr>
<tr><td>引导问题</td><td>①城市轨道交通的起源。

②城市轨道交通的发展有哪些阶段？</td></tr>
<tr><td colspan="2">训练：
①绘制世界城市轨道交通发展轨迹，标注出时间、主要国家等信息。

②查阅资料，制作PPT，选取某一城市，汇报其城市轨道交通的特色与发展。

③城市轨道交通新技术有哪些？</td></tr>
</table>

任务评价

任务评价见表 1-6。

表 1-6　任务评价

序号	评价内容	评价标准	分值	分数		
				学生自评	组间互评	教师评分
1	城市轨道交通的起源	四个关键词，一个关键词5分	20			
2	世界城市轨道交通的发展阶段	四个阶段，每个阶段5分	20			
3	团队协作完成资料收集整理，汇报城市轨道交通特色	PPT有图片、视频等，汇报资料内容新、有特色	40			
4	城市轨道交通新技术	提及至少一种新技术	20			
总成绩						

拓展视野

斯德哥尔摩的地铁，世界上最长的艺术画廊

瑞典的斯德哥尔摩地铁站（见图 1-19）可以说是世界上最长的艺术长廊，长达 110 km 隧道的 100 个车站中，有 90 个以上都由艺术家进行了精心创作。

（a）中央地铁站

（b）索尔纳地铁站

（c）体育馆地铁站

图 1-19　斯德哥尔摩地铁站

中央地铁站是第一个将艺术带进地铁世界的车站，在20世纪50年代末期，呈现了当时的雕塑与绘画工艺。1975年，艺术家佩·奥洛夫·乌尔特维(Per Olof Ultvedt)为这些故意保留下的未经开凿的石壁画上了蓝色橄榄枝和植物花卉图案，让人在一片蓝色中享受片刻的平静。

在索尔纳中心站，烈焰般的绯红与青翠的草绿向人袭来，下面一片长达1 000 m的云杉林在炽热的天空下艰难生存。在1975年，安德斯·阿伯格(Anders Aberg)和卡尔·奥拉夫·比约克(Karl-Olav Bjork)，创作了这件艺术品，以反对瑞典工业时代鼎盛时期对环境、森林和自然的破坏。

以彩虹为主题的体育馆地铁站是红线上的热门景点，这是艺术家阿克·帕拉普(Ake Pallap)和恩诺·哈雷克(Enno Hallek)，为了纪念1912年在斯德哥尔摩举办的奥林匹克盛事而绘制的。天蓝色墙面上一弯旖旎的彩虹兀自绽放，走进这里让人身心舒爽。

任务三　认识我国城市轨道交通发展

任务目标

①了解我国早期有轨电车时代历程。
②掌握现代城市轨道交通发展历程。
③了解我国主要城市轨道交通特点。

任务描述

我国城市轨道交通建设起步较晚，但发展非常迅速。通过本任务的学习能归纳出我国城市轨道交通各发展阶段的特点，了解我国主要城市的轨道交通发展形状，具备相关的轨道交通知识。

核心知识

视频
我国城市轨道交通发展

一、早期有轨电车时代

我国城市轨道交通系统的产生是从有轨电车开始的，最早的有轨电车于1899年在北京诞生，由德国西门子公司修建，线路连接了马家堡火车站与永定门。1902年，辽宁抚顺开通了有轨电车。1906年，天津第一条环城有轨电车开通运营，如图1-20所示。1908年，上海静安寺的有轨电车开通。1909年，大连开通了第一条有轨电车试验线路，如图1-21所示。20世纪50年代，我国有轨电车的发展达到了高峰，哈尔滨、长春、鞍山等诸多城市也都建成了有轨电车，在我国城市交通中发挥了历史性作用。由于有轨电车与城市的发展存在诸多矛盾，20世纪50年代全球多个国家开始废弃有轨电车，中国有轨电车同样受到汽车业的冲击，导致北京、上海、辽宁抚顺等各地关闭了有轨电车线路。有轨电车发展低迷了很长一段时间后，由于汽车引起的拥堵、事故频发等问题，有轨电车复兴之火再次席卷世界各国。至今仍运营有轨电车的城市有大连、长春、鞍山，而大连、长春有轨电车正在被改造为轻轨交通的一部分。

二、现代城市轨道交通发展历程

我国现代城市轨道交通是以1965年7月1日开工建设的北京地铁为标志，发展至今主要经历了以下四个阶段。

图 1-20　天津有轨电车

图 1-21　大连有轨电车

1. 起始阶段

1965 年,北京开始建设地铁,1969 年 10 月 1 日建成通车,全长 23.6 km,是我国第一条地铁。此后天津地铁在 1970 年开始兴建,1976 年建成通车,全长 5.2 km。上海也从20 世纪 60 年代进行了地铁的研究和试验,并建成一段试验段。这一时期兴建地铁的主要目的是用于防空备战,无论是车站建设还是区间建设,均采用明挖法。

2. 开始建设阶段

20 世纪 80 年代末至 90 年代中期,以上海地铁 1 号线、北京地铁复八线和广州地铁 1 号线建设为代表。随着改革开放逐步深入,城市交通需求剧增,导致道路交通供给能力严重不足,交通供需矛盾突出,成为城市社会经济发展的一个重要制约因素。为适应城市发展的需要,缓解城市交通的紧张情况,我国政府加大了对城市交通基础设施的投入,强调轨道交通对解决城市交通问题和引导城市发展的作用。从此,发展大容量轨道交通方式的理念开始显现,我国开始了城市轨道交通的建设阶段。这一阶段除地铁建设外,上海明珠线一期工程为代表的轻轨交通也开始建设。

随着上海、广州地铁项目的建设,大批城市包括沈阳、天津、南京、重庆、武汉、深圳、成都、青岛等开始上报建设轨道交通项目,纷纷要求主管部门审批。

3. 建设调整阶段

1995—1998 年,地铁建设发展迅猛,但出现了许多城市不考虑经济的承受能力和社会发展的需要的现象。1995 年国务院办公厅 60 号文件通知,除上海地铁 2 号线项目外,所有地铁项目一律暂停审批,并要求做好发展规划和国产化工作。这期间近3 年国家没有审批城市轨道交通项目。1997 年底开始,国家计委研究城市轨道设备国产化实施方案,提出深圳地铁 1 号线(19.5 km)、上海明珠线(24.5 km)、广州地铁 2 号线(23 km)作为国产化依托项目,于 1998 年批复 3 个项目立项,轨道交通项目又开始启动。

4. 蓬勃发展阶段

1999 年至今,随着积极财政政策的实施以及内需的进一步扩大,陆续批准了一批城市轨道交通项目开工建设。通过技术引进,国际先进制造企业同国内企业合作,实现了城市轨道交通车辆、设备本地化,使城市轨道交通建设成本大幅降低。国家先后批准了深圳、上海、广州、重庆、武汉、南京、杭州、成都、哈尔滨等 10 多个城市轨道交通项目开工建设,并投入 40 亿元国债资金予以支持,我国轨道交通建设进入高速发展期。

中国城市轨道交通协会信息显示，截至 2023 年底，我国累计有 59 个城市开通城市轨道交通运营线路 338 条。其中，2023 年新增城市轨道交通运营城市 3 个，新增城市轨道交通运营线路 866. 65 km。2023 年，国内新增红河州、滁州、许昌 3 个城市轨道交通运营城市，其中，红河州为有轨电车运营城市，滁州、许昌两市为市域快轨运营城市。另有电子导向胶轮系统运营城市盐城市为补充统计城市。此外，北京、上海、天津、重庆、广州、深圳、武汉、南京、沈阳、长春、大连、成都、西安、哈尔滨、苏州、郑州、长沙、兰州、青岛、福州、合肥、贵阳、温州、绍兴、金华、南通、宜宾27 个城市也均有城市轨道交通新线、新段或延长线开通运营。

三、我国部分城市轨道交通

1. 北京城市轨道交通

1956 年，经中央批准，北京地铁建设项目正式启动。1965 年 7 月 1 日，北京地下铁道一期工程正式开工，按照“战备为主，兼顾交通”的方针设计。1969 年 10 月 1 日，北京地下铁道一期工程建成通车试运行，正式接受参观，结束了中国没有地铁的历史。1971 年 1 月 15 日，北京地铁一期开始试运营，运营区段为立新站至北京站，图 1-22 所示为北京地铁 1 号线中国第一列地铁列车。

图 1-22　北京地铁 1 号线中国第一列地铁列车

截至 2023 年底，北京市轨道交通运营总里程达 1 201 km，其中市域(郊)铁路 365 km，超过上海跃居全国第一。涵盖了地铁、轻轨、低速磁悬浮、有轨电车等多种制式。随着路网规模不断扩大，结构持续优化，线路的通达性和便利性得到大幅提升，轨道交通在城市出行中的作用更加凸显。

2024 年，北京将续建 10 条(段)轨道交通线路，共 201. 1 km，包括 3 号线一期、12 号线、昌平线南延一期、17 号线、平谷线、28 号线、新机场线北延、13 号线扩能提升工程、6 号线南延、M101 线等 10 条(段)在建线路。

2. 上海城市轨道交通

1993 年 5 月 28 日，上海地铁 1 号线徐家汇站到锦江乐园站的 6. 6 km 建成通车，实现了上海轨道交通零的突破，是继北京地铁、天津地铁建成通车后第 3 个投入运营的城市。图 1-23 所示为上海地铁 1 号线正在行驶的列车。

2022 年 12 月 30 日，上海地铁 14 号线、18 号线一期北段正式开通，上海地铁总里程达到 831 km，在运营里程、列车数量、全自动驾驶规模上拥有了三个“世界第一”。

截至 2023 年 12 月底，上海运营线路有地铁、市域快轨、有轨电车、磁浮交通、自导向轨道系统、电子导向胶轮系统几种制式，线路总长合计 967 km。

3. 广州城市轨道交通

广州地铁是国际地铁联盟的 14 个成员之一，首条线路于 1997 年 6 月 28 日开通。广州是内地第四个开通并运营地铁的城市。广州第一条有轨电车线路于 2014 年 12 月 31 日开通，图 1-24 所示为广州海珠一号线有轨电车。

图 1-23　上海地铁 1 号线

图 1-24　广州海珠一号线有轨电车

截至 2023 年 12 月 31 日，广州城市轨道交通运营里程合计 653 km，其中地铁 551 km，市域快轨 76 km，有轨电车 22 km，自导向轨道系统 4 km，运营线路共 16 条，共设车站 313 座，换乘站 45 座，位列我国第三名。

4. 深圳城市轨道交通

深圳地铁于 2001 年动工，第一条线路于 2004 年 12 月 28 日开通运营，成为我国第 8 座开通轨道交通的城市。2 号线和 3 号线于 2005 年兴建，2006 年开始兴建 11 号线。到 2010 年，这 5 条线全部竣工，形成了 120 多公里的地铁交通网。2023 年 12 月 27 日，地铁 8 号线二期开通，全线采用地下敷设，是深圳第一条直达大小梅沙的地铁线路，因其穿山跨海的路线特征，被誉为“山海专列”，如图 1-25 所示。

图 1-25　深圳地铁 8 号线

截至 2023 年 12 月，深圳城市轨道交通运营里程数合计 575 km，其中地铁 555 km，有轨电车 12 km，导轨式胶轮系统 8 km，全年累计运送乘客 27.11 亿人次，日均客运量 742.72 万人次，共 7 次突破历史最高客流纪录。

5. 成都城市轨道交通

成都地铁是成都城市轨道交通的主要组成部分，由成都地铁运营有限公司和 PPP 项目公司负责管理与运营。其首条线路成都地铁 1 号线于 2010 年 9 月 27 日正式开通，为中西部首条地下铁线路。2023 年 11 月 28 日，成都轨道交通19 号线二期开通初期运营，标志着成都轨道交通线网运营里程突破 600 km，成都跃居国内轨道交通“第四城”。

截至 2023 年 12 月 31 日，成都城市轨道交通运营里程数合计 695 km，其中地铁 562 km，市域快轨 94 km，有轨电车 39 km。图 1-26 所示为最高时速 160 km 的成都轨道交通 19 号线列车。

图 1-26　成都轨道交通 19 号线列车

6. 南京城市轨道交通

1907 年 10 月动工兴建的京市铁路是南京地铁的前身，它是中国最早的城市轨道交通。1958 年 11 月 28 日，京市铁路正式停运拆除。1993 年，南京地铁规划建设为 4 条地铁线、1 条地铁支线、3 条轻轨线和 1 条市郊铁路线，总计 238 km。2000 年 12 月 12 日，南京地铁 1 号线一期工程开工建设。2005 年 5 月 15 日，南京地铁 1 号线开通观光运营；9 月 3 日，正式通车运营。

截至 2023 年 12 月 31 日，南京城市轨道交通运营里程数合计 476 km，其中地铁 213 km，市域快轨 246 km，有轨电车 17 km。图 1-27 所示为 2023 年 12 月底开通运营的南京地铁 7 号线南段无人驾驶列车。

图 1-27　南京地铁 7 号线无人驾驶列车

7. 其他城市轨道交通简介

长沙轨道交通包括地铁系统、磁浮系统等。2010 年 12 月 26 日,长沙轨道交通 1 号线一期正式开工建设。2014 年长沙地铁 2 号线首次试运行,2014 年 5 月 16 日,长沙磁浮快线正式开工建设其磁浮快线,为中国开通的首条拥有完全自主知识产权的中低速磁悬浮线路 。

石家庄地铁首开线路于 2017 年 6 月 26 日开通试运营,是河北省第一座、华北地区第三座拥有地铁的城市,也是全国第一座初始开通即运营两条线路的城市。

2000 年 12 月,武汉地铁 1 号线一期工程开工,2004 年 7 月 28 日,武汉地铁 1 号线一期进入观光试运营阶段,全长 10. 234 km,设站点 10 座。2023 年 4 月 26 日,武汉磁浮“悬挂”式列车“光谷光子号”试运行。其轨道长度 10. 5 km,设计了 6 座车站。此外,还计划铺设至 26. 7 km 总长,覆盖武汉生态大走廊,能够让坐在车内的游客,全方位欣赏沿途美丽的风景。

笔记栏:

任务实施

任务工单见表1-7。

表1-7　任务工单

阐述我国城市轨道交通发展阶段		
姓名：	班级：	日期：
团队成员及分工：		
实训目标	①熟悉我国早期有轨电车时代。 ②掌握我国城市轨道交通发展阶段特点	
实训内容	以小组为单位，选取我国某一城市的城市轨道交通为研究对象，搜集其相关资料，整理并汇报：该城市轨道交通发展历史，城市轨道交通特色及目前的新技术	
引导问题	①我国城市轨道交通的发展有哪些阶段？ ②了解我国主要城市轨道交通发展。	
训练： ①叙述早期有轨电车时代历程。 ②查阅资料，讲述你所在城市轨道交通的发展过程。 ③查阅资料，制作PPT，选取某一城市，汇报其城市轨道交通的特色与发展现状。		

任务评价

任务评价见表 1-8。

表 1-8 任务评价

序号	评价内容	评价标准	分值	分数		
				学生自评	组间互评	教师评分
1	早期有轨电车时代历程	按时间点和城市进行介绍	20			
2	我国城市轨道交通的各发展阶段	四个阶段,每个阶段 10 分	40			
3	团队协作完成资料收集整理,汇报城市轨道交通特色	PPT 有图片、视频等,汇报资料内容新、有特色	40			
总成绩						

拓展视野

全球最长智轨线路载客试跑

2023 年 6 月 26 日,由中国铁建铁四院设计全球最长智轨线路——宜宾智能轨道快运系统 T4 线(先开段)载客试跑,目前已正式投入运营,如图 1-28 所示。

图 1-28 宜宾智轨 T4 线载客试跑

智轨列车又称“虚拟轨道列车”,即沿着地面画线虚形轨道行驶的公路列车,融合了现代有轨电车和常规公交的优势,具有自主导向、轨迹跟随、全电驱动、智能驾驶等功能,已被正式纳入城市轨道交通系统制式。

宜宾智轨线网共计 7 条主线及 1 条支线,总里程 156.9 km。其中宜宾智轨 T1 线、T1 支线已于 2019 年12 月通车,智轨 T2 线、T3 线在火热建设中,当线路连接成网时,“智轨示范城”的格局将基本成形。

宜宾智轨 T4 线全长 46.69 km,分为主线及支线,共设地面站 22 座,设停车场一处。线路设计时速 70 km,充电制式采用首末端车站架空充电轨充电,区间及中间车站采用车载储能电源牵引的供电形式,初、近、远期均采用 3 编组智轨电车。

巩固与练习

一、判断题

1. 有轨电车由于其性能差，已经在全世界范围内被彻底淘汰。（　　）
2. 有轨电车是介于轻轨交通与地铁交通之间的轨道交通系统。（　　）
3. 地铁属于大客运量的城市轨道交通系统，只适合在地下线路运行。（　　）
4. 人们常说的地铁是由传统的有轨电车发展而来的。（　　）
5. 单轨交通与常见的汽车类似，由司机控制前进方向。（　　）

二、填空题

1. 单轨通常分为＿＿＿＿＿和＿＿＿＿＿两种。
2. 享有“地下的艺术殿堂”之称的地铁是＿＿＿＿＿。
3. 北京地铁最初试运营于＿＿＿＿＿这一日。
4. 世界城市轨道交通经历了＿＿＿＿＿个阶段。
5. 我国第一个拥有地铁的城市是＿＿＿＿＿。
6. “地铁之父”是＿＿＿＿＿人。
7. 我国自行设计、施工的第一条跨座式单轨交通线位于＿＿＿＿＿市。

三、简答题

1. 简述城市轨道交通系统的组成。
2. 城市轨道交通的特点有哪些？
3. 我国城市轨道交通发展经历了哪几个阶段？
4. 简述城市轨道交通的主要类型。

项目二

城市轨道交通线路

项目导入

城市轨道交通线路是列车运行的道路设施，也是城市轨道交通列车行车的基础。它承载列车、引导列车前行，必须满足行车安全、平顺与养护方便等要求，并保证一定的舒适度及符合有关设计规范的要求。从“一条线”到“一张网”，城市轨道交通改善了城市发展空间格局，也畅通了城市发展脉络。

项目目标

知识目标：

①掌握城市轨道交通线路的分类和主要的线路设备。

②了解城市轨道交通线路的设计。

③了解城市轨道交通线路常用的施工方法。

④理解城市轨道交通限界概念与线路标志含义。

能力目标：

①能够描述线路不同敷设方式的优缺点。

②能够对照线路布置图，描述运营中各种线路的名称与作用。

③能够叙述轨道的结构与组成。

④能够列举出城市轨道交通线路的施工方法，描述施工流程，并比较不同施工方法的优缺点。

⑤能够界定车辆限界、设备限界及建筑限界。

⑥能够描述线路标志、信号标志的含义。

素养目标：

①培养学生树立系统观念和全局意识，培养多岗位协作的团队精神。

②感受中国城市轨道交通线网的规模与建设速度，培养勇于创造和探索的科学精神。

知识导图

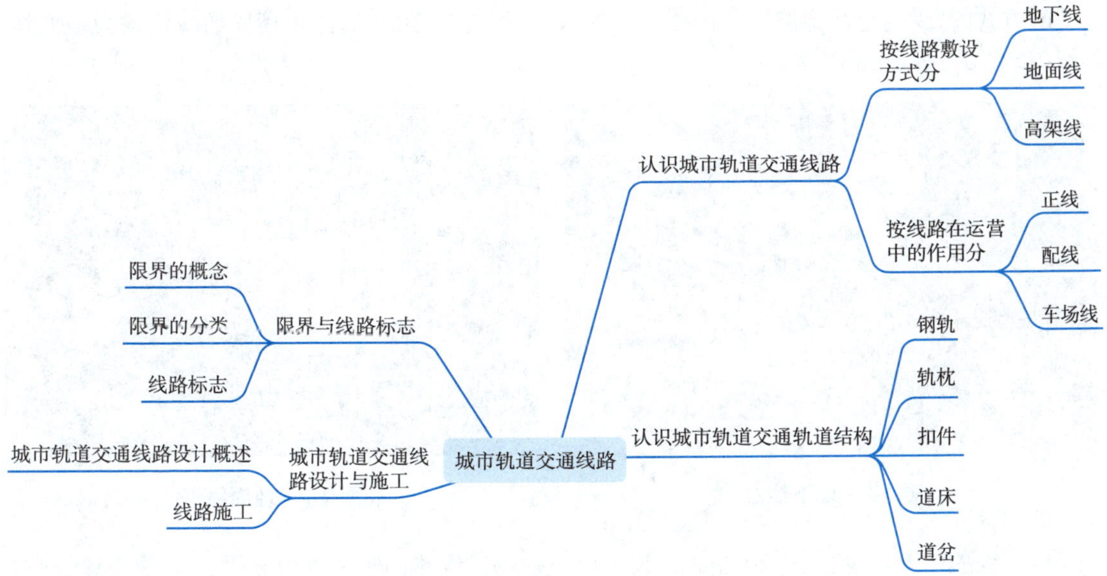

任务一　认识城市轨道交通线路

任务目标

①掌握城市轨道交通线路的分类方式。

②掌握城市轨道交通车辆运营中各种线路的功能。

任务描述

线路是列车运行的基础。能宏观地归纳出地下线、地面线、高架线的优、缺点，并细分出运营中各种线路的功能，具备城市轨道交通运营的基本线路知识。

核心知识

城市轨道交通线路是列车运行的道路设施，是由路基、桥梁、隧道和轨道组成的一个整体工程。按其敷设方式和在运营中的作用可进行如下分类：

一、按线路敷设方式分

视频

线路的敷设方式

城市轨道交通线路按敷设方式可分为地下线、地面线和高架线。

1. 地下线

地下线常用于地铁系统，线路置于地下或水下隧道中，如图 2-1 所示。

地下线的优点：与地面交通完全分离，不占城市地面空间，运营中受气候影响小。

地下线的缺点：工程需要较大的投资和较高的施工技术，建设过程中会影响地面交通，需要有较先进的管理及完善的环控、防灾措施，运营成本较高，改造调整和线路维护较困难。

2. 地面线

地面线直接敷设于路面上，占用路面交通，设置于有条件的城市道路或郊区。一般采用独立路基的方式，减少与地面道路交通的相互干扰，如有轨电车、地铁通向车辆段的线路均为地面线，如图 2-2 所示。

图 2-1　地下线路

图 2-2　地面线路

地面线的优点：工程造价低，施工简便，运营成本低，线路调整和维护方便。

地面线的缺点：运营速度难以提高（有部分信号控制的平面交叉点），占地面积较多，影响城市道路交通，容易受气候影响，对城市环境有光照、景观、噪声等负效应。

3. 高架线

高架线敷设在高架工程结构物上，如图 2-3 所示。高架线在城市中穿越时，一般沿道路设置，常设于道路中心或快慢车道分隔带上。占用一定的城市用地，并有光照、景观、噪声等负效应，受气候变化的影响。

图 2-3　高架线路

高架线的优点：这种线路保持了专用道形式，与地面交通无干扰，建设及运营成本较地下线低。

高架线的缺点：占用一定的城市用地，受气候变化的影响，并有光照、景观、噪声等负效应。

由于我国城市道路交通环境复杂，一般在城市中心地区宜采用地下线，其他地区条件许可时宜采用高架线或地面线。

二、按线路在运营中的作用分

视频

正线、配线、车场线

城市轨道交通线路按其在运营中的作用可分为正线、配线、车场线。

1. 正线

正线是指贯穿全线所有车站、区间，供列车日常载客运营的线路，如图2-4所示。正线列车运行速度快、密度大，线路标准高。

图2-4　正线

正线一般按双线设计，采用右侧行车制。在运营中有上、下行之分，对于南北走向的线路，一般由南向北为上行方向；对于东西走向的线路，一般由西向东为上行方向；对于环形线路，一般内圈为下行，如图2-5所示。

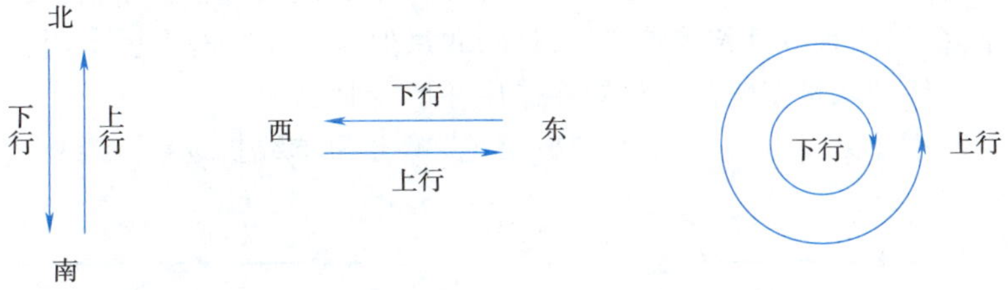

图2-5　线路上行与下行

城市轨道交通正线线路一般为全封闭线路，与其他交通线路相交处，一般采用立体交叉。

2. 配线

配线是为了保证正线运营而配置的线路，一般为空载列车进行折返、停放、检查、转线及出入段作业所运行的线路，包括渡线、折返线、停车线、联络线、车辆段出入线等。

(1)渡线

渡线是在上下行正线之间(或其他平行线路之间)设置的连接线，通过一组联动道岔达到转线的作用。渡线分单渡线和交叉渡线两种，如图2-6所示。渡线单独设置时，用来临时折返列车，增加运营列车调度的灵活性。

视频

折返线

(2)折返线

折返线是在线路两端终点站或者准备开行折返列车的区间站，设置的专供列车折返调头的线路。折返线有些也可以作为夜间存车使用。

根据不同的折返方式，折返线可分为：

（a）单渡线

（b）交叉渡线

图 2-6　渡线

①环形折返线：俗称灯泡线（见图 2-7），是将端点折返作业转化为沿一个环形单线区段运行的作业，实质上将折返过程变为区间运行，有利于提高列车运营效率。

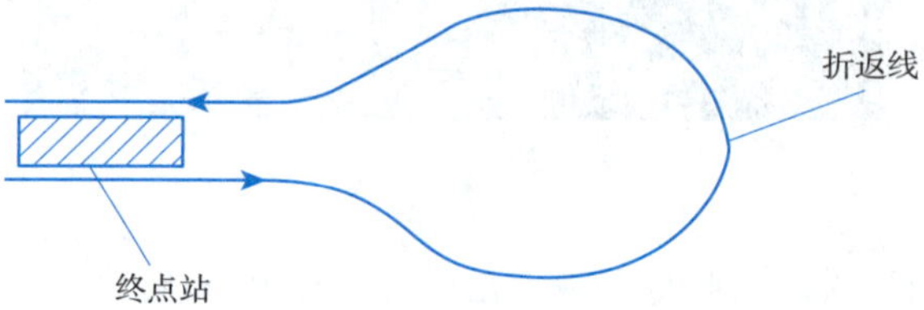

图 2-7　环形折返线

环形折返程序简单、节约设备、保证了线路的最大通过能力，但存在占地面积大、轮轨磨耗大、线路机动性下降、线路难以延长等缺点。目前，北京地铁八通线的土桥车辆段，五号线的太平庄车辆段，天津一号线的双林车辆段等仍然在使用环形折返线。

②尽端折返线：指在某条线路端点处进行折返，可分为单线折返线、双线折返线、多线折返线，如图 2-8 所示。

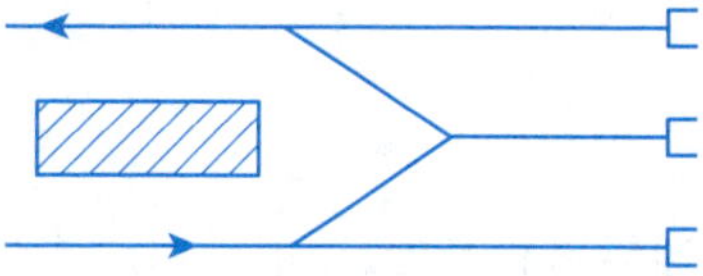
（a）单线折返线

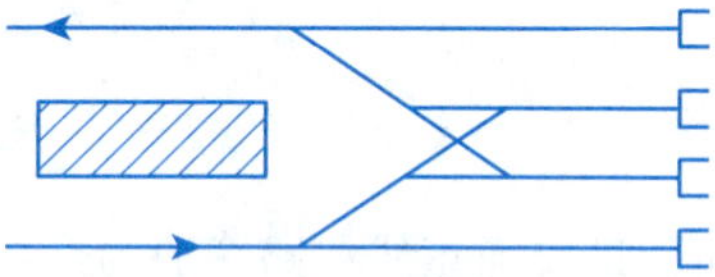
（b）双线折返线

图 2-8　尽端折返线

③渡线折返线：在车站前或后设置渡线完成折返，分为站前、站后、区间站渡线三种。

• 站前渡线折返线：列车经由站前渡线折返，列车行至终点站站台停稳，完成乘客下车作业和上车作业后，换端发车进入正线驾驶，如图 2-9 所示。

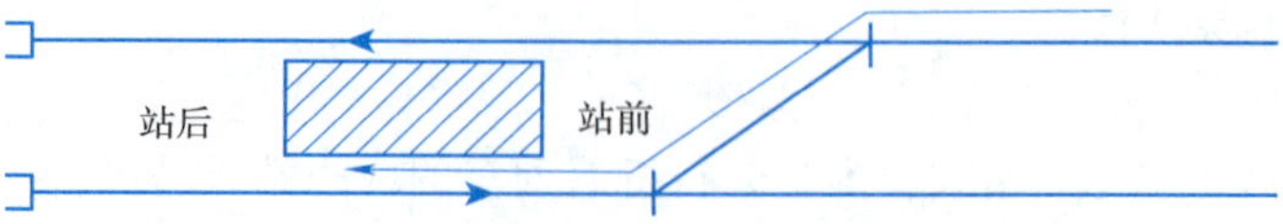

图 2-9　站前渡线折返线

城市轨道交通中较少采用这种折返方式，特别是当行车密度高、列车运行间隔短的条件下，一般不会采用站前渡线折返方式。

- 站后渡线折返线（一般为自动折返）：当列车到达终点站清客后，再驶进站后折返线折返，换端后行驶进终点站，完成乘客上车作业后，发车进入正线驾驶，如图2-10所示。目前城市轨道交通常采用站后折返的方式，站后渡线折返则为短交路提供方便。

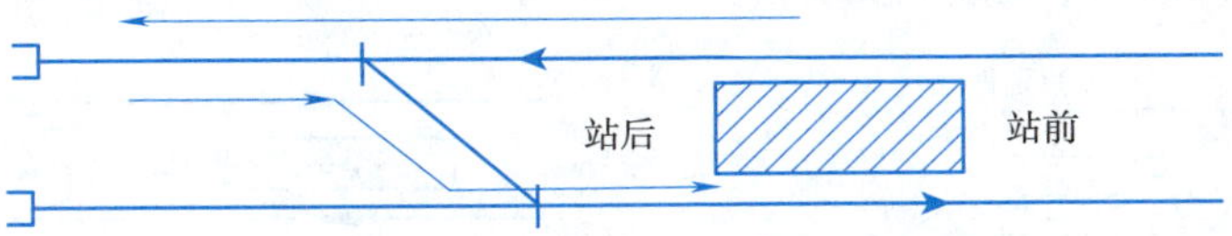

图2-10　站后渡线折返线

- 区间站渡线折返线：全线的客流分布一般不均匀，通常需要根据行车交路的要求，除在线路两端终点站，也可在中间站开行折返列车，这些可折返的车站需要配置折返线，如图2-11所示。

图2-11　区间站渡线折返线

（3）停车线

停车线一般设置在端点站，专门用于停车，也可进行少量检修作业，如图2-12所示。

城市轨道交通线路运量大，列车运行间隔较密，在运营过程中列车可能会发生故障，为不影响后续列车运行，正线应每隔5～6座车站或8～10 km设置停车线，其间每相隔2～3座车站或3～5 km应加设渡线。停车线应具备故障车待避和临时折返功能。停车线设在中间折返站时，应与折返线分开设置，在正常运营时段，不宜兼用。

（4）联络线

联络线是两条独立运营的线路之间的连接线路，如图2-13所示。在整个城市轨道交通线路网中，要使同种制式线路可以实现列车过轨运行，一般需要通过联络线来实现。联络线连接的轨道交通线往往不在一个平面，因此有较大的坡道与较小的曲线半径，施工难度较大，投资也随之增大。

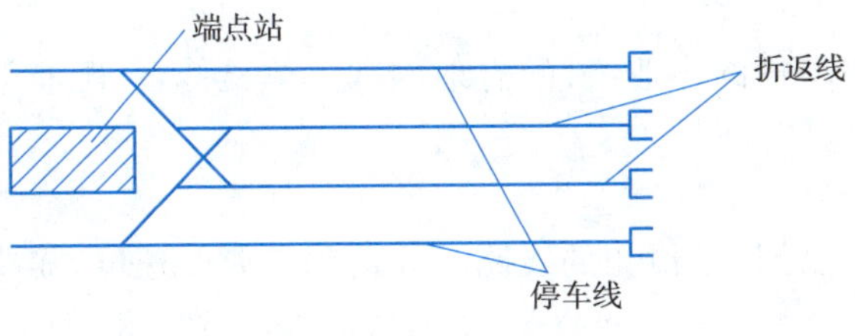

图2-12　停车线

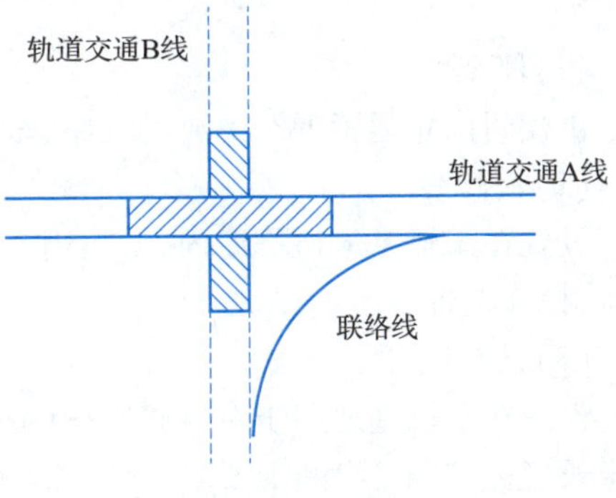

图2-13　联络线

联络线的主要作用:为送修车辆或调转运营车辆提供通道;可作为临时运营正线,也可为后建线路运送设备。

(5)车辆段出入线

车辆段(或停车场)与正线连接的线路为车辆段出入线,专供列车进出车辆段(或停车场),一般分入段线和出段线,如图 2-14 所示。车辆段出入线可以设计成双线或单线,与城市道路或其他交通方式的交叉处可采用平交或立交。

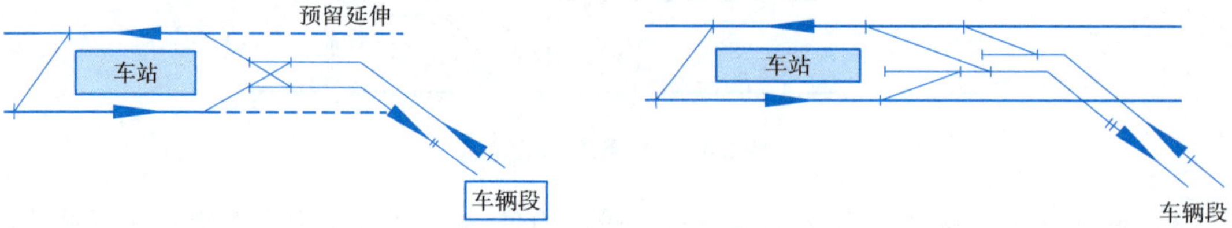

图 2-14 车辆段出入线

视频 车场线

3. 车场线

车辆基地内部铺设若干线路,用于停运后列车停放、检修、试车、调车、洗车、旋轮等作业,这些线路统称车场线,如图 2-15 所示。

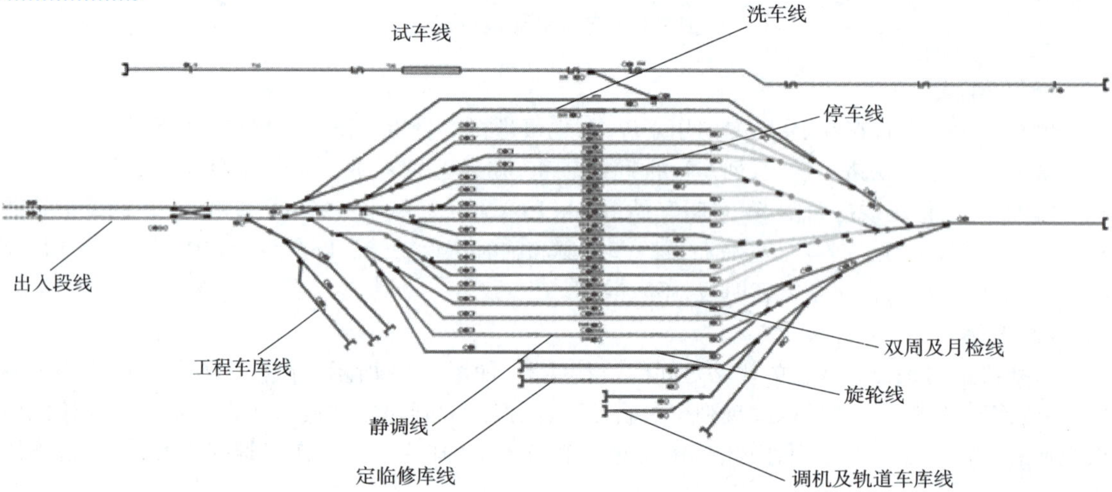

图 2-15 车场线示意图

(1)停车线

供夜间停止运营列车停放的线路,车辆基地内,要设有足够的停车线供夜间车辆停放。

(2)检修线

设置在车辆基地检修库内,专门用于检修车辆的作业线,配有地沟和立体检修台、配有架车设备、检修设备。

(3)试车线

设置在车辆基地用于对检修完毕的列车进行状态检测的线路。为达到必要的速度,需要有一定长度标准和平纵断面要求。

(4)洗车线

专门用于清洗车辆的作业线,包括室内洗车线与室外洗车线两种。

(5)旋轮线

用于对车轮进行修圆作业的设备线路。

(6)调车线

专门用于调车的线路。

笔记栏：

任务实施

任务工单 1 见表 2-1。

表 2-1　任务工单 1

<table>
<tr><td colspan="4">看图辨别线路敷设方式，阐述线路的优缺点</td></tr>
<tr><td colspan="4">姓名：　　　　班级：　　　　日期：</td></tr>
<tr><td colspan="4">团队成员及分工：</td></tr>
<tr><td>实训目标</td><td colspan="3">根据图片识别线路名称，描述该线路的特点</td></tr>
<tr><td>实训内容</td><td colspan="3">城市轨道交通线路都建在地下吗？以小组为单位，阐述城市轨道交通地下、地面、高架线路的特点，并查阅资料举例说明</td></tr>
<tr><td>引导问题</td><td colspan="3">不同敷设方式线路的优缺点</td></tr>
<tr><td colspan="4">训练：</td></tr>
<tr><td>序号</td><td>线路图示</td><td>线路名称</td><td>优缺点</td></tr>
<tr><td>1</td><td></td><td></td><td></td></tr>
<tr><td>2</td><td></td><td></td><td></td></tr>
<tr><td>3</td><td></td><td></td><td></td></tr>
</table>

任务工单 2 见表 2-2。

表 2-2　任务工单 2

看图辨识运营线路类型，描述线路作用	
姓名： 班级： 日期：	
团队成员及分工：	
实训目标	根据图片识别线路名称，描述该线路在运营中的作用
实训内容	按照在运营中的作用，城市轨道交通线路有哪些？以小组为单位，分析线路布置图中各序号的名称及作用
引导问题	①正线、配线、车场线的概念。 ②配线有哪些？在运营中起到什么作用？

训练：

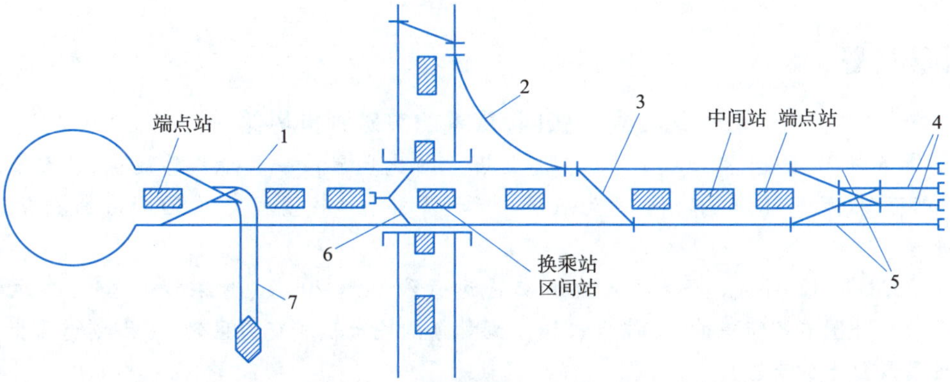

线路布置图

序号	线路名称	线路作用
1		
2		
3		
4		
5		
6		
7		

任务评价

任务评价见表 2-3。

表 2-3　任务评价

序号	评价内容	评价标准	分值	分数		
				学生自评	组间互评	教师评分
1	地面线路的优缺点	工程造价、施工难易、运营成本、气候影响、线路调整、线路维护	10			
2	地下线路的优缺点	工程造价、施工难易、运营成本、气候影响、线路调整、线路维护	10			
3	高架线路的优缺点	工程造价、施工难易、运营成本、气候影响、线路调整、线路维护	10			
4	实际案例分析	某城市某条城市轨道交通线路特点	20			
5	正线、配线、车场线的概念	概念叙述准确	15			
6	序号 1 ~7 的名称及作用	能准确识别线路名称，并描述其作用	35			
总成绩						

拓展视野

从一条线到一张网，从零的突破到世界第一

1993 年 5 月 28 日，上海地铁 1 号线建成通车。相比世界第一条地铁的诞生，已整整滞后了 130 年。然而，仅用了 28 年的时间，上海跃居成为世界首个地铁里程突破 800 km 的城市，网络规模领跑全球。

截至 2023 年 12 月底，上海城市轨道交通运营线路达 20 条（含磁浮），全网络运营里程 831 km。曾被外国专家断言的“豆腐里打洞”，到如今的城市轨道交通巨网，上海创造了世界轨道交通建设发展史上的奇迹！

2000 年 12 月 26 日，地铁 3 号线（明珠线）一期工程（上海南站站至江湾镇站）开通运营，是中国首条城市高架地铁线路，如图 2-16 所示。

图 2-16　上海地铁 3 号线

2013 年 10 月 16 日，上海轨道交通 11 号线北段延伸工程（上海安亭站—江苏昆山花桥站）开通试运营，全长 82.4 km，设 38 座车站，这是我国首条跨省城市轨道交通线路，也是我国乃至世界最长的地铁线路。

任务二　认识城市轨道交通轨道结构

任务目标

①掌握城市轨道交通系统中轨道的概念。

②认识轨道结构的构成要素及其功能。

③了解轨道结构的相关分类，能明确在城市轨道交通线路中采用的类型。

任务描述

轨道结构作为主要的线路设备，是城市轨道交通系统的重要组成部分。认知轨道结构，描述各结构功能，是城市轨道交通工程技术人员必备的基本知识。

核心知识

视频

轨道结构

轨道是列车行驶的基础，作为一个整体结构，铺设在路基之上，直接承受列车车辆及其载荷的巨大压力，对列车运行起着导向作用。轨道一般由钢轨、轨枕、扣件、道床等组成，如图 2-17 所示。

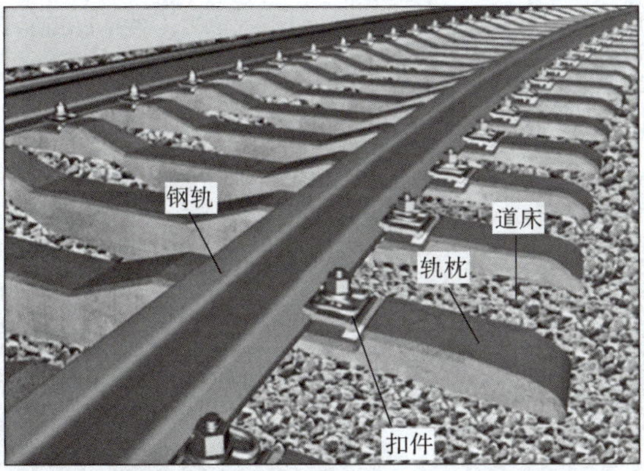

图 2-17　轨道结构

一、钢轨

钢轨是指两条直线形呈平行分布，安装在轨枕或路基之上的由钢铁材料制成的金属构筑物，是轨道结构的主要组成部分，要求必须具备足够的强度、稳定性和耐磨性。

1. 钢轨的作用

①引导城市轨道交通车辆行驶，起导向作用。钢轨依靠其头部内侧面和车辆轮缘之间的相互作用来引导列车运行。

②承受列车载荷并将载荷传递到路基、桥梁和隧道等基础结构上。在列车动载荷的作用下，钢轨的受力工况十分复杂，为保证车辆安全行驶，钢轨应有足够的承载能力、抗弯强度、断裂韧

性、稳定性、耐磨性、耐腐蚀性。

③钢轨具有良好的导电性，兼作供电接触网的回流线路及运行管理信号的轨道电路载体。

2. 钢轨分类

(1)按钢轨断面形状分

按钢轨的断面形状分，城市轨道交通轨道结构中常用平底钢轨和槽型钢轨，如图 2-18 所示。

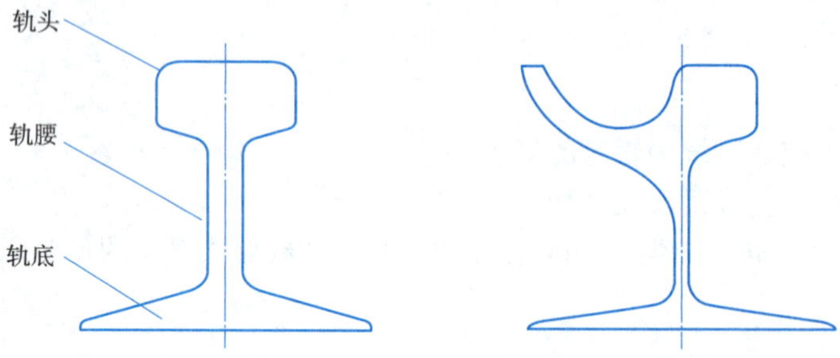

(a) 平底钢轨　　(b) 槽型钢轨

图 2-18　钢轨断面形状

平底钢轨就是通常所指的“工”字形钢轨，这个看似较简单的“工”字，受力好、省材料，具有最佳抗弯性能。如图 2-18(a)所示，钢轨由轨头、轨腰及轨底三部分组成。

轨头应有足够的表面积和厚度，以延缓压溃和磨耗；轨腰应有足够的厚度和高度，具有较大的承载能力和抗弯能力；轨底应有足够的宽度和厚度，来分布压力、保持稳定。

图 2-18(b)为槽型钢轨，由于其顶面设置轮缘槽，可保证轨道与城市道路路面平顺衔接。改善机动车的行车条件，不仅具有良好的景观效果，还能起到护轮轨的作用，可防止车辆脱轨，减小钢轨磨耗，广泛应用在有轨电车线路中。在我国已开通现代有轨电车的城市中，如沈阳、广州、大连、珠海等地，除车场线外，有轨电车线路均全线铺设槽型钢轨，如图 2-19 所示。

(a) 武汉有轨电车　　(b) 沈阳有轨电车

图 2-19　槽形钢轨铺设线路

(2)按每米钢轨的质量分

按每米钢轨的质量分，钢轨有 43 kg/m、50 kg/m、60 kg/m 和 75 kg/m 四种。质量越大，表示断面尺寸越大，钢轨强度等性能指标就越高。其中 50 kg/m 和 60 kg/m 最为常用。国内外城市轨道交通有选用重型钢轨的趋势，目前，我国城市轨道交通线路的正线、出入场线一般采用 60 kg/m 钢轨，而车场线由于空车运行、速度低，多采用 43 kg/m、50 kg/m 钢轨。

(3)按钢轨长度分

我国生产的钢轨长度有12.5 m和25 m两种标准轨长。国际上常用的钢轨标准长度为12 m和25 m。

3. 钢轨的连接

(1)传统的连接方式

如图2-20所示,把定长的钢轨用夹板、螺母、螺栓、弹簧垫圈等进行接合,形成连续的轨线。

在钢轨接头处应留有轨缝,以便温度变化时,钢轨能自由伸缩。但轨缝的存在,会使列车运行时产生振动和噪声,增加车轮的磨损,缩短车轮的使用寿命。

(2)新型连接方式

如图2-21所示,在城市轨道交通的轨道结构中,已大量采用无缝钢轨,即将多根标准轨依次焊接在一起,形为无缝钢轨或长钢轨。但在无缝线路缓冲区、轨道电路的绝缘区、有道岔的线路区段,钢轨接头还是不能少的。

图2-20　传统的钢轨连接方式

图2-21　新型的钢轨连接方式

4. 轨距

钢轨顶面16 mm范围内两股钢轨之间的最小距离称为轨距,如图2-22所示。我国城市轨道交通标准轨距为1 435 mm。

图2-22　轨距示意图

二、轨枕

轨枕承垫于钢轨之下,将钢轨所承受的压力和应力分散传递到道床上,同时有效地保持钢轨的位置方向和轨距。轨枕按材料分,主要有木枕和混凝土轨枕,在城市轨道交通线路中,普遍采用混凝土轨枕,木枕一般多用于车辆段线路的道岔段。

混凝土轨枕相对于木枕而言,线路稳定性强,使用寿命长,可降低轨道维修费用,铺设高弹性垫层可以保证有比较均匀的弹性。按结构形式分为整体式、短枕式、双块式,如图2-23所示。

整体式轨枕整体性强,稳定性好,制作简便,是目前广泛使用的一种类型。短枕式轨枕结构简单,造价相对较低,轨枕体积小、重量轻,搬运方便,现场作业施工灵活。双块式钢筋混凝土轨枕有两个钢筋混凝土块,具有长轨枕便于铺设的优点,重量比长轨枕轻,其中部所设的钢桁架也可保持与道床良好的整体性。

（a）混凝土整体式轨枕　（b）混凝土短轨枕　（c）混凝土双块式轨枕

图 2-23　混凝土轨枕

三、扣件

扣件是钢轨和轨枕之间的连接零件。主要作用是将钢轨固定在轨枕上,保持轨距并阻止钢轨的横向、纵向位移,也能提供适当的弹性,并有一定的可调性和绝缘性。扣件由钢轨扣压件和轨下垫层两部分组成,如图 2-24(a)所示为扣板式混凝土扣件, 2-24 图(b)为 ω 型弹条混凝土扣件。

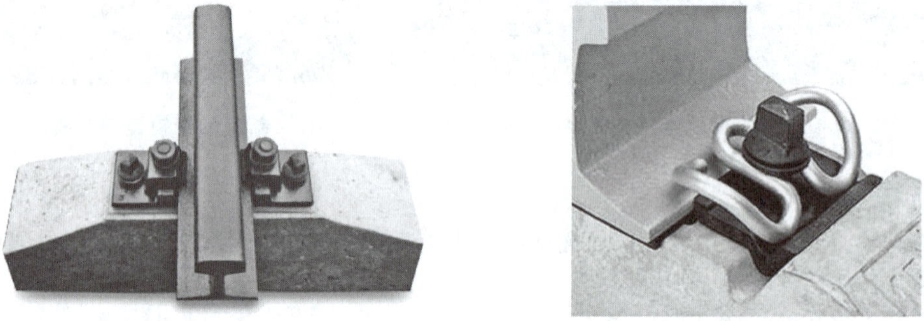

（a）扣板式混凝土扣件　（b）ω型弹条混凝土扣件

图 2-24　扣件

四、道床

道床是轨道框架的基础,通常指路基、桥梁或隧道等下部结构之上,钢轨、轨枕之下的碎石、卵石层或混凝土层,其断面呈上窄下宽的梯形状,如图 2-25 所示。

1. 道床的作用

①支承轨枕,把轨枕上部的巨大荷载,均匀地分布到路基上。

②固定轨枕的位置,阻止轨枕纵向或横向移动。

③缓和轮对对钢轨的冲击。

④调整线路的平面和纵断面。

⑤在地面线还能起到排除轨道中雨水的作用。

2. 道床的类型

道床一般有碎石道床和整体道床两种。整体道床是城市轨道交通常用的道床形式,在车辆段、停车场等地面线宜采用碎石道床以降低投资。

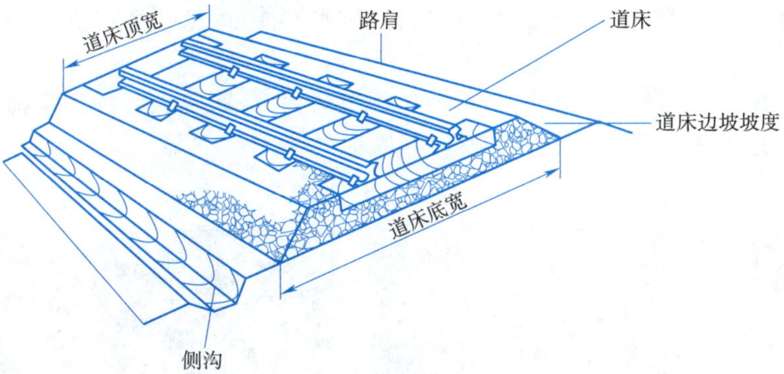

图 2-25　道床

(1)碎石道床

碎石道床又称有碴道床,是一种比较常见的道床形式,如图 2-26 所示。其优点是弹性好、施工简单、造价低、减振降噪效果好;缺点是易变形流失,维护工作量大。

图 2-26　碎石道床

(2)整体道床

整体道床又称为无砟道床,是由混凝土整体灌筑而成的道床,道床内可预埋木枕、混凝土枕或混凝土短枕。在隧道内普遍采用整体道床。其优点是整体性好,坚固稳定耐久,轨道建筑高度小,可减少区间隧道净空,节省投资,轨道维修量小。其缺点是工程造价高,施工难度大,一旦形成无法纠偏,出现病害难以整治,且道床弹性较差。

常见的整体道床类型:有轨枕式整体道床、承轨台式整体道床、弹性整体道床等。

①有轨枕式整体道床:分为短枕式和长枕式两种(见图 2-27),主要用于隧道内线路。

(a)长枕式整体道床

(b)短枕式整体道床

图 2-27　有轨枕式整体道床

②承轨台式整体道床：目前较新颖的轨下基础，尤其对高架线路适用。这种道床是在每股钢轨下面沿纵向铺设条形分段的钢筋混凝土结构，其排水性能好，工程造价低，方便施工及养护作业，如图 2-28 所示。

③弹性整体道床：在城市轨道交通线路经过密集居民区、医院、实验室、剧院等特殊路段时，常采用钢弹簧浮置板整体道床（见图 2-29），其减振效果尤为明显。其特点是施工难度大、造价高。

图 2-28　承轨台式整体道床

图 2-29　钢弹簧浮置板整体道床

视频

道岔

五、道岔

道岔是一种使车辆从一条线路转往或越过另一条线路的连接设备，通常铺设在车站内，是轨道的一个重要组成部分。城市轨道交通车辆在设有渡线和折返线的车站，需折返或转线作业时，要利用道岔来实现。

1. 道岔的结构

道岔由转辙部分、连接部分和辙叉部分组成，如图 2-30 所示。

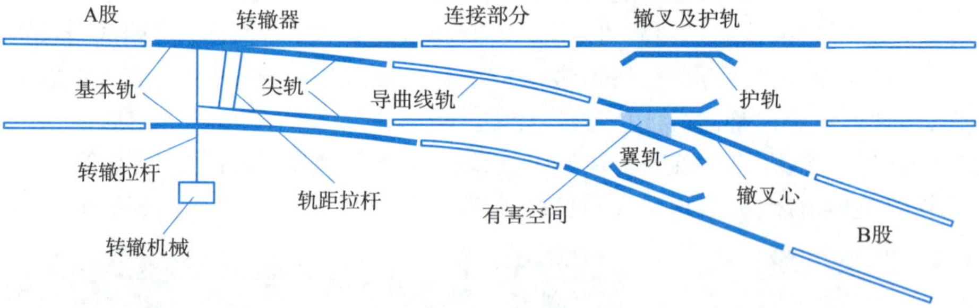

图 2-30　道岔结构示意图

（1）转辙部分

转辙部分由尖轨、基本轨、连接零件及转辙机械组成。

①转辙机械：用来控制轨道变线连接的设备。

②尖轨：指两条可以水平移动的钢轨，在平面上可分为直线型和曲线型。

③轨距拉杆：一根位于两条尖轨间的连接拉杆。

④转辙拉杆：一根用来控制尖轨位置转换的拉杆，并与转辙机械相连，以实现尖轨的摆动。

(2)连接部分

连接部分由导曲线轨和基本轨组成,它将转辙部分和辙叉部分连成一组完整的道岔。

(3)辙叉部分

辙叉是用来引导车轮准确地进入岔心的一组钢轨。辙叉部分由辙叉心、翼轨和护轨等组成。

①辙叉心:辙叉心又称岔心,用来连接两边轨道的钢轨。

②翼轨:在内侧轮轨紧邻岔心处设置的钢轨。

③护轨:防止车轮在岔心处因轮缘有可能进错路线而在固定辙叉两侧设置的钢轨。

2. 道岔的类型

常见的道岔有单开道岔、双开道岔(对称道岔)、三开道岔等类型,如图2-31所示。城市轨道交通中最常见的道岔类型是单开道岔,数量占各类道岔总数的90%以上。

(a)单开道岔

(b)双开道岔

(c)三开道岔

图2-31　道岔类型

普通单开道岔存在正位和反位两种位置。

正位是道岔经常所处的位置,为道岔直向,即为顺道岔基本轨行车的位置。反位是道岔需要临时改变的另一位置,为道岔侧向,即为顺道岔导曲线轨行车的位置,如图2-32所示。

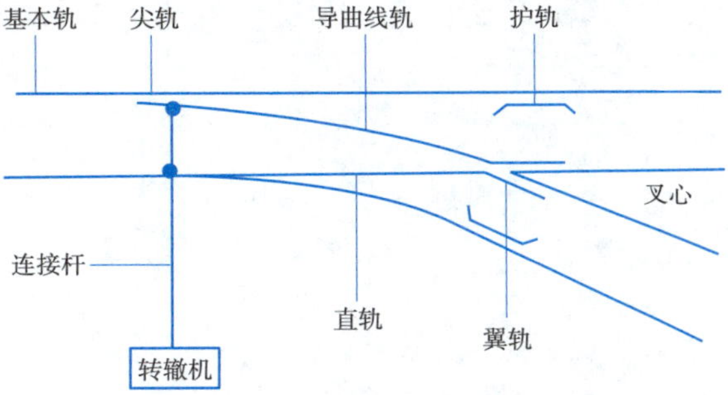

图2-32　道岔正位反位

3. 道岔的号数

一般以道岔号数代表道岔各部主要尺寸。城市轨道交通线路常用的标准道岔有7号、9号、12号，正线用12号道岔居多，9号道岔其次，7号道岔主要应用于车辆段。为了行车安全平稳，列车过岔速度应有一定的限制，表2-4为道岔侧向通过速度。道岔号越大，辙叉角越小，列车通过速度越快；反之道岔号越小，辙叉角越大，列车通过速度越慢。

表2-4 道岔侧向允许通过速度

道岔号	7	9	12
允许速度/($km \cdot h^{-1}$)	25	30	50

笔记栏：

任务实施

任务工单见表2-5。

表2-5　任务工单

认知轨道结构及功能	
姓名： 班级： 日期：	
团队成员及分工：	
实训目标	根据图片认知轨道结构名称，描述其功能
实训内容	随着最后一组列车驶进场段，一整天的运营正式结束。城市轨道交通线路检修工身着反光衣、头戴安全帽、手持电筒、拿好各种工具，正式开启一天的工作。作为线路检修工要有扎实的轨道结构相关知识。以小组为单位，认知城市轨道交通轨道结构并描述其功能
引导问题	①轨道的组成。 ②各部分的作用。
训练：	

序号	结构图示	结构名称	作用、类型
1			
2	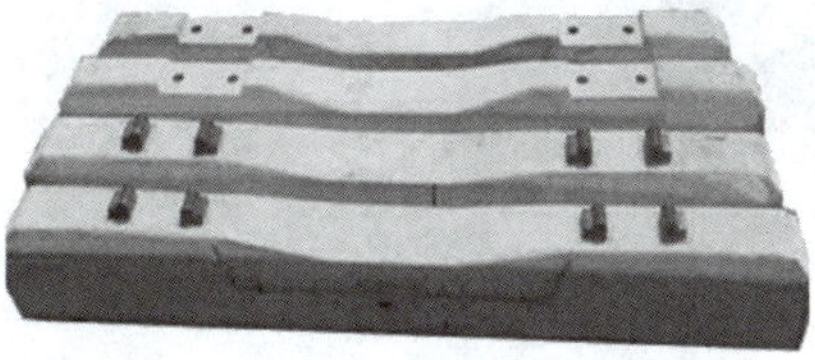		

续表

序号	结 构 图 示	结 构 名 称	作用、类型
3	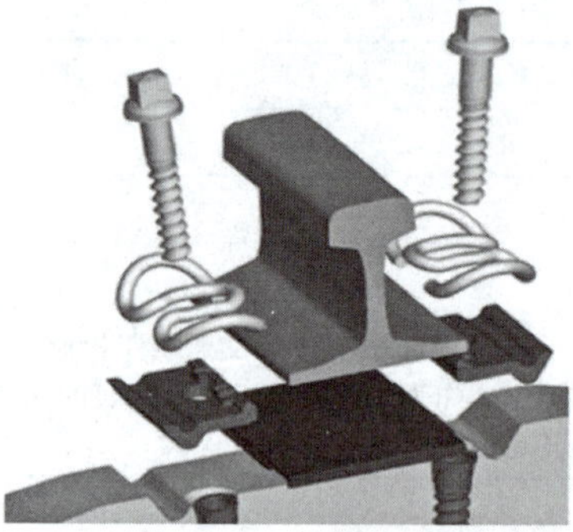		
4			
5			

任务评价

任务评价见表2-6。

表2-6　任务评价

序号	评价内容	评价标准	分值	分数		
				学生自评	组间互评	教师评分
1	轨道结构的名称	名称准确无误，每个结构5分	25			
2	轨道各结构的作用	作用描述准确，每个结构作用10分	50			
3	轨道各结构的类型	每个结构能说出2个类型，每个结构5分	25			
总成绩						

拓展视野

"轨道医生"——城市轨道安全的守护者

深夜23时30分，重庆轨道交通地铁6号线正式结束一天的运行。在送走末班车和最后一名乘客后，重庆各轨道站点也从忙碌喧嚣渐入寂静。此时，城市轨道交通线路检修工正式开启一天的工作。

城市轨道交通线路检修工又称"轨道医生"。由于轨道长期暴露在空气中，受风雨侵蚀、列车荷载等原因，钢轨的几何形位、路基、道床都在不断发生变化。为保障乘客出行安全，带给乘客平稳舒适的体验感，他们需要通过不断地检查轨道数据，利用精密仪器结合人工测量的方式，检测出异常段位，并及时组织整治，保证轨道各方面参数处于可控、稳定的标准状态。

列车结束运营至次日清晨上线前，这段"空窗期"是留给轨道检修工检查维护的时间。从凌晨1点20分，开始检修工作，他们徒步推着重达60 kg轨检仪，在漆黑的夜晚，借助手电筒的光，聚精会神，紧盯轨检仪，俯身观察轨道状况，检测记录每一处轨道的数据。一条8 km的线路，检查下来已接近凌晨4点，如图2-33所示。

图2-33　"空窗期"作业

在巡检过程中，看似简单的检查维修工作，其实是保证行车安全的一个重要环节，需要"用心、细心、耐心"，因为这关系着乘客的出行安全。

作为城市轨道交通检修工，他们不分酷暑、寒冬，都会出现在轨道线上巡视、检查、维护，正是有他们的认真负责与默默付出，才守护了轨道的安全。

任务三 认识城市轨道交通线路设计与施工

任务目标

①了解城市轨道交通线路设计过程、原则及设计的基本内容。
②了解城市轨道交通线路施工的常用方法及施工工艺流程。

任务描述

随着城市现代化进程的加快，城市轨道交通的规划和建设已成为大中型城市发展的重要内容。在城市轨道交通工程建设中，线路设计关注线路走向的优化、沿线土地开发及交通的协调，强调项目的合理性、实用性和可操作性，属于微观层面。通过本任务的学习，了解线路设计的内容和理念，培养具备城市轨道交通建设的基本素养。

核心知识

一、城市轨道交通线路设计概述

线路是指城市中把甲地和到乙地连接起来的轨道路由。路由是指该线路所要经过的具体地方、方向和车站。

线路设计是在已经确定的城市轨道交通线网条件下，研究某一条或某一段线路的具体位置，确定相关细节，包括线路的路由方案、敷设方式以及站点选择等。线路设计的基本要求是保证行车安全、平顺，且建设工程在技术上可行、经济上合理。

城市轨道交通线路在空间上的位置是用线路中心线表示的，由线路平面和线路纵断面组成。线路中心线在水平面上的投影，称为线路的平面，线路的平面可以表示出线路的曲直变化。线路中心线在垂直面上的投影，称为线路的纵断面，线路的纵断面可以表示线路的坡度变化，如图 2-34 所示。

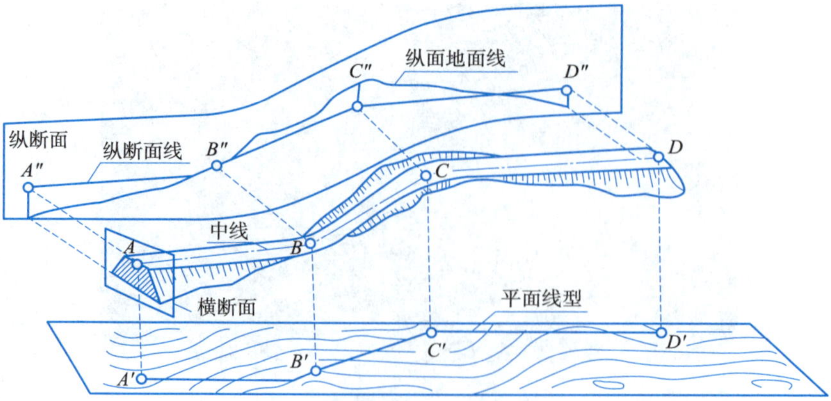

图 2-34 线路空间位置

城市轨道交通线路设计的任务是在线网规划的基础上，根据不同的设计阶段，逐步由浅入深地对拟建线路的走向及其平面、纵断面和横断面进行设计，最终确定最合理的线路三维空间位置。

1. 线路设计过程

①可行性研究阶段：主要任务是通过线路多方案比选，完善线路走向、路由和敷设方式，基本确定车站、配线等的分布，提出设计指导思想、主要技术标准、线路平面和纵断面的大致位置及车站的大致位置等。

②总体设计阶段：主要任务是根据可行性研究报告及审批意见，通过方案比选，初步确定线路平面和车站的大致位置、配线的基本形式、不同敷设方式的过渡段位置，提出线路纵断面的初步标高位置等。

③初步设计阶段：主要任务是根据总体设计文件及审查意见，确定线路设计原则和技术标准，基本上确定线路平面位置、车站位置，并进行纵断面设计。

④施工图设计阶段：主要任务是根据初步设计文件及审查意见，以及有关专业对线路平面、纵断面提出的要求，对部分车站位置及个别曲线半径等进行微调，对线路平面及纵断面进行精确计算和详细设计，提供施工图纸及其说明文件。

2. 线路设计的内容

①选线：目的是选出一条“适应规划、促进发展、社会效率和运营效益相结合”的最佳线位。选线的主要内容包括选择设计线路的走向和路由、车站分布、配线分布、交叉形式和敷设方式等。

②线路平面设计：主要考虑直线与曲线的技术标准。设计时要根据实际情况，结合相关技术标准要求，确定曲线半径、长度等参数。

③线路纵断面设计：线路纵断面主要分为平道和坡道。设计时主要考虑最大坡度、最小坡度、坡段长度及竖曲线等。

④线路横断面设计：城市轨道交通线路横断面设计主要满足线路各个断面列车通过的限界要求。

3. 线路选线的设计原则

线路选线的任务是从技术和经济角度考虑，经过比选多个设计方案，选出最优路线。线路选线应遵从以下设计原则：

①按照线网规划和城市发展总体规划的要求，线路应沿主要客流方向布设，并且要通过大型客流集散点。

②选择线路走向时要考虑地质条件、历史文物的保护、地面建筑物和地下建筑物等情况，在老城区应选择地下线路。

③地下线路基本走向应结合地形、地质及道路宽窄等条件，尽量选择在施工条件好的城市主干道下施工。

④地下线路通过建筑群区域的范围应限制在最低限度。

⑤对于浅埋隧道线路、地面线路或高架线路，其布设位置通常应沿着较宽的城市干道，或通过建筑物稀少的地区；对于深埋隧道，在两车站间取短直距离。

⑥当线路预定与远期规划线路联络时，先期建设的线路应考虑与远期规划线路在交叉点处的衔接，虽然暂时费用支出有所增加，但为未来线网中乘客的换乘方便创造了条件。

⑦选择线路走向时还要考虑车辆段、停车场的位置，以及连接两相邻城市轨道交通线路的联络线。

4. 线路平面设计

城市轨道交通线路平面设计要素包括直线和曲线，而曲线由圆曲线和缓和曲线构成。我国线路曲线的基本形式是直线—缓和曲线—圆曲线—缓和曲线—直线，如图 2-35 所示。

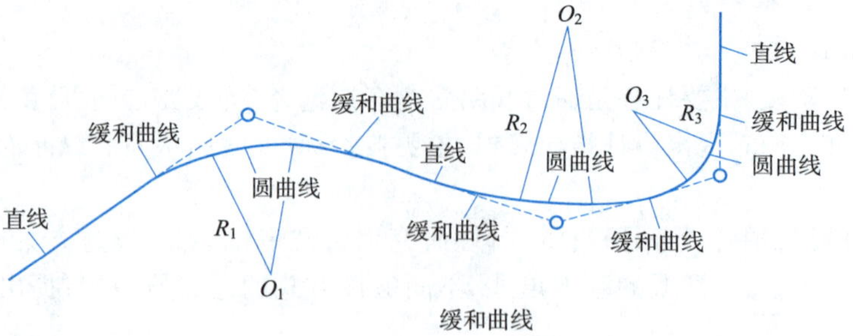

图 2-35　线路曲线的基本形式

（1）曲线

线路曲线部分可分为不设缓和曲线的曲线［见图 2-36（a）］和设缓和曲线的曲线［见图 2-36（b）］两种类型。线路平面曲线半径过大时，可直接设置圆曲线连接直线段，即不设缓和曲线。

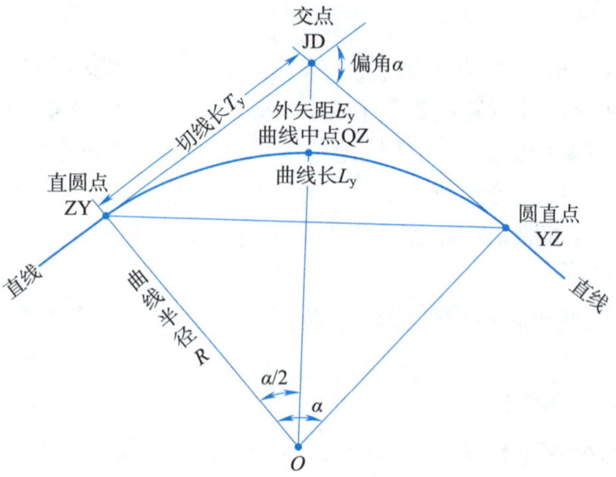

（a）不设缓和曲线的曲线

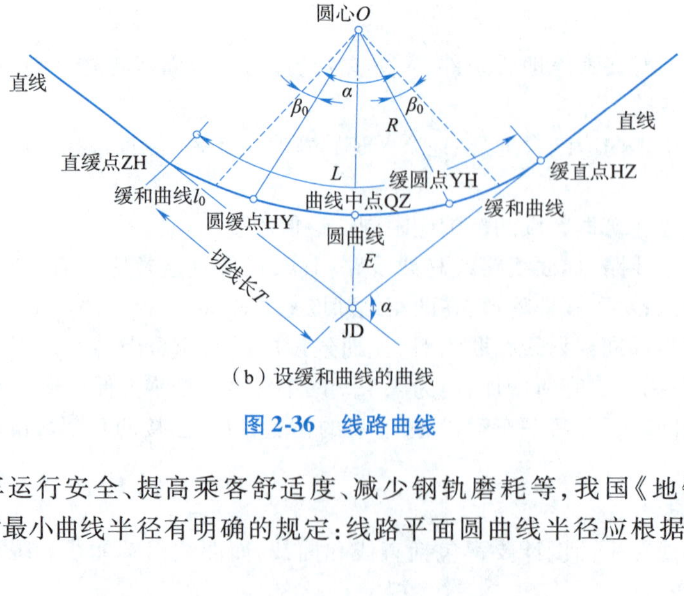

（b）设缓和曲线的曲线

图 2-36　线路曲线

为了保障列车运行安全、提高乘客舒适度、减少钢轨磨耗等，我国《地铁设计规范》（GB 50157—2013）中对最小曲线半径有明确的规定：线路平面圆曲线半径应根据车辆类型、地形条件、运行速度、环境要求等综合要素比选确定。最小圆曲线半径不得小于表 2-7 规定的数值。此外，圆曲线最小长度在正线、联络线及出入段线上应满足 A 型车不小于 25 m，B 型车不小于 20 m；在困难情况下，不得小于一节车辆的全轴距；车场线不应小于 3 m。

表 2-7　圆曲线最小半径

单位 m

线　路	A 型车		B 型车	
	一般地段	困难地段	一般地段	困难地段
正线	350	300	300	250
出入段线、联络线	250	150	200	150
车场线	150	—	150	—

（2）缓和曲线

为了保证列车运行安全和乘客乘车的舒适性，使列车安全、平顺地由直线路段运行到圆曲线路段（或由圆曲线路段运行到直线路段），避免向心力的突然产生（或消除），而在直线与圆曲线之间设置一个曲率半径逐渐变化的曲线，该曲线称为缓和曲线。

（3）夹直线

位于两条相邻缓和曲线间的直线。为了保证运营安全，提供平稳的行车条件，线路上不宜连续设置多个缓和曲线，缓和曲线之间必须保证足够长度的夹直线。《地铁设计规范》（GB 50157—2013）规定：在正线、联络线及出入段线上，两相邻缓和曲线间无超高的夹直线最小长度应满足 A 型车不小于 25 m，B 型车不小于 20 m。

线路平面设计的技术要素较多，但较为理想的城市轨道交通平面应由直线和少量曲线组成，且曲线半径尽可能大，在曲线和直线之间设缓和曲线过渡。但是，实际情况一般比较复杂，平面不可能全是直线，曲线的存在不可避免。

5. 线路纵断面设计

线路纵断面设计在平面设计的基础上进行，同时又可对平面设计进行检验和调整，最终确定线路在城市三维空间的位置。

城市轨道交通线路纵断面由坡段及连接相邻坡段的竖曲线组成。

（1）线路纵断面设计的主要技术要素

①坡段长度：坡段示意图如 2-37 所示，两个坡段的连接点称为变坡点。一个坡段两端变坡点之间的水平距离称为坡段长度。如果坡段长度设计过长，会增加施工作业量及建设成本，不经济。若设计长度过短，当小于列车长度时，会使列车同时处于多个变坡点，将影响列车运行安全和乘客乘车的舒适感。因此，线路坡段长度不宜小于远期列车计算长度。

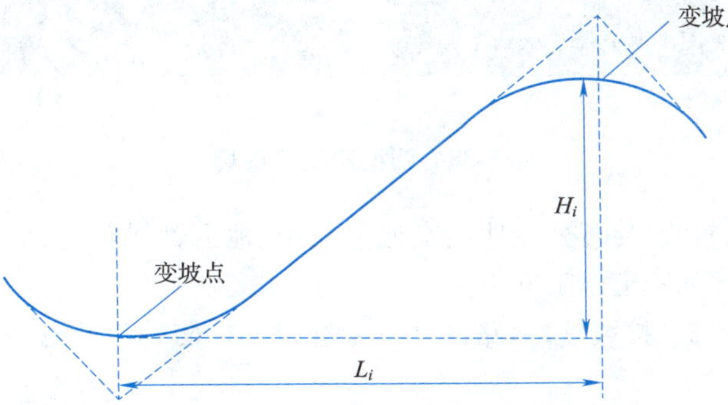

图 2-37　坡段示意图

②坡度：指两变坡点的高差 H_i(m)与坡段长度 L_i(m)的比值，以千分率表示。《地铁设计规范》(GB 50157—2013)规定：正线的最大坡度宜采用30‰，困难地段可采用35‰，联络线、出入段线的最大坡度宜采用40‰。区间隧道线路应根据排水需要设置最小坡度，最小坡度可采用3‰，困难地段在确保排水的条件下，可采用2‰的坡度。区间地面线和高架线具有有效排水措施时，可采用平坡。

③竖曲线：在线路纵断面的变坡点处设置的竖向圆弧称为竖曲线，我国城市轨道交通线路设计常用的竖曲线线型为圆曲线。

(2)线路纵断面的设计原则

①坡段应尽可能长，以保证列车安全平稳地运行，提高乘客的舒适度。

②坡道的设计应根据区间结构形式确定。

③车站站台和道岔范围内不应设置竖曲线，竖曲线也不应与平面缓和曲线重叠。

④邻坡段坡度代数差不受限制。

⑤在满足上述要求的情况下，将纵断面设计和平面设计相结合进行综合方案比选，以确定最佳设计方案。

二、线路施工

城市轨道交通线路施工主要包括隧道施工、车站施工、停车场施工及相关配套工程施工等方面，这里介绍隧道施工常见的方法。

隧道施工为连通地下相邻两座车站而进行的线路建设，一般采用掘进方式形成隧道。隧道掘进需要在三维空间进行精确定位，同时，需要进行支撑形成稳定的结构。常用的施工方法有明挖法和暗挖法。

1. 明挖法

明挖法指在规划线路的地面上直接开挖基坑，修筑衬砌后，在露天基坑中修建隧道主体结构(洞身、洞门)，最后再回填基坑，恢复路面的施工方法，如图2-38所示。

(a)　　　　(b)

图2-38　明挖法施工现场

明挖法适用于埋深较浅的线路，在地面交通量较小、地下管线较少、地面无建筑物的区域使用较多，是一种常见的区间隧道施工方法。

明挖法施工工序：打桩(护坡桩)→路面开挖→埋设支撑防护与开挖→地下结构施工→撤撑回填→恢复路面。

明挖法施工的优点：施工条件有利、速度快、质量好、安全、简单、经济。

明挖法施工的缺点：土方工程量较大，影响地面交通、噪声与震动等对环境的影响大。

2. 暗挖法

暗挖法是在特定条件下不挖开地面，全部在地下进行开挖和修筑衬砌结构的隧道施工方法。暗挖法主要包括钻爆法、盾构法、掘进机法、浅埋暗挖法、顶管法、沉管法等。其中，尤以盾构法和浅埋暗挖法应用较为广泛。

（1）盾构法

盾构法是指通过使用盾构机进行隧道建设的一种施工方法。盾构机相当于一台超级智能机器人，集隧道开挖、衬砌一次成型，一般由盾构壳体、推进系统、拼装系统、输送系统四部分组成。盾构机的工作原理是通过推进系统将盾体向前推进，同时利用刀盘的刀具切削土体并破碎，再经输送系统将破碎的土体送至地面。在盾构机完成一定距离的开挖后，便停止推进，拼装系统进入管片拼装、衬砌模式，完成隧道结构加固，依次循环，环环相扣，最终形成一条完整的隧道。

具体过程：首先要在隧道始端和终端各开挖一竖井，盾构机在竖井内安装完成后，沿着预定好的方向开始向前推进，在推进过程中完成隧道的开挖、衬砌等环节，到达终端后通过竖井进行拆解，如图 2-39 所示。

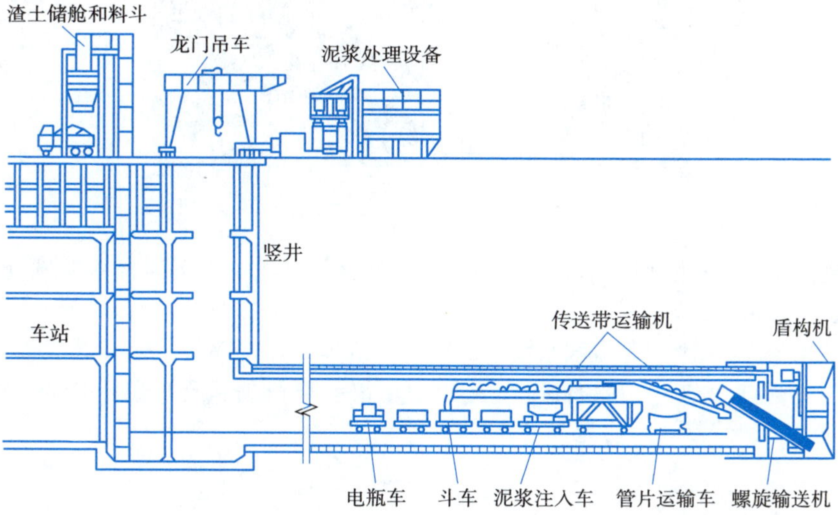

图 2-39　盾构法施工

盾构法施工适用于松软含水地层、地下线路设施深埋 10 m 以上，特别适合埋深较大、隧道洞线较长的线路。

盾构法施工优点：自动化程度高，节省人力；隧道开挖与衬砌同时进行，施工速度快；不受气候影响；开挖时可控制地面沉降，减少对地面建筑物的影响等。

盾构法施工缺点：新型的盾构设备购置费昂贵，对施工线路较短的工程不太经济；在线路曲线半径过小时，施工难度大；对隧道覆土厚度有一定要求，覆土太浅，开挖面稳定甚为困难，甚至不能施工；盾构机操作人员的工作环境比较差，工作的危险系数也比较高。

（2）浅埋暗挖法

浅埋暗挖法是指在特定条件下，不开挖地面，在地下进行开挖和修筑衬砌的隧道施工方法。它是松散地层的新奥法施工，采用锚杆和喷射混凝土支护，对围岩进行加固，约束围岩的松弛和变形，并通过对围岩和支护的测量、监控，指导地下工程的设计施工。

浅埋暗挖法施工优点：结构形式灵活多变，对地面交通、地面建筑、地下管线影响不大，城市环境污染小等。

浅埋暗挖法适用埋置深度较浅、松散不稳定的土层和软弱破碎岩层。

浅埋暗挖法施工过程：先将钢管打入地层，注入水泥浆或化学浆液，使地层加固；然后进行短进尺开挖，一般每个循环在0.5～1.0 m左右，随后做初期支护及防水层；最后，完成二次衬砌。

(3)沉管法

沉管法又称预制管段沉埋法，是修筑穿越江河、海湾、海峡水底隧道的方法之一。先在临时干坞预制好若干管段，并将管段两端用临时封墙封堵，然后将管段浮运到隧道的基槽处，逐节沉放管段，再用水力压接法将相邻管段连接，使各节管段连通成为整体的隧道。最后在其顶部和外侧用块石覆盖，以提高隧道安全性，如图2-40所示。

图2-40　沉管法施工示意图

沉管法施工工序：管段制作(基槽浚挖)→管段浮运与沉放→水下连接→基础处理→覆土回填→设备安装与内部装修。

沉管法适用于大江、大河等宽阔水域下的隧道构筑。

沉管法施工优点：各工序可平行进行，施工时间缩短，管段预制质量容易控制，把水下作业转变为路上作业。

笔记栏：

任务实施

任务工单 1 见表 2-8。

表 2-8　任务工单 1

了解线路设计的相关知识		
姓名：	班级：	日期：
团队成员及分工：		
实训目标	了解城市轨道交通线路设计过程、选线原则及线路设计的基本内容	
实训内容	线路设计的科学性、合理性直接影响城市轨道交通工程建设的实用性、客流量吸引度、施工过程的困难程度及运营成本。以小组为单位，结合图片，讨论线路设计的主要要素	
引导问题	①线路的平面设计要素。 ②选线的纵断面设计要素。	

训练：

①结合所学，说出下图中所包含的线路设计主要技术要素。

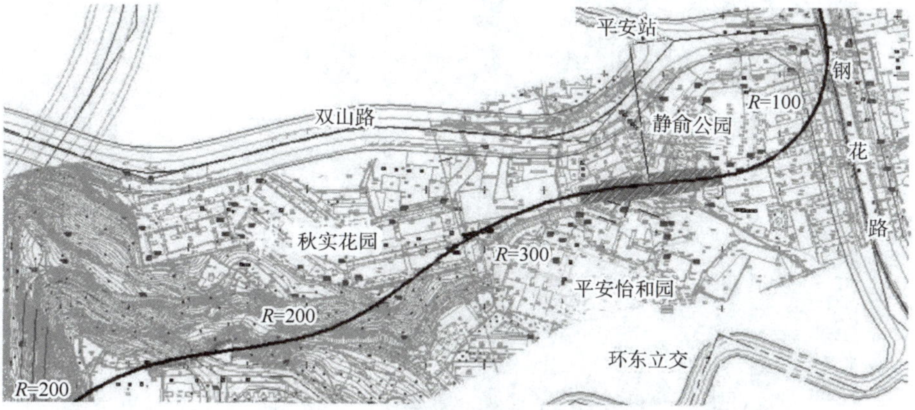

②讨论下图中合理的线路设计，说明理由。

任务工单 2 见表 2-9。

表 2-9　任务工单 2

<table>
<tr><td colspan="4">了解线路设计的相关知识</td></tr>
<tr><td colspan="4">姓名：　　　　班级：　　　　日期：</td></tr>
<tr><td colspan="4">团队成员及分工：</td></tr>
<tr><td>实训目标</td><td colspan="3">掌握城市轨道交通线路施工的主要方法及施工流程</td></tr>
<tr><td>实训内容</td><td colspan="3">在进行参数轨道交通线路施工时，因施工范围广，施工条件复杂，需要采取科学合理的施工方案来保证施工质量和安全。以小组为单位，结合图片，讨论线路施工的主要工艺流程及特点</td></tr>
<tr><td>引导问题</td><td colspan="3">隧道的常用施工方法。</td></tr>
<tr><td colspan="4">训练：</td></tr>
<tr><td>序号</td><td>施 工 图 示</td><td>施工方法及施工流程</td><td>适 用 条 件</td></tr>
<tr><td>1</td><td></td><td></td><td></td></tr>
<tr><td>2</td><td></td><td></td><td></td></tr>
<tr><td>3</td><td></td><td></td><td></td></tr>
</table>

任务评价

任务评价见表2-10。

表2-10　任务评价

序号	评价内容	评价标准	分值	分数		
				学生自评	组间互评	教师评分
1	线路平面设计主要技术要素	要素描述准确，共10分	10			
2	线路纵断面设计主要技术要素	要素描述准确，共10分	10			
3	合理解释坡长的设计原则	能解释坡长设计过长、过短导致的影响。	20			
4	明挖法施工流程及适用条件	明挖法施工流程，优缺点，每项10分	20			
5	盾构法施工流程及适用条件	盾构法施工流程，优缺点，每项10分	20			
6	沉管法施工流程及适用条件	沉管法施工流程，优缺点，每项10分	20			
总成绩						

拓展视野

超级工程——大连湾海底隧道

2023年5月1日，大连湾海底隧道正式通车。这是我国北方寒冷地区首条跨海沉管隧道，也是全国首条自主设计施工的柔性节段式管节沉管隧道。这是继港珠澳大桥海底隧道后，又一项技术要求高、施工环境复杂、环保要求高的跨海通道超级工程。

大连湾海底隧道全长5.1 km，由18节巨型沉管和一节最终接头组成。每个标准管节长180 m，宽33.4 m，高9.7 m，质量高达6万吨。图2-41所示为巨型沉管。相比于港珠澳大桥每个管节7.6万吨和工厂法预制，大连湾海底隧道施工同样面临着许多挑战，而北方冬季低温环境预制沉管则是中国沉管隧道建设史上的首例。

图2-41　巨型沉管

历时四年的隧道建设中，克服了地质条件复杂、施工风险大、技术难题多等困难，成功破解寒冷地区海工混凝土结构百年耐久性难题，实现了大型船舶、水下电缆插座等核心装备和技术的国产化，并首次将“顶进节段式”最终接头、透水式接岸结构、碎石基床全漂浮整平等新结构、新技术应用于沉管隧道工程中，创下世界沉管隧道施工史上多项“第一”和“之最”。同时，建设者在施工过程中创造了12小时安装一节沉管、20个月安装18节沉管等一系列世界跨海沉管隧道建设新纪录。图2-42所示为沉管的安装。

图2-42　安装沉管

从伶仃洋到大连湾，工程师们用智慧和汗水，将中国海底沉管隧道技术不断推向行业尖端，彰显了勇于创新的技术和装备优势，推动世界沉管隧道施工持续迈上新台阶。

任务四　认识城市轨道交通限界与线路标志

任务目标

①理解城市轨道交通限界的概念与分类。

②熟知城市轨道交通线路标志的含义。

任务描述

车辆在行驶过程中会摆动、振动，为避免与周围的建筑物发生碰撞，而规定了限界。为方便线路的维护和司机安全、规范驾驶列车而设置了线路标志。理解限界的概念，熟悉线路标志，具备城市轨道交通相关岗位的知识素养。

视频

限界

核心知识

一、限界的概念

限界是指保障车辆安全运行、限制车辆断面尺寸、限制沿线设备安装尺寸，以及确定建筑结构有效净空尺寸的图形及坐标参数。

城市轨道交通车辆在隧道内或高架上运行时，一方面隧道或高架要有足够的空间，以供车辆通行和布置线路结构、通信、信号、供电、给排水等设备；另一方面，为了确保列车安全运行，凡接近线路的各种建筑物（如隧道衬砌、站台等）及设备，必须与线路保持一定的安全距离，各种建筑物和设备均不能侵入限界。由此可见，限界越大，安全度越高，但工程量和工程投资也随之增加。因此，合理限界的确定既要考虑保证列车运行的安全，又要考虑系统建设成本。

二、限界的分类

根据不同的功能要求，限界分为车辆限界、设备限界和建筑限界，是工程建设、管线和设备安装位置等必须遵守的依据。

1. 车辆限界

车辆限界是指车辆在平直线上正常运行状态下所形成的最大动态包络线，用以控制车辆制造、确定站台和站台门的定位尺寸。受电弓限界和受流器限界是车辆限界的组成部分，车辆一切突出、悬挂部分都不得超出车辆限界。车辆轮廓线依据车辆横剖面包络而成，是设计车辆限界的基础资料，两者之间必须留出一定的、为确保行车安全所需的空间，如图 2-43 所示。

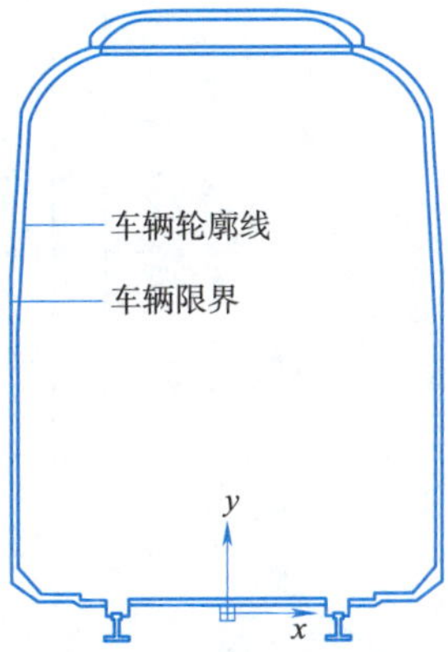

图 2-43　车辆轮廓线与车辆限界示意图

2. 设备限界

在车辆限界的基础上，计入轨道出现的最大允许误差时，引起车辆偏移和倾斜等附加偏移量，以及包括设计、施工、列车运行中难以预计的因素在内的安全预留量。设备限界是位于车辆限界外的一条轮廓线，所有固定设备及土木工程的任何部分都不得侵入此轮廓线内，是保证轨道交通系统列车等移动设备在运营过程中的安全所需要的限界。

3. 建筑限界

建筑限界是位于设备限界外的一个轮廓线，是在设备限界的基础上，满足设备和管线安装尺寸后的最小有效断面。它规定了地下隧道的形状、尺寸、位置，地下车站及站台的位置，地面建筑物（包括接触网支柱、声屏障和站台屏蔽门等）的位置。

建筑限界和设备限界之间的空间，应能安排各种电缆线、消防水管及消防栓、动力照明箱、信号箱及信号灯、照明灯、扩音器、通风管、架空接触网及其固定设备或者接触轨及其固定设备等。

建筑限界分为隧道内建筑限界、地面建筑限界和高架建筑限界，如图 2-44 所示。隧道内建筑限界按工程结构形式分为：矩形隧道建筑限界、圆形隧道建筑限界和马蹄形隧道建筑限界。

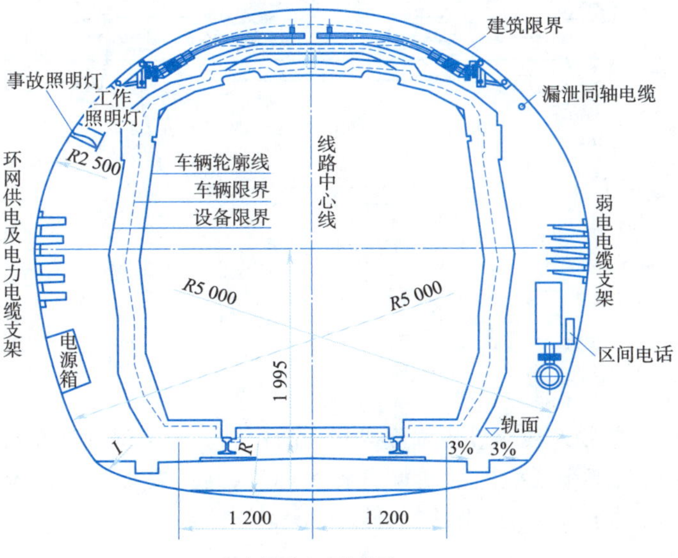

（a）隧道内建筑限界

图 2-44　建筑限界

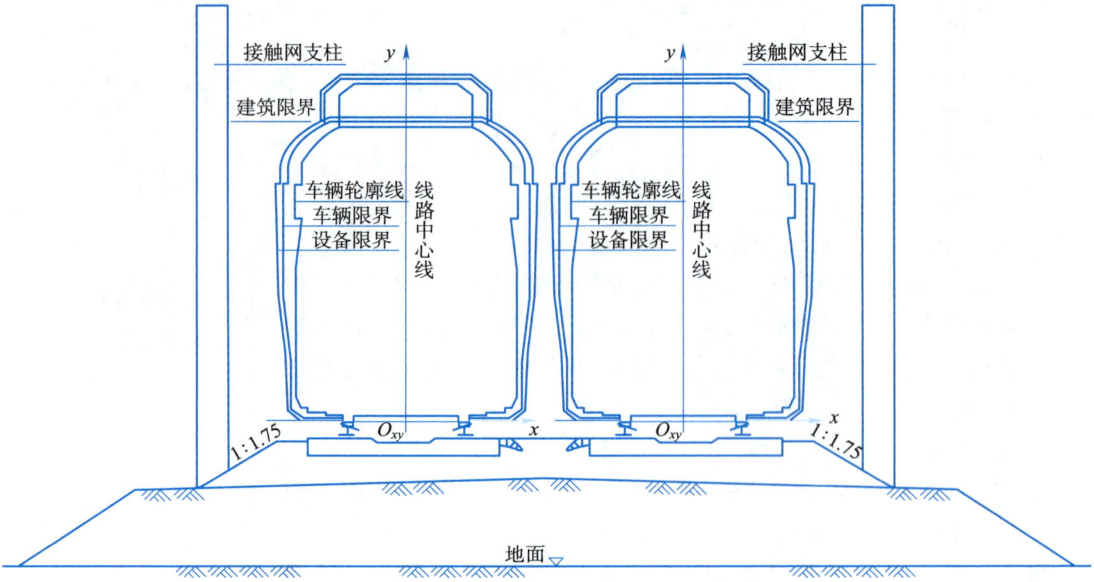

（b）地面建筑限界

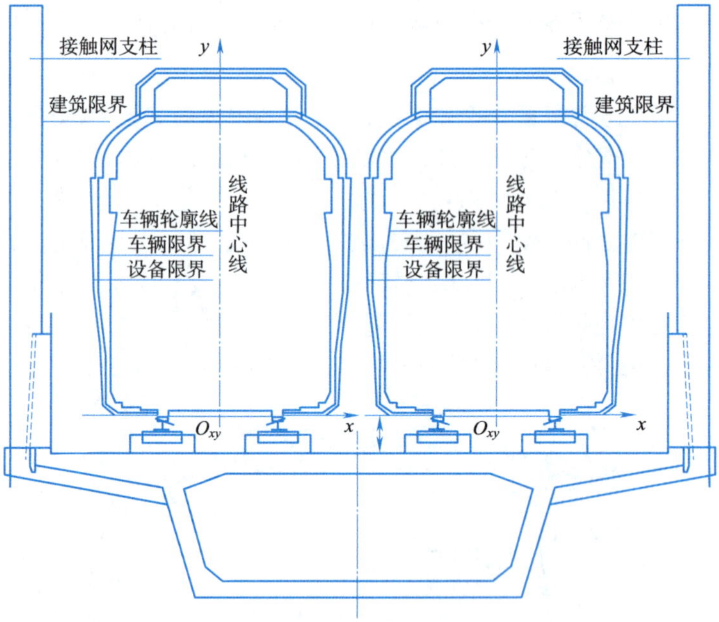

（c）高架建筑限界

图 2-44　建筑限界（续）

三、线路标志

线路标志是表示建筑物及线路设备位置或状态的标志。为了保证列车运行的安全及司机等工作人员的需要，城市轨道交通线路沿线设有各种标志，其主要种类有百米标、半公里标、公里标、预告标、曲线标、坡度标、限速标、解除标、停车标等。

1. 百米标

按照一百米为界，设在一条线路自起点计算每整百米处，专门设置的提醒，如图 2-45 所示，表示该点距离本线路起点的长度为 124 × 100 m，即 12.4 km。

2. 半公里标与公里标

半公里标设置在每半公里的位置，如图 2-46(a)所示。公里标设在一条线路自起点计算每一整公里处，如图 2-46(b)所示，K12 表示该位置距起点为 12 公里。

图 2-45　百米标

(a) 半公里标　　(b) 公里标

图 2-46　半公里标与公里标

3. 预告标

地铁一般在接近车站 300 m、200 m 位置分别设置接近车站预告标，在接近车站 100 m 位置设置站名标，用于提示司机，列车离前方车站尾端墙的距离，如图 2-47 所示。

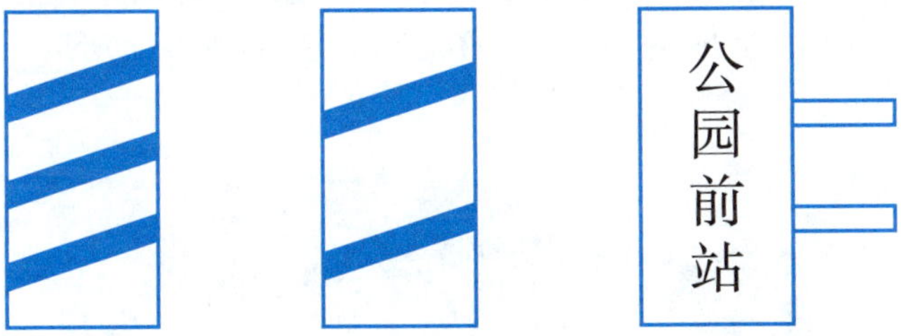

(a) 300 m预告标　(b) 200 m预告标　(c) 100 m预告标

图 2-47　预告标

4. 曲线标

曲线标是曲线起点和曲线终点标志的简称，设在曲线中点处，标志上标明了曲线长度、缓和曲线长度、曲线半径大小、超高等有关数据，如图 2-48 所示。

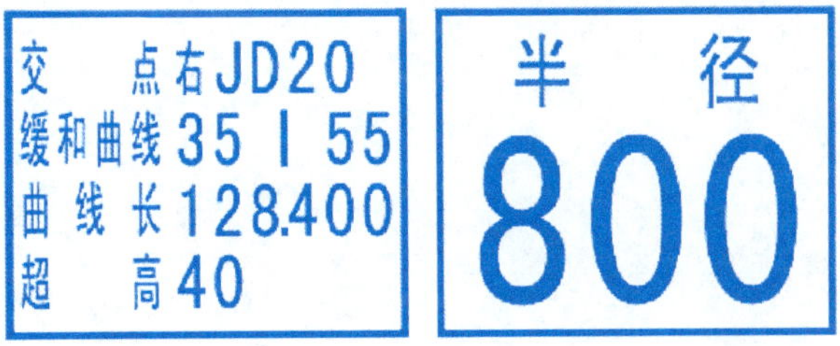

图 2-48　曲线标

5. 坡度标

坡度标设在线路纵断面的变坡点处，箭头所指方向为上坡或下坡，并标明坡度与坡段长度。坡度标如图 2-49 所示，图中“3”表示坡度值为 3‰，即坡度每千米下降 3 m；斜向下的箭头表示下坡道，“665”表示坡长为 665 m。

6. 限速标与解除标

限速标设在限速区段起点位置，表示列车需要按规定限制速度运行。解除标设在限速区段的终点，表示列车按规定限速完毕，可恢复至设计速度运行，如图 2-50 所示。限速标与解除标都属于信号标志。

图 2-49 坡度标

(a) 限速标

(b) 解除标

图 2-50 限速标与解除标

7. 停车标

停车标是指示列车停车位置的标志，通常用于车站站台规定的乘客上下车的停车地点以及列车折返时指示司机停车的地点，它固定设置在规定位置，如图 2-51 所示。停车标也属于信号标志的一种。

图 2-51 停车标

笔记栏：

任务实施

任务工单见表2-11。

表2-11　任务工单

<table>
<tr><td colspan="2">理解地铁限界</td></tr>
<tr><td colspan="2">姓名：　　　　班级：　　　　日期：</td></tr>
<tr><td colspan="2">团队成员及分工：</td></tr>
<tr><td>实训目标</td><td>①理解限界的概念及作用。
②理解限界的分类</td></tr>
<tr><td>实训内容</td><td>2021年1月22日下午3时42分，因道路地质勘察施工，××市轨道交通1号线××客运站下行区间公里标K27+900米处隧道被地质勘察机械钻穿，发生地铁侵限事故，造成轨道交通1号线短时关闭停运，直接经济损失306.65万元。以小组为单位，讨论限界的概念及其分类
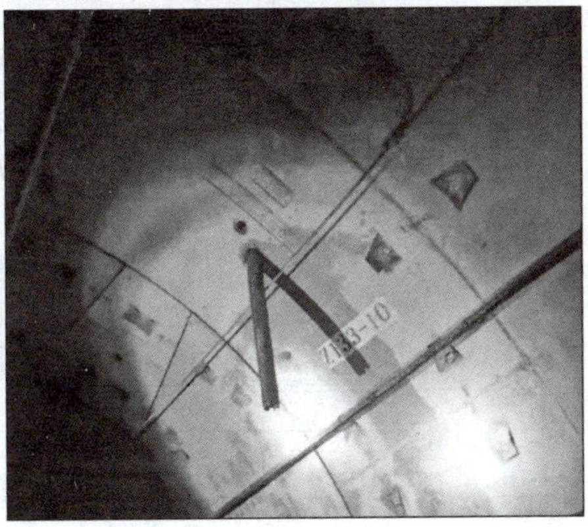</td></tr>
<tr><td>引导问题</td><td>①限界的概念。
②限界的分类。</td></tr>
</table>

续表

训练：

①讨论为什么要规定限界。

②分析图片准确说出 1、2、3 的名称，并简单叙述其作用。

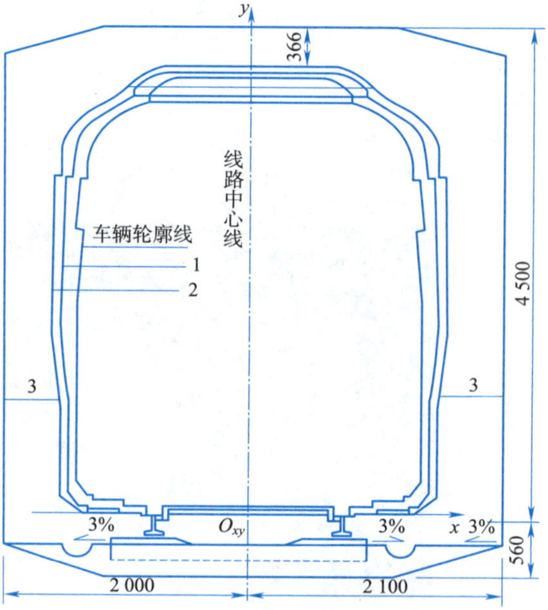

③讨论下图中电缆支架不能侵入哪个限界。

任务评价

任务评价见表2-12。

表 2-12　任务评价

序号	评价内容	评价标准	分值	分数		
				学生自评	组间互评	教师评分
1	限界的概念及作用	概念准确10分;作用描述清楚10分	40			
2	车辆限界的概念及规定	描述出车辆轮廓线10分;描述出车辆限界概念10分	20			
3	设备限界的概念及规定	描述出设备限界概念10分;描述出设备限界的规定10分	20			
4	建筑限界的概念及规定	描述出建筑限界概念10分;描述出建筑限界的规定10分	20			
总成绩						

拓展视野

"限界检测"、"冷滑"与"热滑"

"限界检测"是地铁工程中的关键,它关系着地铁工程建成后运行的安全问题。地铁线路在正式跑车之前要对车辆限界和设备限界进行测量,否则安装在隧道的设备就可能剐蹭到列车。首先要检测车站各个部位,包括接触轨、站台板、防淹门、站台门、电缆支架等是否有侵限现象。还要检查沿线电缆支架、沿线临时线缆、隧道壁上安装的设备、紧急疏散平台、步梯、消防水管等其他建筑设施是否存在侵限现象。

图2-52所示为DZJ-80型综合检测车,包含接触网检测系统、轨道检测系统、限界检测系统等方面的检测。其中的TDXJ-1型地铁限界检测装置,就是用于地铁设备限界检测的专业设备。该装置是一种实时、高速、高精度的地铁隧道设备限界动态检测装置,采用激光摄像、数据融合、图像处理等技术,对地铁设备限界进行动态检测,判定是否侵限,并提供相应信息,为地铁隧道安全维护提供依据,是相关设备设施平稳运行的有力保障。

图 2-52　DZJ-80 型综合检测车

“冷滑”试验是在接触网不受电的情况下对接触网进行动态检测，通过受电弓的正常运行状态，检测接触网的机械适应性是否满足运行需求，检测接触网刚性悬挂、分段绝缘器、线岔等设备是否有打弓现象，确保接触导线与受电弓接触良好。

“热滑”试验是指在接触网受电的情况下，列车由受电弓从接触网直接取电，自行驱动，完成启动、牵引、制动等运行状态，以此对供电、信号、通信、线路、机电等系统设备进行全面检测的一种试验方式。

巩固与练习

一、判断题

1. 地铁线路都敷设在地面下。 (　　)
2. 城市轨道交通线路一般为上下行双线，我国实行左侧行车。 (　　)
3. 正线是载客运营线路，贯穿所有车站、区间的线路。 (　　)
4. 配线是为了保证正线运营而配置的线路，一般为载客列车进行折返、停放、检查、转线及出入段作业所运行的线路。 (　　)
5. 在行车密度高、列车运行间隔短的条件下，一般采用站前渡线折返方式。 (　　)
6. 停车线可用来临时停放事故列车。 (　　)
7. 环形折返线存在占地面积大、轮轨磨耗大、线路机动性下降、线路难以延长等缺点。 (　　)
8. 在地铁与轻轨线路上，单开道岔使用量占全部道岔的95%以上。
9. 有轨电车线路均全线铺设平底钢轨。 (　　)
10. 隧道和车站施工，明挖法都是其首选的施工方法。 (　　)
11. 线路纵断面可以反映线路的坡度变化。 (　　)
12. 隧道内安装的信号灯、照明灯、扩音器、通风管等设备不得侵入车辆限界。 (　　)

二、填空题

1. 城市轨道交通线路按其在运营中的作用分为__________、__________、车场线等。
2. __________包括折渡线、返线、停车线、车辆段出入线、联络线等。
3. __________是车辆段内厂区作业与停放列车的线路。
4. 停车线一般设置在__________，专门用于停车，也可进行少量检修作业。
5. __________是两条独立运营的线路之间的连接线路。
6. 检修线设置在车辆基地检修库内，专门用于检修车辆的作业线，配有__________和__________、配有架车设备、检修设备。
7. 轨道一般由__________、__________、扣件、__________、道岔及其他附属设备等组成。
8. 目前，我国城市轨道交通线路的正线、出入场线一般采用__________ kg/m 钢轨。
9. 直线地段的轨距在钢轨头部内侧顶面下__________处测量，为__________。
10. 在城市轨道交通线路中，普遍采用__________轨枕，木枕一般多用于__________的道岔段。
11. __________是引导机车车辆从一股道转入另一股道的线路设备。
12. 线路中心线在水平面上的投影，称为__________。
13. 线路中心线在垂直面上的投影，称为__________。

14. 线路直线与圆曲线往往不是直接相连的，中间要加一段__________。

三、简答题

1. 何为城市轨道交通的正线和配线？
2. 城市轨道交通线路有哪几种敷设方式？各有什么优缺点？
3. 普通单开道岔由哪几部分组成？各组成部分的作用是什么？
4. 城市轨道交通区间隧道常用的施工方式有哪几种？
5. 简述明挖法施工流程。
6. 什么是暗挖法？有几种分类？
7. 简述盾构法施工的优点。
8. 什么是限界？城市轨道交通一般包括哪几种限界？
9. 城市轨道交通线路设计的内容包括哪些？
10. 解释下列线路标志的含义。

项目三

城市轨道交通车站

项目导入

城市轨道交通车站为乘客和运营管理人员提供舒适的候车环境与工作场所，也为列车提供临时停车的地点。它是使用频率较高的城市公共空间，也是体现城市精神、展示城市文化、彰显城市态度的重要窗口。

项目目标

知识目标：

①了解城市轨道交通车站概况、车站的分类与构成，掌握必备知识。

②掌握城市轨道交通换乘方式。

③掌握城市轨道交通车站的主要机电设备的功能与分布。

④了解城市轨道交通车站文化的意义及建设。

⑤了解城市轨道交通车站的一般施工方法。

能力目标：

①能够说出城市轨道交通车站的各个组成部分。

②能够区分岛式站台和侧式站台并明确它们的优缺点。

③能够说出 AFC 系统、站台门系统、电梯扶梯等机电设备的功能和原理。

④能够说出城市轨道交通车站施工的一般方式。

素养目标：

①了解城市轨道交通车站的基本知识，培养热爱专业、扎实学习的精神，树立服务社会的意识。

②了解中国城市轨道交通车站的文化传播作用，培养文化自信，厚植家国情怀，践行使命担当。

知识导图

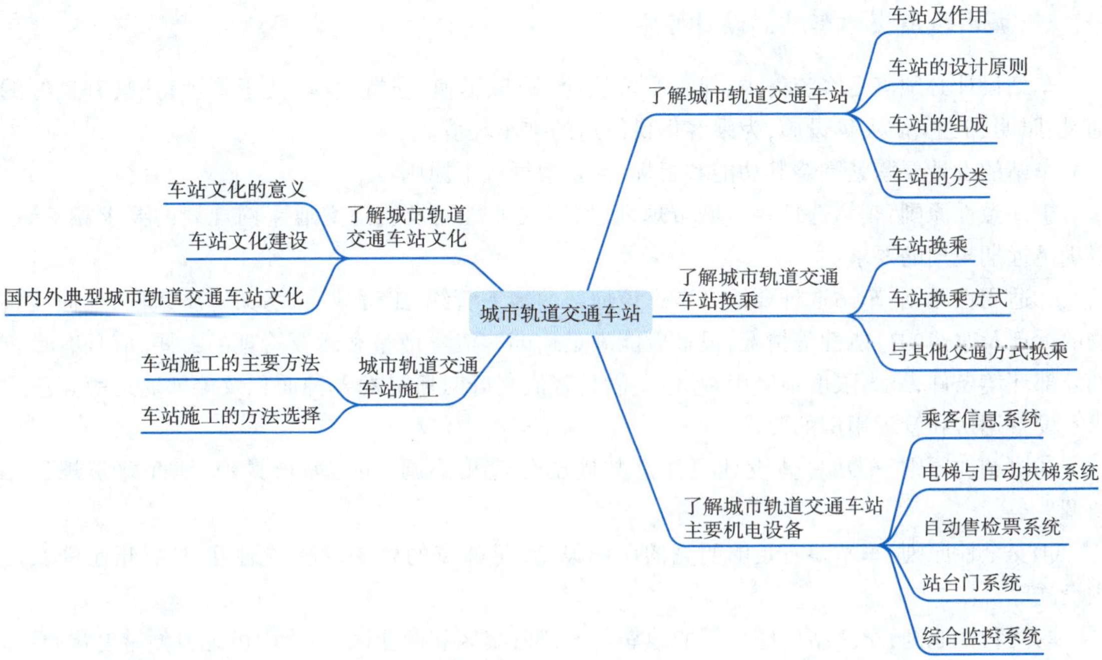

任务一　了解城市轨道交通车站

任务目标

①掌握城市轨道交通车站的作用与特点。

②掌握城市轨道交通车站的组成。

③掌握城市轨道交通车站的分类。

任务描述

城市轨道交通车站类型繁多,能归纳出车站的作用特点,认知城市轨道交通车站的组成,明确车站的各种分类方式,具备城市轨道交通相关专业技术人员必备的基础知识。

核心知识

一、城市轨道交通车站及作用

城市轨道交通车站是城市轨道交通系统最重要的组成部分,是旅客上下车、换乘的场所,也是列车到发、通过、折返、临时停车的地点,还是各工种联劳协作的生产基地。

城市轨道交通车站应具备的基本作用:

①吸引客流、疏散客流、供旅客乘降、换乘、候车场所。

②城市轨道交通车辆到发、通过、折返、临时停车的地点。

③集中设置主要的技术设备、运营管理系统。

④车站是城市建筑艺术整体的一个有机部分。

⑤车站是连接其他交通的枢纽。

二、城市轨道交通车站的设计原则

车站设计必须满足客流需求，保证乘降安全、疏散迅速、布置紧凑、便于管理，并具有良好的通风、照明、卫生、防灾等设施，为乘客提供舒适的乘车环境。

车站的设计要紧紧围绕其功能和目标，需要遵循以下原则：

①一致性原则：车站选址要与城市规划、城市交通规划及轨道交通路网规划的要求相一致，以满足远期规划的要求。

②适用性原则：车站选址要综合考虑该地区的地下管线、工程地质、水文地质条件、地面建筑物的拆迁及改造的可能性等情况；设计应能满足远期客流集散量和运营管理的需要，应具有良好的外部环境条件，最大限度地吸引乘客；要满足客流高峰时所需的各种面积及楼梯通道等宽度要求及设备用房和管理用房的要求。

③协调性原则：车站总体设计要注意与周围环境相协调，如与城市景观、地面建筑规划相协调。

④安全性原则：车站要有足够明亮的照明设施，足够宽的楼梯及疏散通道，具有指示牌及防灾设施等。

⑤便利性原则：车站站位应尽可能地靠近人口密集区和商业区，最大限度地方便乘客出行。

⑥识别性原则：车站设计应体现现代交通建筑的特点，简洁、明快、大方并易于识别，同时车站及车辆线路都要有明显的特征和标志。

⑦舒适性原则：车站的设计要以人为本，要有舒适的内部环境和现代的视觉观感，并解决好通风、温度和卫生等问题。

⑧经济性原则：车站的设计应尽可能地与物业开发相结合，使土地的利用最充分，并尽可能降低造价、节约投资。

视频

车站的定义及组成

三、城市轨道交通车站的组成

城市轨道交通车站根据其功能需求一般由以下部分组成：站厅、站台、设备区、出入口及通道、风亭及冷却塔以及其他附属建筑。

1. 站厅

图3-1所示为车站站厅，它是连接出入口与站台的过渡空间。站厅内设有购票、检票、换乘、咨询等服务设施。站厅按其用途分为公共区和设备区，一般两端为设备区，中间为公共区。

公共区又分付费区和非付费区，以检票闸机和栏杆进行分割。非付费区是乘客购票并正式进入车站前的活动区域，有自动售票和安检设备。付费区包括乘客正式进入车站后的站厅区域、站台、楼梯和自动扶梯等，它是为乘客乘降和候车提供服务的区域。客服中心设在站厅的付费区和非付费区之间，可同时服务于两个区域的乘客，完成售票、咨询、补票等业务。

站厅层作为乘客密集的场所，也带来了无限商机。在非付费区内可以根据场地大小布置部分便民的商业设施，如公用电话、自助银行、自动售卖机、小商铺等，布置原则以不影响乘客出行为首要条件。

（a）　　　　　　　　（b）

图 3-1　站厅

2. 站台

图 3-2 所示为车站站台。站台是最直接体现车站主要功能的场所，其主要作用是供列车停靠、乘客候车及上、下列车等。

（a）　　　　　　　　（b）

图 3-2　站台

站台也分公共区和设备区，一般两端为设备区，中间为公共区。

3. 设备区

设备区主要设有设备用房和管理用房。设备用房是安置各类设备、进行日常维修及保养设备的场所，主要有售检票、通信、信号、环控、照明、低压配电、变电所等系统相关设备房。

管理用房是车站工作人员的办公用房，包括车站控制室、设备系统值班室、票务室、会议室、更衣室、休息室、卫生间、备品库、垃圾间、清扫工具间等。

4. 出入口及通道

图 3-3 所示为车站的出入口及通道。车站出入口和通道是客流集散的必经地，乘客必须经过出入口和通道才能进出车站，实现其乘坐列车的目的。车站管理也通过出入口和通道的设置来实现与外界的物理分隔。

车站出入口是乘客进出车站的咽喉，被视为“生命线”。出入口用于吸引和疏解客流，其规模与出入口的总设计乘客流量有关。出入口一般布置在街道交叉口，以便能大范围地吸引和疏解客流，设置数量不得少于两个。其布置应考虑与周边物业的接驳，承担过街通道功能。至少保留一个独立的出入口作为车站的紧急出入口，在车站发生突发事件时，供抢险人员和抢险设备、物资进出。出入口的宽度与相连的通道宽度一致。

车站通道是连接车站出入口和站厅或站内各层之间的纽带，主要由楼梯、自动扶梯、步行道及无障碍通道构成。长度不宜超过 100 m，超过时应采取能满足消防疏散要求的措施。各部位的通过能力，应满足远期客流所需的宽度和数量。地下出入口通道力求短、直，通道的弯折不宜超过三处，弯折角度宜大于90°。设置必要的照明和通风设施，广告设置应注意内容简洁明快，画面为主，避免文字过多。设置排水沟，处理雨水和墙体渗水等。通道内宜安装一定数量的摄像头，并设一定数量和类别的导向标志引导乘客出行。

（a）出入口　　（b）通道

图 3-3　出入口及通道

5. 风亭及冷却塔

图 3-4 所示为车站的风亭及冷却塔。风亭是为车站及隧道提供通风、换气的设施，在车站或隧道发生火灾时还能排烟。风亭按其功能不同分为：活塞风亭、进风亭和排风亭。

冷却塔的功能是通过冷却水循环吸收地铁内的废热并排到大气中，为车站的环境控制系统散热，也是出地面的结构。

（a）风亭　　（b）冷却塔

图 3-4　风亭及冷却塔

四、城市轨道交通车站的分类

1. 按车站的空间位置划分

图 3-5 所示为按车站的空间位置划分的地面车站、地下车站、高架车站。

①地面车站：车站简易，工程量小，布置灵活，乘客进出车站方便，可自然通风和天然采光，节约费用和能源，安全疏散较易，造价较低。

②地下车站：空间封闭、狭长、结构类似，站内噪声大，站内温度高，发生火灾后扑救困难，机械通风、人工照明，施工比较复杂，节约城市用地，有良好的防护功能。地下车站按埋置深度可分为浅埋车站和深埋车站。

- 浅埋车站：采用明挖法或盖挖法施工，钢轨顶面至地表距离在 20 m 以内。
- 深埋车站：采用暗挖法施工，钢轨顶面至地表距离在 20 m 以上。

③高架车站：有行车噪声干扰，根据情况采取封闭或不封闭隔离噪声，有永久性阴影区，占城

市地面用地少，较地下车站施工简易。

（a）地面车站　　（b）地下车站　　（c）高架车站

图 3-5　按车站的空间位置划分

2. 按运营性质划分

视频

车站按运营性质的划分

运营线路中车站类型示意图如图 3-6 所示。

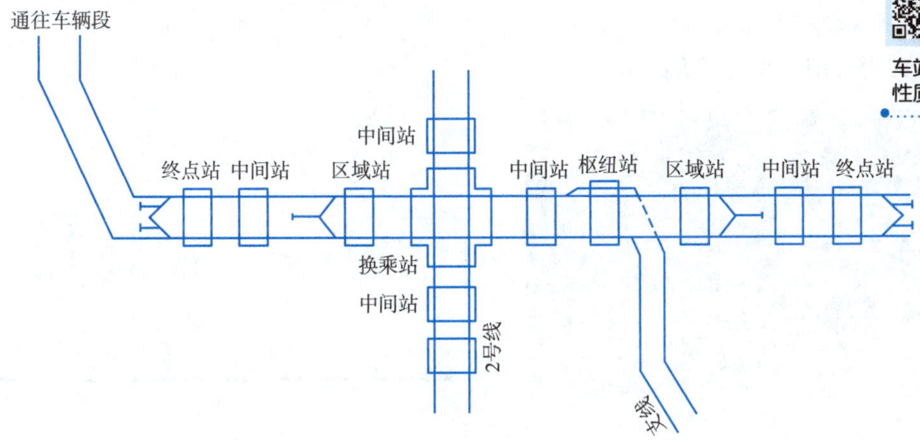

图 3-6　运营线路中车站类型示意图

①中间站：功能单一仅供乘客上、下车之用，是地铁路网中数量最多的车站。

②终点站：设在线路两端，除了供乘客上下车外，还用于列车折返及停留。因此一般设有多股停车线，还可将线路延长作为中间站或区域站使用。

③区域站：设在两种不同行车密度交界处，设有折返线和设备，兼有中间站的功能。

④联运站：车站内设有不同性质的列车线路进行联运及客流换乘，如快车线、区域慢车线等。联运站具有中间站及换乘站的双重功能。

⑤枢纽站：由此站分出另一条线路的车站，是轨道交通线路分岔的车站，枢纽站是设在两种不同行车密度交界处的车站，站内有折返线和设备。枢纽站兼有中间站的功能。

⑥换乘站：位于两条及两条以上线路交叉点上的车站。除具有中间站的功能外，更主要的是它还可从一条线上的车站通过换乘设施转换到另一条线路上的车站。

各种车站类型符号如图 3-7 所示。

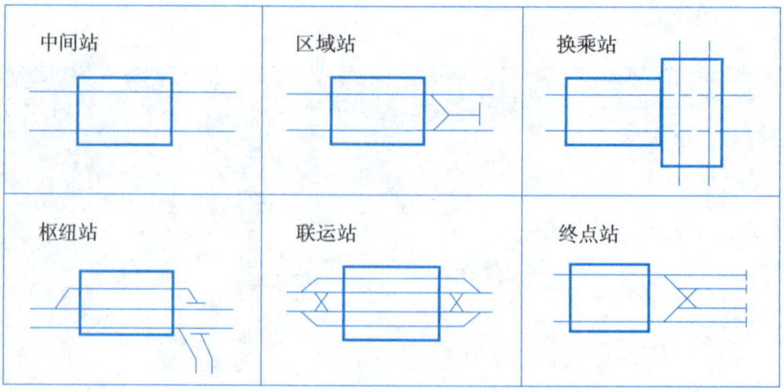

图 3-7　车站类型符号

视频
车站按站台形式的划分

3. 按车站站台形式划分

(1)岛式站台车站

站台位于上、下行行车线路之间的布置形式称为岛式站台。其实物与示意图如图 3-8 所示。岛式站台的优点是站台面积可以得到充分利用,便于集中管理,车站结构紧凑,设备使用率高,乘客换乘方便;缺点是对线路设计影响大,设计难度大、造价高。根据站台和线路数量的不同又可分为一岛式、两岛式等。

岛式站台常用于客流量大的车站。

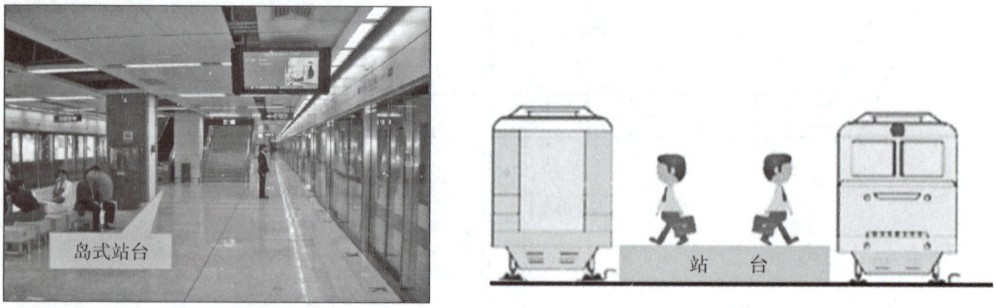

(a)实物图　　(b)示意图

图 3-8　岛式站台

(2)侧式站台车站

站台分别位于上、下行行车线路两侧的布置形式称为侧式站台。其实物与示意图如图 3-9 所示。优点是站台的横向扩展余地大,双向乘客上下车无干扰,不易乘错方向,对线路设计影响不大,工程造价相对岛式站台低;缺点是站厅客流组织难度大,乘客中途改变乘车方向困难。

侧式站台多用于两个方向客流较均匀的车站或高架车站。

(a)实物图　　(b)示意图

图 3-9　侧式站台

岛式站台与侧式站台优缺点对比见表 3-1。

表 3-1　岛式站台与侧式站台优缺点对比

—	岛 式 站 台	侧 式 站 台
站台使用	站台面积利用率高,可调节客流,乘客有乘错车的可能	站台面积利用率低,不能调节客流,乘客不易乘错车
站厅设置	站厅与站台需设在两个不同高度上,站厅跨过线路轨道	站厅与站台可设在同一高度上,站厅可不跨过线路轨道
站内管理	管理集中,联系方便	站厅分设时,管理分散,联系不方便
乘客中途折返	乘客中途改变乘车方向比较方便	乘客中途改变乘车方向不方便,需经过天桥或地道
改扩建难易性	改建扩建时,延长车站很困难,技术复杂	改建扩建时,延长车站比较容易
站内空间	站厅、站台空间宽阔完整	站厅分设时,空间分散,不及岛式车站宽阔
喇叭口设置	需设喇叭口	不设喇叭口
造价	较高	较低

(3)混合式站台车站

岛侧混合式站台是将岛式站台及侧式站台同设在一个车站内,岛侧混合式车站主要用于两侧车站换乘或列车折返。岛侧混合式站台可布置成一岛一侧式或一岛两侧式,如图 3-10 所示。

(a)一岛一侧式

(b)一岛两侧式

图 3-10　岛侧混合式站台

岛侧混合式站台一般多为终点站(始发站),设有道岔和信号联锁等设备。乘客可以在不同的站台上下车,方便车站的客流组织。

以上三种站台类型的符号见表 3-2。

表 3-2　三种站台类型的符号

岛 式 站 台	侧 式 站 台	岛侧混合式站台
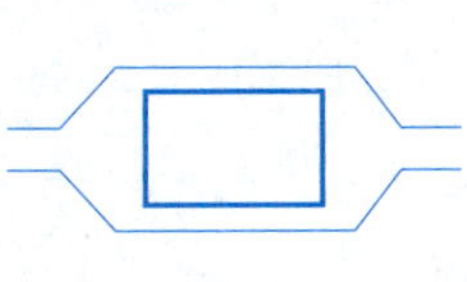		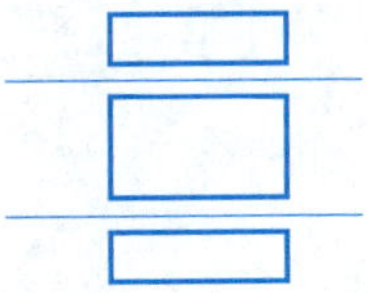

4. 按结构横断面划分

车站按结构横断面可划分为矩形断面、拱形断面、圆形断面、其他类型断面，如图 3-11 所示。

（a）矩形断面

（b）拱形断面

（c）圆形断面

（d）其他类型断面（马蹄形）

图 3-11　车站结构横断面划分

笔记栏：

任务实施

任务工单 1 见表 3-3。

表 3-3　任务工单 1

<table>
<tr><td colspan="3">阐述城市轨道交通车站组成</td></tr>
<tr><td>姓名：</td><td>班级：</td><td>日期：</td></tr>
<tr><td colspan="3">团队成员及分工：</td></tr>
<tr><td>实训目标</td><td colspan="2">通过绘制某地铁车站平面示意简图，进一步掌握车站的组成及各部分功能</td></tr>
<tr><td>实训内容</td><td colspan="2">某旅客到北京，在北京北站下车，乘坐地铁 4 号线前往北京南站。以小组为单位，分析西直门地铁站（包含 2 号线、4 号线、13 号线）的组成及各部分的作用</td></tr>
<tr><td>引导问题</td><td colspan="2">①城市轨道交通车站的功能。

②城市轨道交通车站的组成。</td></tr>
<tr><td colspan="3">训练：
①以西直门地铁站为例，描述站厅、站台、设备区、出入口及通道、风亭及冷却塔的相对位置，绘制平面简图。

②叙述城市轨道交通车站各组成部分的功能。

③叙述城市轨道交通车站设计遵循的原则。</td></tr>
</table>

任务工单2见表3-4。

表3-4 任务工单2

<table>
<tr><td colspan="2">识别城市轨道交通车站分类</td></tr>
<tr><td colspan="2">姓名：　　　　　　班级：　　　　　　日期：</td></tr>
<tr><td colspan="2">团队成员及分工：</td></tr>
<tr><td>实训目标</td><td>①能够认知不同车站的类型；
②能够识别不同车站的站台形式</td></tr>
<tr><td>实训内容</td><td>某大学生到北京旅游，乘坐地铁前往各景点，其间观察城市轨道交通车站并拍摄车站照片。以小组为单位，收集资料，分析北京地铁9号线各站的车站类型，分析使用各类型的理由</td></tr>
<tr><td>引导问题</td><td>①城市轨道交通车站的分类方式。

②城市轨道交通站台类型及各类的优缺点。</td></tr>
<tr><td colspan="2">训练：
①掌握城市轨道交通车站的分类方式，用所讲分类方式描述西直门站。

②解析北京地铁9号线国家图书馆站和13号线五道口站采用不同类型车站的原因。

③收集资料，以图片展示车站的不同换乘方式，并比较它们的优缺点。</td></tr>
</table>

任务评价

任务评价见表3-5。

表3-5　任务评价

序号	评价内容	评价标准	分值	分数		
				学生自评	组间互评	教师评分
1	城市轨道交通车站的作用	五个作用,一个关键词2分	10			
2	城市轨道交通车站组成	5个组成部分,每个5分	25			
3	运营线路中车站的类型	共6种类型,能绘制出车站类型符号,每种5分	30			
4	车站的站台类型	共3种站台类型,能绘制出站台类型符号,每种5分	15			
5	新型地铁车站的发展	描述新型车站的优势	20			
总成绩						

拓展视野

两层双岛四线同台换乘站

图3-12所示为北京大剧院站效果图。北京大剧院站施工的顺利推进,保障了通向"三大建筑"及共享配套设施的公共交通路线。根据规划,在大剧院、图书馆、博物馆的三馆围合汇聚处,便是"三大建筑"共享的地下配套设施项目,总建筑规模约30万平方米,共有2层。

图3-12　北京大剧院站效果图

市民可乘坐M101或M104地铁线抵达车站,从地面的葱郁风景中走向"三大建筑",或从地下直接进入"三大建筑"内部参观游览,且平均步行距离只有数百米。

北京大剧院站为地下两层双岛四线同台换乘站。M101和M104两条线路采取平行分布。其中,M104地铁线双线在内,M101地铁线双线在外,同方向乘客不需经过绕行,就可直接换乘。

中间巨型"花篮"柱两侧各有一座巨大的拱门。建成后会有三部扶梯从中穿过,旅客下到站厅层,即可前往站台层或进入地下共享配套设施。

任务二 了解城市轨道交通车站换乘

任务目标

①掌握城市轨道交通车站换乘的概念与原则。
②掌握城市轨道交通车站主要换乘方式。
③了解城市轨道交通与其他交通方式换乘。

任务描述

换乘站位于两条及两条以上线路交叉点上,是城市轨道交通线网最重要的节点。能归纳城市轨道交通车站的主要换乘方式及其优缺点,分析车站换乘设计,换乘车站类型选择原则。

核心知识

一、城市轨道交通车站换乘

换乘是指乘客在不同路线之间,在不离开车站付费区及不另行购买车票的情况下,进行跨线乘坐列车的行为。具体地说,就是乘客在某个车站下车,无须另行购票,即可由原本乘坐的路线,转换至另一条路线继续行程,而车费则按总乘坐里程计算。

为提高运营效率,换乘站设计应遵守以下原则:
①尽量缩短换乘距离,换乘路线要明确、简洁,尽量方便乘客。
②尽量减少换乘高差,降低换乘难度。
③换乘客流应与进、出站客流分开,避免相互交叉干扰。
④换乘设施的设置应满足换乘客流量的需要,且需留有扩、改建余地。
⑤应周密考虑换乘方式和换乘形式,合理确定换乘通道及预留口位置。
⑥换乘通道长度不宜超过 100 m,超过 100 m 的换乘通道,宜设置自动步行道。
⑦应尽可能降低造价。

视频
换乘方式

二、城市轨道交通车站换乘方式

1. 车站换乘方式分类

车站换乘方式一般分为同站台换乘、节点换乘、站厅换乘、通道换乘、站外换乘和组合换乘六种。

(1)同站台换乘

两条不同线路的站线分设在同一站台的两侧,乘客可在同一站台由甲线换乘乙线。分同层换乘和不同层换乘两种。图 3-13 所示为同站台换乘示意图。

同站台换乘线路最短,没有换乘高度的损失,乘客换乘方便,但车站的工程量较大,线路交叉实现比较困难,一般需要两条轨道线路同步设计,同期施工。

(2)节点换乘

在两线交叉处,将两线隧道重叠部分的结构做成整体的节点,并采用楼梯将两座车站站台直接连通,换乘高差一般为 6 ~ 12 m,乘客换乘十分方便。但要注意上下楼的客流组织,更应避免进出站客流与换乘客流的交叉干扰。图 3-14 所示为西安地铁青龙寺站采用节点换乘示意图。

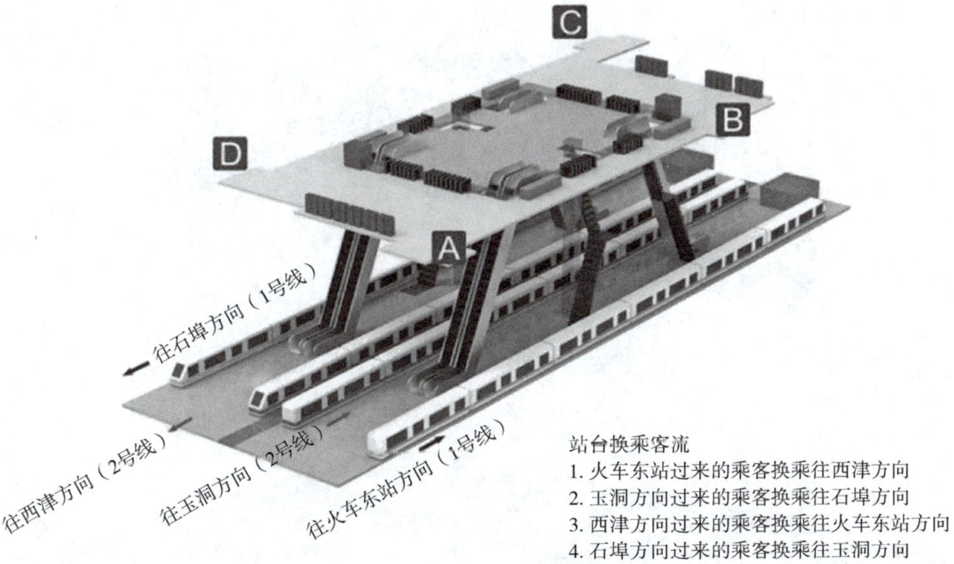

图 3-13　同站台换乘示意图

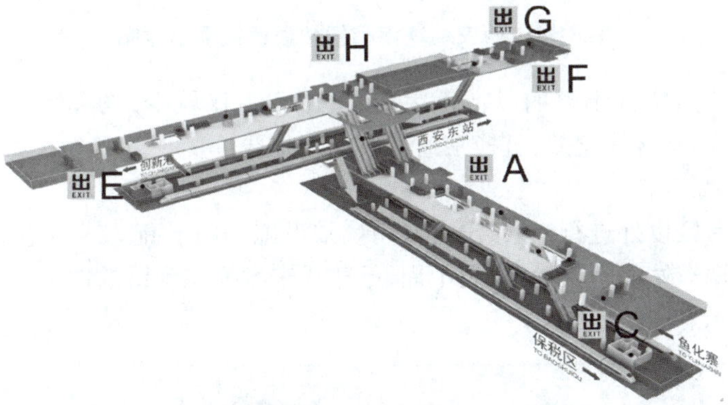

图 3-14　西安地铁青龙寺站节点换乘

节点换乘一般适宜用于侧式站台间换乘，与其他换乘方式组合应用可以达到较佳效果。换乘节点要求一次做成，预留线路的限界净空及线路位置受到制约，这就要求预留线要获批，避免预留工程做得不尽合理或废弃。

(3)站厅换乘

站厅换乘指乘客由一个车站的站台通过楼梯或自动扶梯经由另一个车站的站厅或两站的共同站厅到达另一车站站台的换乘方式。图 3-15 所示为西安地铁建筑科技大学站厅换乘示意图。

站厅换乘乘客行进速度快，减少了在站台层的等候时间，避免列车到站时站台过于拥挤，但换乘总高度大，站台与站厅之间需要有自动扶梯等设备连接改善换乘条件。

(4)通道换乘

两个主体结构完全脱离的车站通过连接站厅的通道供乘客换乘。可以考虑在两个车站之间设置单独的连接通道和楼梯，这种换乘方式称为通道换乘。图 3-16 所示为西安地铁南稍门站采用通道换乘示意图。

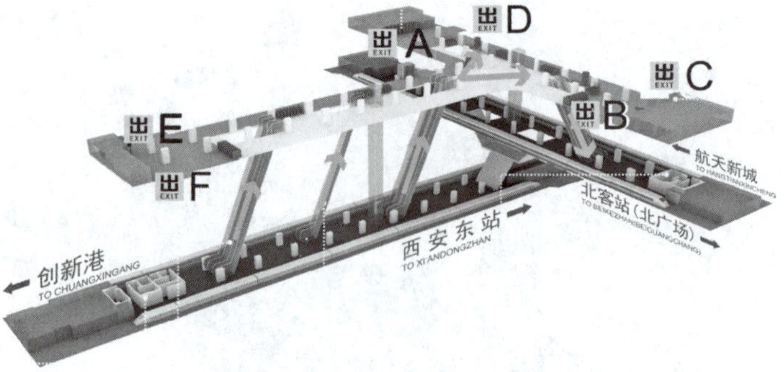

图 3-15　西安地铁建筑科技大学站厅换乘示意图

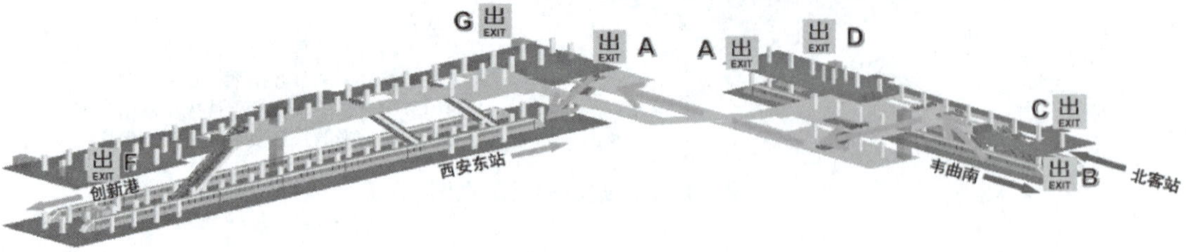

图 3-16　西安地铁南稍门站通道换乘示意图

通道换乘后期线路位置调整的灵活性大,预留工程量比较少,也有利于线路工程的分期实施。但其换乘距离长,乘客体验差,且换乘通道增加工程造价。

(5)站外换乘

乘客在车站付费区以外进行换乘,没有专用换乘设施。用于高架线与地下线之间的换乘,两线交叉处无车站或两车站相距较远,规划不周,已建线未做换乘预留的情况。图 3-17 所示为南京竹山路站站外换乘示意图。

图 3-17　南京竹山路站站外换乘示意图

站外换乘无路网规划的后遗症,需要增加一次进出站手续,步行距离长,在站外与其他人流混合,很不方便,应尽量避免。

(6)组合换乘

采用两种或多种换乘方式组合。图 3-18 所示为北京地铁西直门站换乘示意图。2、4 号线与 13 号线间采用通道换乘,2 号线与 4 号线间采用节点换乘。

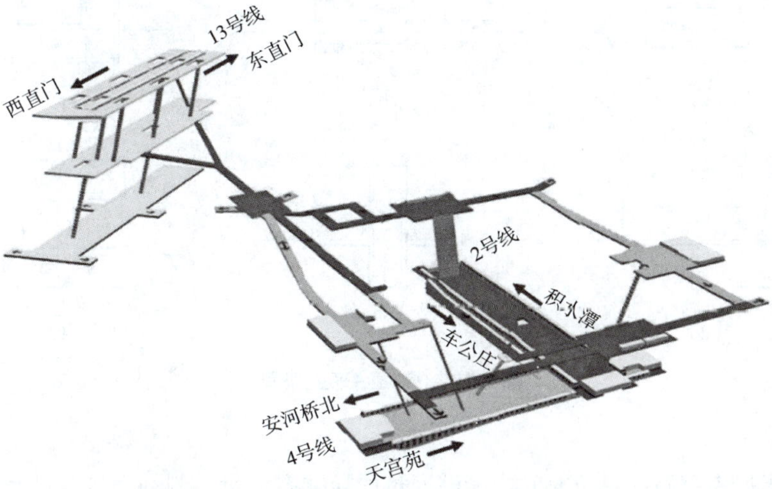

图 3-18 北京地铁西直门站组合换乘示意图

组合换乘可以完善换乘条件,方便乘客使用,降低工程造价。

2. 换乘站的形式

根据换乘站的平面位置,可将换乘站分为以下五种形式:

(1)“一”字形换乘站

两个车站上下重叠设置,构成“一”字形组合的换乘车站,一般采用站台直接换乘或站厅换乘,如图 3-19(a)、(b)所示。

(2)“L”形换乘站

两个车站平面位置在端部相连构成“L”形,高差要满足线路立交的需要。这种车站一般在相交处设站厅进行换乘,也可根据客流情况,设通道进行换乘,如图 3-19(c)所示。

(3)“T”形换乘站

两个车站上下相交,其中一个车站的端部与另一个车站的中部相连,在平面上构成“T”形,采用站台或站厅换乘,如图 3-19(d)所示。

(4)“十”形换乘站

两个车站在中部立交,在平面上构成“十”字形,这种车站一般采用站台直接换乘或“站厅 + 通道”换乘,如图 3-19(e)所示。

(5)“工”字形换乘

两个车站在同一水平面设置,以换乘通道和车站构成“工”字形,这种车站一般采用站厅换乘或“站台到站台”的通道换乘,如图 3-19(f)所示。

3. 换乘方式选择

换乘方式的选择取决于多种因素,选择合适的换乘方案时,需要考虑以下几个要点:

(1)换乘时间

换乘时间主要取决于换乘走行距离。各种换乘方式的换乘时间,按同站台换乘、节点换乘、站厅换乘、通道换乘和站外换乘依次增加。

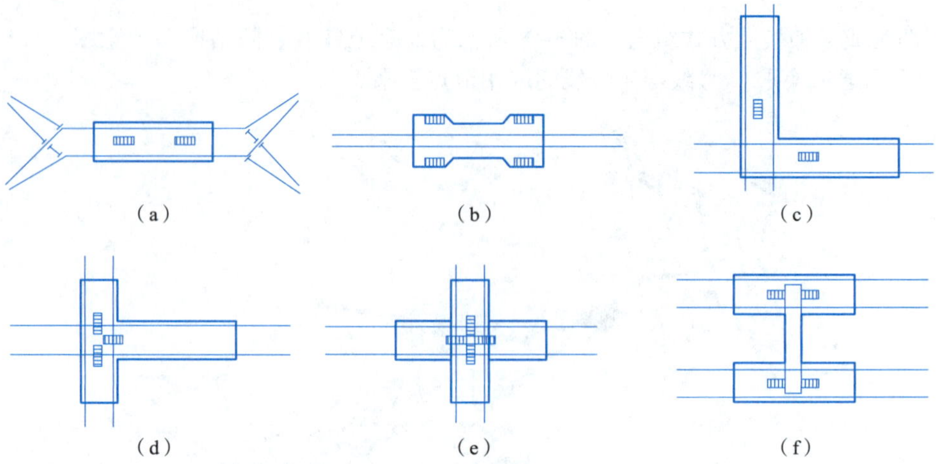

图 3-19　换乘站形式类型

(2)换乘能力

换乘能力指换乘设施在单位时间内能够通过的换乘客流量。制约因素是站台、自动扶梯(楼梯)、通道与检票口等设施、设备的能力。

同站台换乘的能力最大,制约换乘能力的主要因素是站台宽度与列车间隔。适用于换乘客流大、各方向换乘客流比较接近的站台。节点换乘的能力最小,瓶颈因素是自动扶梯(楼梯),站台宽度、长度往往又限制了自动扶梯(楼梯)的数量与宽度。

交叉点越少(如十字交叉),换乘能力就越小,反之亦然。通道换乘与站厅换乘的能力居中。

(3)客流组织

换乘站的客流除了有车站客流的一般特征外,还有客流量大、多方向性等特征。

换乘设计应注意通过调整设施布局、设置导向标志等措施,避免或减少换乘客流与进出站客流的交叉干扰。

(4)工程实施

缩短换乘时间和提高换乘能力的要求,通常会使换乘设施复杂、施工难度增加。同站台换乘,线路交叉,工程量增加、施工比较复杂。在两线建设分期实施时,应做好预留工程。节点换乘,换乘设施布局紧凑,容易实现,对线路在区间的走向要求不高。站厅换乘,两条线路共用站厅收费区,工程量低于同站台换乘、高于通道换乘。建设分期实施时,需要处理好工程预留接口。

(5)其他考虑因素

工程投资、施工技术水平、线形是否顺直、地下管线与障碍物、对道路交通影响、轨道交通与其他交通方式的换乘等。

在工程实施具有可行性,其他条件不成为限制因素的前提下,应优先考虑换乘能力能够适应远期换乘客流需求、换乘时间与投资费用相对较少的换乘方案。

三、与其他交通方式换乘

1. 与铁路换乘

轨道交通与铁路管理体制分属两家且票务系统相互独立,乘客在两者间的无缝换乘目前难以实现。早期轨道交通车站的出入口一般设置在铁路客站的站前广场,乘客换乘走行距离较远。新建铁路客站时,便捷换乘问题得到重视。

2. 与民航换乘

车站客流量大小，直接关系到机场线的运营效益。机场线的客流来源相对稳定和单一。便捷性方面，车站与机场候机厅实现无缝连接，安装自动人行道或配备专用小车供旅客推运行李；设置市区航站楼，预先办理除安检以外的登机手续，如行李托运、发放登机牌等。

3. 公交换乘站点设置

公交换乘站点设置的弹性较大，乘客通过自动扶梯（楼梯）、通道或人行天桥等进入轨道交通车站，进行换乘。

（1）一般换乘点

一般换乘点指常规公交衔接客流不大的轨道交通中间站。公交车站尽可能离轨道交通车站的出入口近些。

（2）大型换乘点

大型换乘点指常规公交衔接客流较大的轨道交通换乘站或终点站，还与铁路、长途汽车站衔接，形成综合换乘枢纽。轨道交通车站、铁路车站、公共汽车站、出租汽车站、大型商场和地下停车场等布局在同一建筑设施内，由自动扶梯（楼梯）、通道连接的不同建筑设施。实现地下、地面和地上的立体换乘。

公交车站与轨道交通车站的间距不宜过远。采取人车合理分流、设置导向标志等措施，减少换乘过程中的进站客流与出站客流、客流与车流的交叉。

4. 与私人交通换乘

与私人交通换乘指轨道交通与自行车、私人汽车等交通工具的换乘。鼓励采用“停车＋换乘”出行方式，减少私人汽车进入市中心区，设置公共停车场、提供“停车＋换乘”服务。

笔记栏：

任务实施

任务工单见表3-6。

表 3-6　任务工单

<table>
<tr><td colspan="3">识别换乘站的换乘方式</td></tr>
<tr><td colspan="3">姓名：　　班级：　　日期：</td></tr>
<tr><td colspan="3">团队成员及分工：</td></tr>
<tr><td>实训目标</td><td colspan="2">城市轨道交通车站有多种换乘方式，结合所学，掌握各种换乘方式各的优缺点</td></tr>
<tr><td>实训内容</td><td colspan="2">某大学生到北京学习，乘坐地铁时需经换乘，在西直门站经由地铁 13 号线换乘 4 号线，之后在国家图书馆由 4 号线换乘 9 号线前往某大学，观察换乘车站并拍摄车站照片。以小组为单位分析这两次换乘的方式</td></tr>
<tr><td>引导问题</td><td colspan="2">①城市轨道交通车站有哪些换乘方式？

②城市轨道交通车站各种换乘方式的优缺点。</td></tr>
<tr><td colspan="3">训练：
①掌握城市轨道交通的换乘方法，体验西直门站通道换乘。

②解释西直门站 13 号线和 4 号线为什么要采用通道换乘。

③体验国家图书馆站的同站台换乘，描述其优势。</td></tr>
</table>

任务评价

任务评价见表 3-7。

表 3-7　任务评价

序号	评价内容	评价标准	分值	分数		
				学生自评	组间互评	教师评分
1	换乘方式及特点	六种换乘方式，每种 10 分	60			
2	不同站台形式	五种站台形式，每种 5 分	25			
3	感受换乘车站设计	描述换乘站的形式	15			
总成绩						

拓展视野

北京 17 号线望京西站，未来三线换乘

预计 2024 年底开通的北京 17 号线北段望京西站规模和复杂性堪称全线之最。在未来的运营中，乘客可以在此站换乘 17 号线、15 号线、13 号线，并实现地铁与公交的无缝接驳。图 3-20 所示为 17 号线望京西站实物图。

图 3-20　17 号线望京西站实物图

北京地铁 17 号线工程全长 49.97 km，是北京城区东北部最大交通网络干线。它南起亦庄新城前区，北至未来科技城北区，共设 21 座车站，换乘车站 10 座。全线开通后，这条线路将有效分担北京地铁 5 号线南北端、北京地铁 10 号线东段的客运压力，为北京东部居民交通出行带来极大便利。

望京西交通枢纽分为地上地下两部分。地下设地铁换乘大厅，实现三条地铁线之间的换乘；地下夹层和地面一层建设两层公交换乘区域，可接入 12 条公交线路；地面二层、三层则设置商业配套和办公区，为乘客提供便民服务设施。枢纽地面还将设置汽车停车位 150 个，公交车夜间驻车位 80 个，出租车即走即停车位 25 个，自行车停车位 3 000 个。

任务三 了解城市轨道交通车站主要机电设备

任务目标

①掌握城市轨道交通车站乘客信息系统。

②掌握城市轨道交通车站电梯与直梯设备。

③掌握城市轨道交通自动售检票系统。

④掌握城市轨道交通车站屏蔽门系统。

⑤掌握城市轨道交通车站综合监控系统。

任务描述

城市轨道交通车站机电设备是城市轨道交通系统中的一线设备，是与乘客关系最为紧密的设备，与运营管理人员的工作息息相关。要求能归纳城市轨道交通车站的主要机电设备功能，了解设备结构及运作原理。

核心知识

一、城市轨道交通车站乘客信息系统

乘客信息系统（passenger information system，PIS）是乘客进出站过程中首要的系统设备，是为站内外和列车内的乘客提供有关安全、运营及服务等综合信息显示的系统设备总称。根据提供信息方式的不同，乘客信息系统分为静态乘客信息系统和动态乘客信息系统两部分。

1. 静态乘客信息系统

（1）城市轨道交通徽标

城市轨道交通徽标的主要作用是方便乘客发现城市轨道交通车站，吸引乘客，告诉乘客城市轨道交通车站出入口的位置，如图 3-21（a）所示。

（2）导向标识系统

乘客导向标识系统是通过颜色、形状、图形材料等要素，将各种类型的标识按一定关系组织，以“导航”为目的的视觉信息系统。乘客导向标志可采用悬挂（吸顶）、落地、附着或摆放等方式设置安装，如图 3-21（b）所示。

（a）徽标　　（b）导向标志

图 3-21　静态乘客信息系统

其作用为:引导乘客安全、顺利及迅速地完成整个车站的旅程;避免乘客滞留在车站内引起拥堵;在紧急疏散时,导向标识必须能清晰地引导乘客顺利地离开危险区域及车站。

2. 动态乘客信息系统

图 3-22 所示为动态乘客信息系统。现代城市轨道交通系统的运营管理越来越注重对乘客服务质量的提高。动态乘客信息系统是指依托多媒体网络技术,以计算机系统为核心,通过车站和车载显示终端向乘客发布乘车须知、列车到发时间、换乘指引、运营安全、列车时刻表、动态紧急疏散提示,让乘客通过正确的服务信息引导,能够安全、便捷地乘坐轨道交通。

(a)

(b)

图 3-22　动态乘客信息系统

二、电梯与自动扶梯系统

电梯与自动扶梯是城市轨道交通站台、站厅、地面间运送客流的主要设备,对及时、快速地疏散客流起着至关重要的作用。城市轨道交通电梯与自动扶梯系统主要包括垂直电梯、自动扶梯及楼梯升降机(或称为轮椅升降台)等机电设备。自动扶梯是车站必须配置的设备,主要用于解决乘客在车站内的快速疏解。

1. 电梯

图 3-23(a)所示为城市轨道交通车站的无障碍电梯,主要服务于行动不便、携带大件行李、婴儿车等的乘客。因此电梯要求安全可靠、输送效率高、平层准确和乘坐舒适等。在紧急情况下,车站工作人员要有应对电梯故障的应急处理能力。

电梯结构示意图如图 3-23(b)所示,主要由机械装置与电气控制两部分组成。其中,机械装置包括曳引系统、导向系统、轿厢系统、重力平衡系统、门系统、安全保护系统等;电气控制系统主要包括控制柜、操纵箱等十多个部件和几十个分别装在各有关电梯部件上的电器元件。

电梯的运作原理如图 3-24 所示。原理为:电动机通过减速器、制动器等组成的曳引机,使曳引钢丝绳通过曳引轮,一端连接轿厢,另一端连接对重装置,轿厢与对重装置的重力使曳引钢丝绳压紧在曳引轮绳槽内产生摩擦力,这样电动机一转动就带动曳引轮转动,驱动钢丝绳,拖动轿厢和对重作相对运动。即轿厢上升,对重下降,轿厢下降,对重上升。于是,轿厢就在井道中沿导轨上、下往复运行,电梯就能执行垂直升降的任务。

（a）电梯

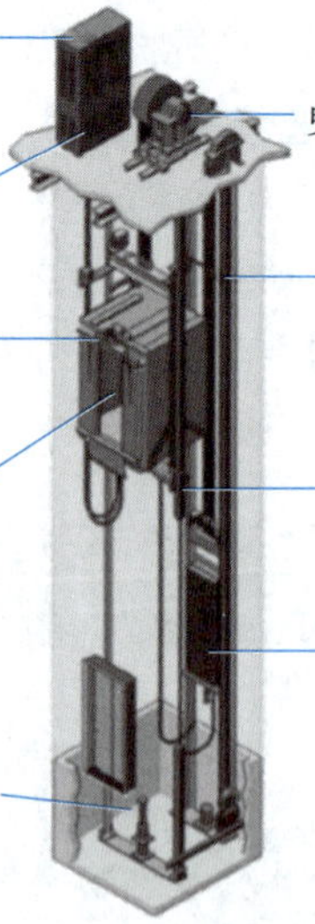

（b）电梯结构

图 3-23　电梯及其结构

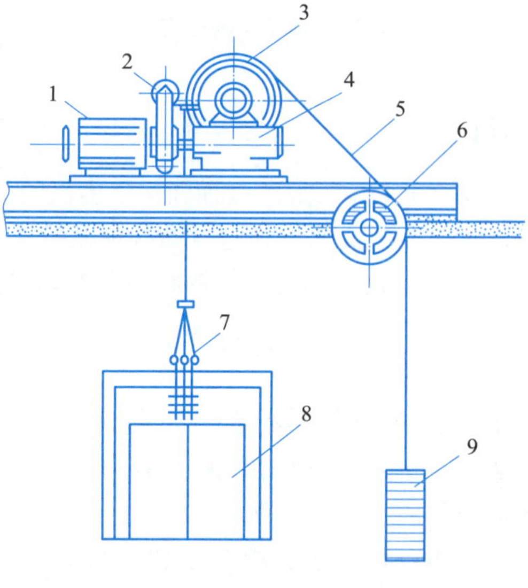

图 3-24　电梯的作用原理

1—电动机;2—制动器;3—曳引轮;4—减速器;5—曳引绳;6—导向轮;7—绳头组合;8—轿厢;9—对重装置

2. 自动扶梯

自动扶梯如图 3-25 所示，它是由一台特种结构形式的链式输送机和两台特殊结构形式的胶带输送机组合而成，带有循环运动梯路，用以在建筑物的不同层高间向上或向下倾斜输送乘客的固定电力驱动设备。在城市轨道交通车站中，自动扶梯的用途主要是解决乘客的快速疏解，即列车到达后，大量的乘客从候车站台向地面站厅疏解。

图 3-25　自动扶梯

三、自动售检票系统

1. 自动售检票系统的定义

自动售检票系统(automatic fare collection system,AFC)是基于计算机、通信网络、自动控制、自动识别、精密机械和传动等技术,实现地铁售票、检票、计费、收费、统计、清分、管理等全过程的机电一体化、自动化和信息化系统。

2. AFC 系统基本架构

AFC 系统五层标准架构体系由清分结算管理中心(AFC clearing center,ACC)、线路中心(line center,LC)、车站计算机系统(station computer,SC)、车站终端设备(station level equipment,SLE)和票卡(score card,SC)组成。基本架构如图 3-26 所示。

(1)清分结算管理中心

清分结算管理中心是城市轨道交通线网 AFC 系统的最上层管理中心,承担着城市轨道交通票卡发行、业务规程和票务规则制定、票务收入的汇总、清分、结算及线网 AFC 系统运行监督,全面协调不同线路间的日常运营。此外,还负责对城市轨道交通线路之间、城市轨道交通与城市一卡通系统之间的清分结算,同时,对整个线网客流信息进行汇总、统计及分析。

(2)线路中心

线路中心是 AFC 系统承上启下的重要环节,负责采集本线路系统的 AFC 收费数据、设备状态数据、客流量数据等,将采集的本线路数据上传到 ACC,接收 ACC 下达的命令与参数,并将其下发至各车站系统。

(3)车站计算机系统

车站计算机系统由车站主机服务器、管理或监控工作站、票务工作站、打印机、各种车站终端设备、紧急按钮、UPS 等构成,用于收集存储本站各种终端设备产生的交易和审计数据,为车站运营提供数据查询及终端设备状态监控,准确生成各种运营报表。同时,SC 接收 LC 的指令和参数,并下发到相应的设备,并将采集到的设备交易、事件和审计数据上传到 LC。

(4)车站终端设备

车站 AFC 终端设备层包括自动售票机、半自动售票机、云购票机、自动充值机、自动查询机、自动检票机、便携式检票机等，安装在城市轨道交通线路车站，是进行车票发售、进站检票、出站检票、充值、验票分析等读/写交易处理的终端设备。图 3-27 所示为常见的车站终端设备。

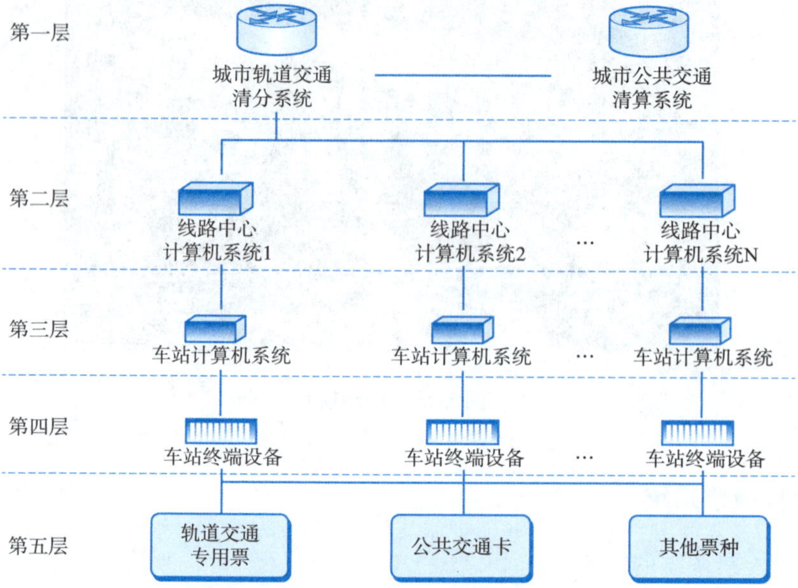

图 3-26　AFC 系统基本架构

(a) 自动售票机　(b) 半自动售票机　(c) 自动检票机　(d) 自动查询机

图 3-27　车站终端设备

①自动售票机(ticket vending machine,TVM):安装在车站非付费区,用于乘客选择用纸币、硬币、移动支付工具,通过人机交互操作界面自助完成地铁单程票购买和储值票充值的操作。

②半自动售票机(booking office machine,BOM):通常安装在售/补票房或车站服务中心,采用人工方式完成票务处理、车票发售、加值、车票分析(验票)、退票及其他票务服务,因此 BOM 又称为人工售/补票机或票房售/补票机。

③自动检票机:简称闸机,通常安装于车站付费区与非付费区的交界处,是对乘客使用的车票(IC 卡)中所记录的信息(期间、区段)进行读取,判断是否为有效车票,以解除检票机通道阻挡(扇门开启或释放转杆),允许乘客进出站,实现自动进出站检票。

④自动查询机具有车票查询和乘客服务信息查询等功能。车票查询是读取票卡信息,不具备写票功能。

(5)票卡

城市轨道交通票卡既是乘客乘坐城市轨道交通的有效凭证,也是记录乘客出行、费用等重要信息的载体,与客流、收益等信息的掌握密不可分,是整个票务管理运作的重要环节。图3-28所示为各种类型票卡图。

图3-28　各种类型票卡图

四、站台门系统

视频

站台门

1. 站台门系统认知

城市轨道交通站台屏蔽门,简称站台门(platform edge door, PED),是安装于地铁、轻轨等轨道交通车站站台边缘,将轨道与站台候车区隔离,设有与列车门相对应,可多级控制开启与关闭滑动门的连续屏障。

站台门系统具有安全、节能、环保等作用,将候车空间与隧道空间完全隔开,候车厅的空调冷风不会与列车运行时产生的活塞风进行空气交换,从而大幅减小了站台空调的容量和耗电量,并能降低列车运行时产生的噪声,为乘客创造一个舒适的候车环境。

站台门系统是典型的机电一体化设备,由机械和电气两部分构成。机械部分包括门体结构和门机系统;电气部分包括电源系统、控制系统等。

2. 站台门系统的分类

①按站台门系统应用场合的密封形式分类,可将站台门分为:

- 全高封闭式站台门。图3-29(a)所示为全高封闭式站台门,它是一道自上而下的玻璃隔墙和滑动门(全高3 m以上),沿着车站的站台边缘和两端头进行设置,其主要功能是增加安全性、节约能耗以及加强环境保护。
- 半高敞开式站台门。图3-29(b)所示半高敞开式站台门,它是由一道上不封顶的玻璃隔墙和滑动门或不锈钢篱笆门组成(高度为1.2~1.5 m),是不具有密封性能的轨道交通站台安全门。

②按站台门功能,可将站台门分为滑动门、固定门、紧急门和端门,如图3-30所示。

五、城市轨道交通综合监控系统

1. 综合监控系统的定义

城市轨道交通综合监控系统(integrated supervisory control system, ISCS)定义为:基于大型的监

控软件平台，通过专用的接口设备与若干子系统接口，采集各子系统的数据，实现在同一监控工作站上监控多个专业，调度、协调和联动多系统的集成系统。

（a）全高封闭式站台门　　（b）半高敞开式站台门

图 3-29　全高式与半高式站台门

图 3-30　站台门按照功能分类

集成子系统是指完成集成在综合监控系统内的专业自动化子系统，其全部系统功能由综合监控系统实现，是综合监控系统的一部分，如电力监控系统（power supervisory control ang data acquisition，PSCADA）、环境与设备监控系统（building automation system，BAS）、火灾自动报警系统（automatic fire alarm system，FAS）等。

互联子系统是指具有自身完整的系统结构，并保持系统独立运行，与综合监控系统通过外部接口进行信息交互，实现信息互通、共享和联动控制功能的自动化系统，如自动售检票监控系统（AFC）、闭路电视监控系统（closed circuit television，CCTV）、列车自动控制系统（automa train coutrol，ATC）等。

综合监控系统一般以电力监控、火灾自动报警系统、环境与设备监控为核心进行集成；通过与屏蔽门、广播、闭路电视等系统进行界面集成，显示其系统信息的同时，具备对其底层设备的控制功能；另外，还与列车自动监控系统、时钟系统、乘客信息系统等进行互联，只接收相关信息，在必要的情况下，由人机界面推出窗口进行显示，只监不控。

2. 综合监控系统的构成

典型的综合监控系统由位于运行控制中心（operation control center，OCC）的中央级综合监控系统（central levelintegrated supervisory control system，CISCS）、位于各车站的车站级综合监控系统（station integrated supervisory control system，SISCS）、位于车辆段的车辆段综合监控系统（DISCS，同属于车站级综合监控系统），以及连接这几部分的综合监控骨干网构成。

综合监控系统按硬件设备配置分为三层：

（1）中央级综合监控系统

中央级综合监控系统用于监视全线各车站（包括车辆段）的各个子系统的运行状态，完成中央级的操作控制功能，如图3-31所示。

图3-31　中央级综合监控系统

（2）车站级综合监控系统

车站级监控系统与车辆段监控系统分别位于车站、车辆段。用于监视车站各子系统的运行状态，实现车站级的操作控制功能，如图3-32所示。

（3）现场级控制设备

现场级控制设备主要包括电力监控系统（SCADA）、环境与设备监控系统（BAS）、火灾自动报警系统（FAS）、站台门（PED）等系统的集成，实现了信号系统、自动售检票系统（AFC）、广播系统（PA）、视频监控系统（CCTV）、乘客信息系统（PIS）和时钟系统。

3. 综合监控系统的功能

（1）综合监控系统车站级的综合功能

①监控本车站范围内的供电设备、环境与机电设备、防灾设备以及车站主要设施的运行情况。

②实现对各集成子系统、互联系统监控画面的选择和分屏显示、集成子系统和互联系统的监控画面应显示相应系统详细信息。

③显示车站综合画面。

图 3-32　车站级综合监控系统

④实现本车站与运营管理相关的监控对象、系统主要设备、车站监控网络运行的报警功能。

(2)综合监控系统车站级的电力监控功能

①实现对本车站范围内变电所设备、牵引网设备运行状态和运行参数进行实时监视。

②具有在车站获得控制权后控制主要供电回路断路器以及其他开关的遥控操作功能,实现一个设备在同一时刻只有一个控制者。

③具有在设定的权限范围内遥控、遥信、遥测、遥调的功能。

④具有故障录播监视功能。

⑤具有电能质量管理功能。

(3)综合监控系统车站级的环境与设备监控功能

①实现车站综合显示画面、环境与设备监控系统设备分类画面、环境与设备监控系统模式的显示。

②对本车站及所管辖区间、车站隧道通风系统、车站通风空调系统、给排水系统、自动扶梯系统、照明系统、车站事故照明电源、集中冷站等设备进行监视和控制,并对故障进行报警。

③监视和记录车站典型区域测试点的温度、湿度、压力等环境参数。

④监视车站公共区通风空调系统、水系统的参数和状态,实现对车站公共区通风空调系统的控制。

⑤对所有监控设备实现手动或自动模式控制。

⑥实现将车站被控设备运行状态报警信号以及监测点数据送至控制中心,接受中央级的各种运行模式指令。

⑦接收火灾自动报警系统发出的模式指令,并监视环境与设备监控系统执行防灾模式的情况。

笔记栏:

任务实施

任务工单 1 见表 3-8。

表 3-8　任务工单 1

<table>
<tr><td colspan="2">车站机电设备的作用</td></tr>
<tr><td colspan="2">姓名：　　　　　　　　　　班级：　　　　　　　　　　日期：</td></tr>
<tr><td colspan="2">团队成员及分工：</td></tr>
<tr><td>实训目标</td><td>①掌握城市轨道交通车站静动态指引标识。
②掌握城市轨道交通车站售检票系统应用。
③掌握车站电梯与扶梯设备</td></tr>
<tr><td>实训内容</td><td>某旅客到北京旅游，在北京南站下火车，欲乘地铁前往奥运村；不通过人工询问，利用车站标识与广播，使用自动售检票系统，完成地铁旅途</td></tr>
<tr><td>引导问题</td><td>①城市轨道交通车站的标识是否明显？

②城市轨道交通车站售检票系统使用情况如何？

③城市轨道交通车站电梯与扶梯使用频率如何？</td></tr>
<tr><td colspan="2">训练：
①描述在乘坐地铁过程中，使用了哪些车站机电设备，它们各有什么作用？

②解释使用电梯或扶梯的理由。

③叙述售检票系统使用过程。</td></tr>
</table>

任务工单 2 见表 3-9。

表 3-9　任务工单 2

<table>
<tr><td colspan="2">观察车站屏蔽门系统</td></tr>
<tr><td colspan="2">姓名：　　　　　　　　　　班级：　　　　　　　　　　日期：</td></tr>
<tr><td colspan="2">团队成员及分工：</td></tr>
<tr><td>实训目标</td><td>①掌握城市轨道交通车站屏蔽门系统的分类。
②掌握城市轨道交通车站屏蔽门的作用</td></tr>
<tr><td>实训内容</td><td>某旅客到北京旅游,欲乘地铁由天安门前往雍和宫,需乘坐地铁 1 号线在东单站换乘 5 号线,他观察到地铁 1 号线是半高式站台门,5 号线是全高式站台门。以小组为单位,讨论两种站台门的作用与区别</td></tr>
<tr><td>引导问题</td><td>①1 号线为什么使用半高式屏蔽门?

②以功能分类的四种屏蔽门有何作用?</td></tr>
<tr><td colspan="2">训练：
①阐述城市轨道交通车站使用屏蔽门的必要性。

②查阅资料,简述以功能分类的四种站台门的作用。

③叙述全高式站台门的优势。</td></tr>
</table>

任务评价

任务评价见表3-10。

表3-10　任务评价

序号	评价内容	评价标准	分值	分数		
				学生自评	组间互评	教师评分
1	车站标识掌握	描述车站标识的内容	20			
2	电梯扶梯的使用	描述电梯扶梯各自的优缺点	10			
3	车站售检票系统的使用	描述车站售检票系统的使用过程	10			
4	车站站台门的作用	描述车站使用站台门的目的	20			
5	四种站台门的作用	四种站台门，每种5分	20			
6	全高式站台门与半高式站台门的不同	叙述全高式站台门的优势	20			
总成绩						

拓展视野

“零等待”智慧闸机

在不断追求更高效、更智能的城市生活步伐中，全国多个城市的地铁系统近日宣布了一项重大技术革新——“闸机常开”试点项目的正式启动。这项技术的推广应用，预示着地铁出行即将迈入一个前所未有的“零等待”时代，让广大乘客在早晚高峰的匆忙中也能体验到丝滑般的进站流程。图3-33所示为“零等待”闸机。

地铁站装有红外线和光电传感器，时刻监视着闸机前的通道。当有人靠近或通过时，这些传感器就会捕捉到人的动作。

图3-33　地铁“零等待”闸机

传感器还能分辨人是正向还是逆向移动。如果发现有人想“逆行”，闸机会迅速响应，保护大家的安全和通行秩序。通过RFID（非射频识别）和NFC（近场通信）技术，当旅客靠近闸机时，确认车票是否有效，省去了手动验票的步骤。通过高清摄像头和人工智能确认身份，并识别异常行为，确保安全。

每一次旅客通过闸机时，信息都会上传到云端，通过超级计算机分析数据，学习乘客习惯，不断优化算法，让闸机变得更聪明，反应更快。

任务四 了解城市轨道交通车站文化

任务目标

①了解城市轨道交通车站文化的意义。

②了解城市轨道交通车站文化建设。

③了解国内、外典型城市轨道交通车站文化。

任务描述

城市轨道交通车站文化是在有限的空间内对车站建筑的深化和再创造，是对车站最终的使用功能和视觉观感的升华。要求了解城市轨道交通车站文化的发展，了解城市轨道交通车站文化建设，了解典型车站文化。

核心知识

一、城市轨道交通车站文化的意义

城市轨道交通最初的设计只是满足基本的交通功能，随着其不断发展，城市轨道交通也在悄悄转换着自己在城市中的角色，逐渐从原始简单的交通运输的载体升级为城市文化的一部分，城市轨道交通车站的文化形象也成了地铁不可分割的一部分。

1. 城市轨道交通车站文化的意义

车站文化在城市公共文化发展过程中，在国家、城市、民族的文化发展与传承方面，发挥着举足轻重的作用。

(1)地铁文化是民族文化的展示

从地铁诞生那天起，地铁不仅被当成交通工具，而且与国家的发展、城市的文化、民族的特色紧密联系在一起，成为文化的载体，成为民族精粹文化的展台。

(2)地铁文化是地域文化的展示

每个城市中的地域文化存在不同的表现形式，地域文化也能突出或展现整个城市的文化特色和民族习惯。

(3)地铁文化是个性鲜明的主题文化的展示

主题文化实际上是城市本身的特色，城市精神的物化，同时也是城市实力的一种展示。

2. 城市轨道交通车站文化的发展

城市轨道交通车站建设发展非常迅速，然而将地域文化融入城市轨道交通车站空间设计中的步伐却很缓慢，早期只有少数地铁车站带入了“文化”元素。

从 19 世纪末至 20 世纪初期，许多欧洲地铁车站才纷纷带入“文化”元素，其城市文化、民族文化也开始逐渐在地铁车站空间显现。图 3-34 所示为不同时期伦敦地铁车站图。

地铁艺术的发展同建筑的发展规律是相吻合的，可以将地铁车站文化设计风格分为三个阶段：

（a）20世纪伦敦地铁车站

（b）21世纪伦敦地铁车站

图 3-34　伦敦地铁车站

①1938—1953 年修建的地铁是典型的古典主义。

②1962—1980 年修建的地铁已经开始简化，是典型的现代主义和后现代主义风格。

③1982—1999 年修建的地铁已经是明显的新现代主义风格。

城市轨道交通建设在我国虽然只有 50 余年的历史，却代表着城市中高速、便捷、现代、时尚等元素，以前所未有的影响力走进了城市。

20 世纪 70 年代，北京地铁 2 号线 4 个车站装饰了《天文纵横》《华夏雄风》《四大发明》等艺术作品，如图 3-35 所示。这些壁画的出现反映了改革开放时期人们对地铁文化表现的初步理解。

图 3-35　北京地铁 2 号线建国门站壁画《天文纵横》

二、城市轨道交通车站文化建设

1. 地铁文化建设思路

建设地铁文化，就是把城市自身的文化特色和历史风貌体现在地铁的运营环境中，有效地利用地铁这一理想的宣传媒介，提升城市形象。

（1）以人为本、提升素质

地铁是为人服务的，地铁文化建设必须把“以人文本”作为最高价值取向，通过积极倡导和践行以人为本、打造城市人文新风尚。同时，地铁文化建设要贴近百姓日常生活、丰富市民文化生活、培育公民公交优先、交通安全与平等和谐意识。

(2)兼容并包、多元统一

地铁是都市交通纽带和市民生活空间,是信息交互和文化传播的重要场所。交通、商业、艺术、娱乐、公益……在此交织;不同地区、不同类型的人们在此交会。地铁文化建设必须立足城市本土文化、突出区域特色文化、接轨国际潮流文化、融合时尚元素与传统文化。

(3)统筹管理、持续创新

地铁文化建设是一项系统工程,务必做到统筹规划、多方参与、持续创新。首先,要将地铁文化纳入城市文化和地铁发展的统筹规划中,做好地铁文化建设规划,分期、分区、分阶段实施,实现地铁建设与地铁文化建设同步推进,同时注意消除商业化过度膨胀问题。其次,要实现全过程管理,实现政府统筹、投资导向、建设保障、规范运营、大众参与。最后,要确保与时俱进、持续创新、永葆活力。

(4)全面提升地铁文化品质

地铁文化是物质文明、制度文明和精神文明的高度统一,物质文明是地铁文化的基础,制度文明是地铁文化的保证,精神文明是地铁文化的灵魂。

2. 地铁文化与城市文化的关系

①地铁文化建设的灵魂是体现城市文化,城市文化是地铁文化的源头,是地铁文化建设的依据。

②地铁文化是城市文化建设的延伸和提升,它对城市文化的发展起到巨大的推动作用。

③地铁文化会影响城市的布局和经济发展,文化建设与经济建设密不可分。

三、国内外典型城市轨道交通车站文化

1. 国外典型城市轨道交通车站文化

(1)莫斯科地铁:地下的艺术宫殿

莫斯科地铁以其宏大的建筑规模和华美的地铁站风貌闻名于世,有“地下的艺术宫殿”之称。图3-36所示为莫斯科地铁阿尔巴特站,充满了浓郁的俄罗斯艺术文化气息,是集建筑、装饰、绘画、雕刻等于一体的地下艺术殿堂。

莫斯科地铁的民族特色非常突出,早期建成的车站均有其独特的民族风貌,经过建筑师和艺术家的精心设计,以不同的历史事件或人物为主题。

图3-36 莫斯科地铁阿尔巴特站

(2)巴黎地铁:散发浓郁的艺术气息

法国巴黎地铁站设计不仅新颖、宽敞明亮,而且挂满了许多名画或艺术品复制品,犹如进入艺术殿堂一样,可以欣赏绘画与雕塑作品。图 3-37 所示为巴黎地铁卢浮宫站与罗丹博物馆站。

图 3-37　巴黎地铁卢浮宫站与罗丹博物馆站

(3)纽约地铁:陶瓷拼镶艺术的"博物馆"

美国纽约地铁,有"流浪艺人的栖息地和街头艺术展示的舞台"之称。图 3-38 所示为纽约地铁哥伦比亚大学站。纽约地铁站台边的墙上几乎无一例外地用马赛克或瓷砖来拼贴站名和方向标记,被称为陶瓷拼镶艺术的"博物馆"。

图 3-38　纽约地铁哥伦比亚大学站

2. 国内典型城市轨道交通车站文化

(1)北京地铁:民族文化与区域文化

北京地铁车站文化建设具有典型的北京传统风格,地铁车站的建筑风格与装饰设计紧贴地面区域文化内容,结合历史传统文化与现代化建筑风格,走进北京的地铁站,仿佛置身于北京文化展览馆。图 3-39 所示为北京地铁雍和宫站与天桥站。

(2)成都地铁:巴蜀文化串联花都新城

成都地铁车站突出地域文化特色,图 3-40 所示为成都地铁一品天下站。在"一站一景"的前提下,车站装修特别表现了鱼凫文化、宜居文化、生态文化、花木文化等。把"蜀锦""织机"等当作建筑装饰元素,每个车站都有独特的设计,还可以整体体现文化风貌。

图 3-39　北京地铁雍和宫站与天桥站

图 3-40　成都地铁一品天下站

(3)南京地铁:六朝古都特色和江南本土文化

南京地铁在充分考虑南京历史文化的基础上,以“演绎传统,现代表达”作为创作的定位与指导思想,整体性展示南京的人文特色。

从题材内容、表现形式到材料、技法,进行反复研究、推敲。这些作品紧扣六朝古都特色和江南本土文化,反映古都南京人文风貌的系列壁画,立体化地表现了南京深厚的文化底蕴和独特气质,构成地铁艺术风景线。图 3-41 所示为南京地铁鼓楼站与南京站。

图 3-41　南京地铁鼓楼站与南京站

任务实施

任务工单见表3-11。

表3-11　任务工单

北京地铁车站文化观察		
姓名：	班级：	日期：
团队成员及分工：		
实训目标	①了解北京地铁车站文化演变。 ②了解北京地铁车站文化建设	
实训内容	某大学生到北京学习，乘坐地铁2号线与5号线，在雍和宫站换乘，换乘期间观察同一车站2号线与5号线有何不同，查阅资料，描述5号线雍和宫站风格及与地面区域特色的关联	
引导问题	①不同线路的同一车站装饰为何不同，体现了什么？ ②雍和宫站的文化特色来自哪里？	
训练： ①掌握城市轨道交通车站文化建设。 ②描述车站文化特点。 ③叙述北京地铁车站文化风格。		

任务评价

任务评价见表3-12。

表3-12　任务评价

序号	评价内容	评价标准	分值	分数		
				学生自评	组间互评	教师评分
1	车站文化的意义	叙述车站文化的意义	40			
2	车站文化建设	叙述车站文化建设的思路	40			
3	北京地铁车站文化	描述北京地铁车站的文化特色	20			
总成绩						

拓展视野

广州地铁11号线拟打造地下非遗文化长廊

广州轨道交通11号线线路车站即将装修非物质文化遗产元素。初步设计方案，11号线将选取广州东站、广州火车站、芳村站、琶洲站、中医药大学站5个重点枢纽站作为特殊非遗文化车站，以及选取24个标准站点，展现地道的广府生活文化。

5个特殊“非遗”文化车站对应5个“非遗”文化图腾，将打造具有独特广州“非遗”特色的文化图腾“11”。设计方案显示，针对5个重点枢纽站需要选取对应具有广泛认知度，且最能代表广州岭南文化底蕴的五大类“非遗”项目：世界级非物质文化遗产——粤剧（广州东站——粤港澳大湾区链接展示窗口）；国家级非物质文化遗产——广彩瓷（广州火车站——广州核心交通枢纽对内联系对外开放展示窗口）、广绣（芳村站——广州传统文化核心文化区建设展示窗口）、广东醒狮（琶洲站——广州核心会展中心展览展示窗口）、广雕（中医药大学站——广州核心国际会议中心区展览展示窗口）。

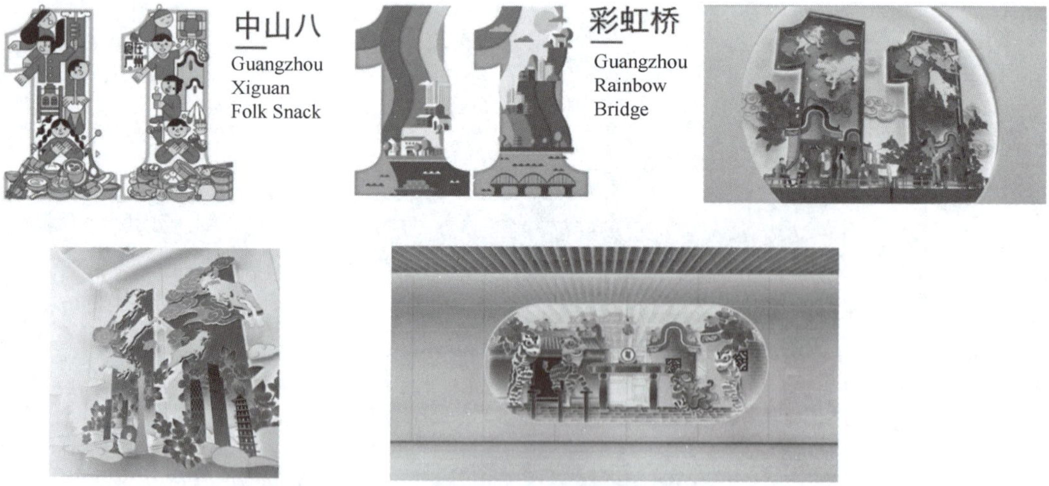

图3-42　广州11号线“非遗”文化图腾

任务五　了解城市轨道交通车站施工

任务目标

①了解城市轨道交通车站施工的主要方法。

②了解城市轨道交通车站施工方法的选择。

任务描述

城市轨道交通车站的施工是地铁建设的重要组成部分，其投资大、建设时长，施工要求高。施工方法的选择对线路埋深、结构形式、工期及土建工程造价等影响很大，需要掌握城市轨道交通车站常见施工方法。

核心知识

一、城市轨道交通车站施工的主要方法

车站施工是在确定位置进行的建设，其特点是原地建设，基本不产生位移，属于建筑物的建设范畴。

在城市轨道交通车站中，地下车站居多，且一般都设在城市中心圈，因此施工期间对城市交通的影响要降到最低。由于在人口、建筑物、地下管线等比较稠密的地段进行，工程地质复杂多变，所以施工技术含量高。下面介绍城市轨道交通车站施工的几种常见方法。

1. 明挖法

图3-43所示为明挖法施工现场。明挖法是指挖开地面，由上向下开挖土石方至设计标高后，自基底由下向上顺作施工，完成车站主体结构，最后回填基坑或恢复地面的施工方法。其施工技术简单、快速、经济，常被用为首选方案。但需要考虑其阻断交通时间较长、噪声与震动等对环境的影响。

图3-43　明挖法施工现场

车站明挖法施工流程如图3-44所示。

适用范围：一般适用于地面有条件敞口开挖，且有足够施工场地的情况。当站位设在现状道路范围外或站位设在现状道路下，但施工允许暂时中断交通或结合地面拆迁及道路拓宽，使地面交通客流得以疏散时，就有可能采用明挖法施工。

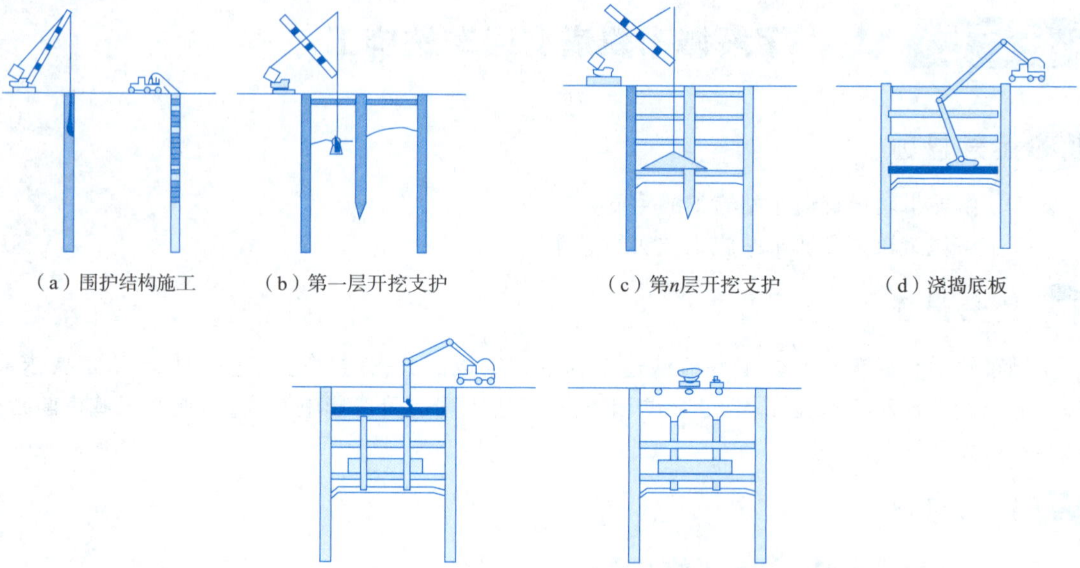

(a) 围护结构施工　(b) 第一层开挖支护　(c) 第n层开挖支护　(d) 浇捣底板

(e) 浇捣中板及顶板混凝土　(f) 车站主体结构完成

图 3-44　车站明挖法施工流程图

2. 盖挖法

图 3-45 所示为盖挖法施工现场。盖挖法是由地面向下开挖至一定深度后，将顶部封闭，其余的下部工程（车站主体）在封闭的顶盖下进行施工。在路面交通不能长期中断的道路下修建地铁时，可采用盖挖法。盖挖法又分为盖挖顺作法、盖挖逆作法和盖挖半逆作法三种。

图 3-45　盖挖法施工现场

盖挖法的优点：围护结构变形小，能够有效控制周围土体的变形和地表沉降，有利于保护邻近建筑物和构筑物。施工受外界气候影响小，基坑底部土体稳定，隆起小，施工安全对道路交通影响较小。

盖挖法的缺点：盖挖法施工时，混凝土结构的水平施工缝的处理比较困难。盖板上的竖向出口少，需要水平运输，后期开挖土方不方便出土，作业空间小，施工速度慢、工期长、费用高。

（1）盖挖顺作法

盖挖顺作法先施作基坑的围护结构和临时覆盖板，然后在覆盖板的保护下进行车站基坑的支护与开挖。开挖到底后由下往上施作车站底板、边墙、顶板等主体结构，最后拆除覆盖板恢复路面，施工流程如图3-46所示。

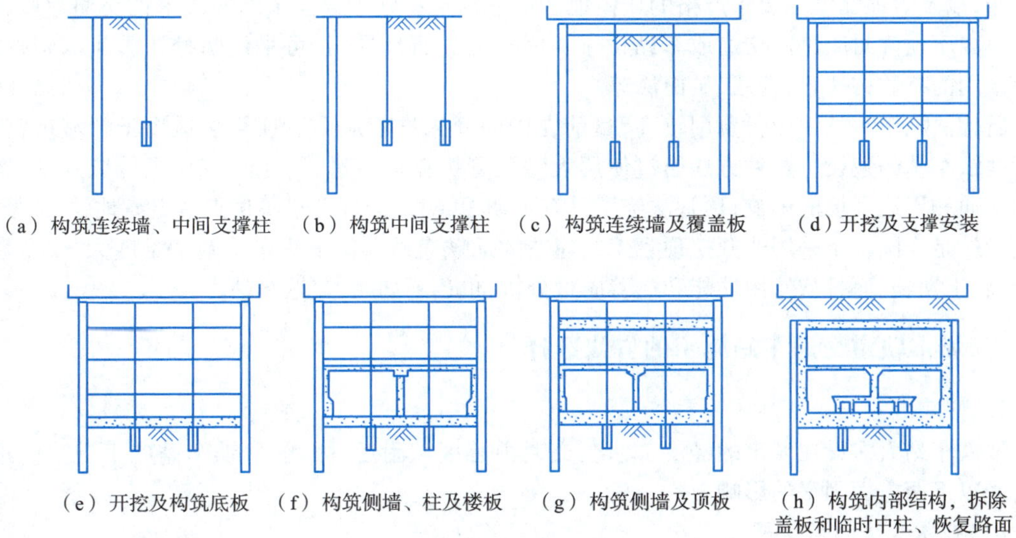

图3-46　盖挖顺作法

深圳地铁一期工程华强路站位于深圳市最繁华的路段，该路段市政道路密集，车流量大，为保障车站施工期间正常行车，该路段主体结构施工采用盖挖顺筑法施工方案。

（2）盖挖逆作法

如果开挖面较大、覆土较浅、周围沿线建筑物过于靠近，为尽量防止因开挖基坑而引起邻近建筑物的沉陷，或需要及早恢复路面交通，但又缺乏定型覆盖结构，可采用盖挖逆作法施工。其作业流程如图3-47所示。在结构顶板保护下由上而下边开挖土方边进行主体结构施工。车站两侧的出入口和风道，可以作为施工时的出土和进料口。

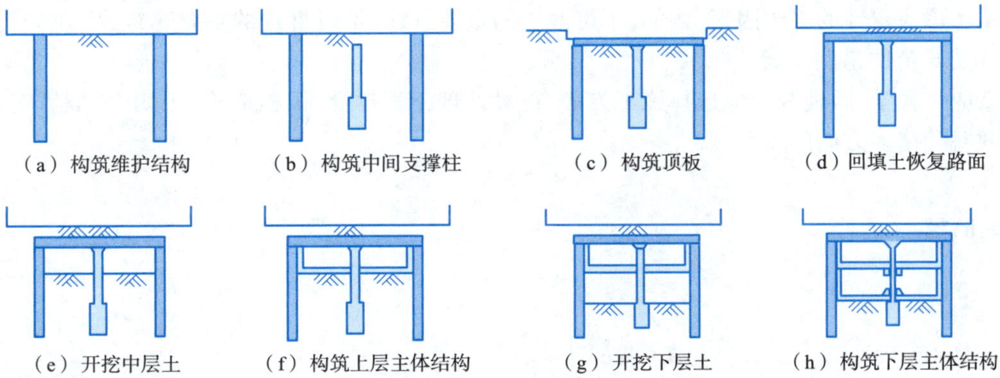

图3-47　盖挖逆作法

（3）盖挖半逆作法

盖挖半逆作法与逆作法的区别仅在于顶板完成及恢复路面后，向下挖土至设计标高后先浇筑底板，再依次向上逐层浇筑侧墙、楼板。

3. 暗挖法

暗挖法对地层的适应性较广，适用于结构埋置较浅、地面建筑物密集、交通运输繁忙、地下管线密布，以及对地面沉降要求严格的城镇地区地下构筑物施工。当车站通过繁忙交通地段，或因其他原因不允许封闭路面交通或车站位于较完整的岩石地层时，可采用暗挖法施工。暗挖法已广为采用的有盾构法、顶管法、矿山法等。

盾构法施工车站因设备费用较高，目前在国内尚未推荐应用。顶管法适用于在城市密集区进行地铁车站的建设。这种方法通过使用大型顶管机在地下进行作业，避免了传统开挖方法对地面交通和周边环境的影响，顶管法施工具有工期短、对地面扰动小等优点。上海地铁 14 号线的静安寺站是全国首个采用非开挖顶管工艺建造的地铁车站。矿山法车站施工难度大、安全性差、造价高、工期长，而且从使用功能和运营质量分析，也远不如明、盖挖车站。

二、城市轨道交通车站施工的方法选择

1. 影响因素

地铁车站大多设在城市的经济、文化、交通中心区域附近，因此，地铁车站施工方法的选择，主要受以下两方面因素的影响。

(1)技术经济因素

技术经济因素主要包括地质、地形等勘察资料和规划的特殊要求。例如，工程的自然环境、地理位置、地形特点、工程地质、水文地质，以及车站的规模、性质、工程技术难度、工期和工程造价等因素。

(2)社会经济因素

社会经济因素主要是指车站施工对社会环境的影响，涉及安全性、商业影响、交通影响、资源影响、组织协调，以及地下地上重要建筑物、交通状况、居民生活、环境污染等因素。

2. 决策原则

一些工程专家，通过北京地铁建设大量的工程实践，总结出对地铁车站施工方法进行决策时应该采用的几条原则：

①考虑决定性的制约因素，例如，不可改移的重要管线、不可拆迁的重要建筑物（例如古建文物）、无法导流的道路交通。

②应该科学、因地制宜地选择施工方法，正确处理工程拆迁、工程造价、工期、环境影响，以及社会效益等诸多方面的关系。

笔记栏：

任务实施

任务工单见表3-13

表3-13　任务工单

城市轨道交通车站施工			
姓名：		班级：	日期：
团队成员及分工：			
实训目标	①了解城市轨道交通车站的施工方法。 ②了解城市轨道交通车站施工方法的选择		
实训内容	某大学生到北京学习，乘坐地铁1号线与9号线，在军事博物馆站换乘。分析1号线军事博物馆站采用明挖法的原因和条件，查阅资料，了解9号线军事博物馆站的施工方法		
引导问题	①9号线地铁军事博物馆站采用了哪种施工方式？ ②不同线路的同一车站施工方法为何不同？		
训练： ①了解城市轨道交通车站施工方法。 ②叙述北京地铁1号线的施工方法。 ③叙述北京地铁9号线的施工方法。			

任务评价

任务评价见表3-14。

表3-14　任务评价

序号	评价内容	评价标准	分值	分数		
				学生自评	组间互评	教师评分
1	城市轨道交通车站施工方法	五种方法，每种10分	50			
2	了解施工方法选择	叙述1、9号线军事博物馆站施工方法	30			
3	施工方法对比	阐述两条地铁线采用不同施工方法的原因	20			
总成绩						

拓展视野

一座千斤顶"扛起"的车站

北京地铁16号线苏州街站垂直下穿既有10号线车站主体，是全线唯一一座密贴下穿既有车站的换乘站，可与10号线实现换乘。为了方便乘客换乘地铁10号线，在16号线苏州街站厅层四角修建了4组"F"形换乘通道，最短换乘通道只有15 m长，平均换乘用时为1分钟。

在16号线苏州街站施工过程中，面临围岩扰动大、既有车站结构复杂、暗挖富水软弱地层等难题。施工区域正上方是日客流量超百万人次的10号线，施工沉降一旦超过2 mm就会引起预警。

为确保10号线运营安全，在京投轨道所属快轨公司领导下，项目团队与设计单位经过仔细研究论证、多方案比选，最终确定采用多台大吨位千斤顶主动变形控制技术。

在实施过程中，参建单位遇到千斤顶基座沉降控制、千斤顶精度要求极高两大难题。在困难面前，团队群策群力，不断试验，采用了千斤顶埋入冠梁，置于排桩之上，利用桩基础的高承载力和低应变，有效解决了千斤顶基座沉降控制难题。既有线毫米级的控制指标要求千斤顶达到0.1 mm控制精度，国内在此之前尚无厂家能够实现。为了填补国内空白，项目团队联合厂家开展科技攻关，成功研制出高精度控制千斤顶及监测系统，达到国际领先水平。

苏州街站采用20台1 000 t级千斤顶主动控制技术，配合桩基托换和超细水泥浆灌注技术，成功实现了既有线变形的主动控制，这一做法属国内地铁施工首次采用。下穿过程中，20台"大力士"千斤顶在"中枢大脑"控制系统的统一指挥下，"扛起"10号线车站，使得下方施工得以正常进行，最终实现了"零沉降"下穿。

巩固与练习

一、判断题

1. 城市轨道交通车站的候车区通常不设置座椅供乘客休息。（　　）
2. 所有的城市轨道交通车站都配备自动售票机。（　　）
3. 城市轨道交通车站的站台高度与列车车门的高度是一致的。（　　）
4. 城市轨道交通车站的进出站口数量与其客流量无关。（　　）

5. 城市轨道交通车站的售票区通常不需要考虑人流量的大小。（　　）
6. 城市轨道交通车站的站台宽度是固定的，与列车宽度无关。（　　）
7. 城市轨道交通车站的进出口可以随意设计，不需要考虑疏散要求。（　　）
8. 城市轨道交通车站的自动扶梯在紧急情况下可以作为疏散通道。（　　）
9. 城市轨道交通车站的候车区可以设置在列车轨道的正上方。（　　）
10. 城市轨道交通车站的站名标识必须清晰可见。（　　）
11. 城市轨道交通车站的自动售票机只能使用硬币购票。（　　）
12. 城市轨道交通车站的站厅和站台之间一般通过楼梯或自动扶梯连接。（　　）

二、填空题

1. 城市轨道交通车站的候车区通常包括__________和__________。
2. 城市轨道交通车站的售票方式有__________售票和__________售票两种。
3. 城市轨道交通车站的站台一般分为__________站台和__________站台。
4. 城市轨道交通车站的进出站口一般会设置__________和__________，以确保乘客的安全。
5. 城市轨道交通车站的__________区域是供乘客上下车的主要区域。
6. 城市轨道交通车站的__________设施方便乘客购票。
7. 城市轨道交通车站的__________区域提供乘客候车休息的地方。
8. 城市轨道交通车站的__________标识必须清晰、准确，以方便乘客识别。
9. 城市轨道交通车站的__________设备用于自动检票，提高通行效率。
10. 城市轨道交通车站的__________和__________是车站的主要组成部分。
11. 城市轨道交通车站的__________区域用于乘客候车和上下车。
12. 城市轨道交通车站的__________和__________是乘客获取列车时刻、票价等信息的主要渠道。
13. 城市轨道交通车站的__________和__________应设置在明显的位置，便于乘客寻找和使用。

三、简答题

1. 描述城市轨道交通车站的主要功能。
2. 解释城市轨道交通车站站厅的布局原则。
3. 城市轨道交通车站的站台设计应考虑哪些因素？
4. 城市轨道交通车站的进出站口设置有哪些要求？
5. 城市轨道交通车站的售票系统应具备哪些功能？
6. 城市轨道交通车站的候车区应满足哪些基本要求？
7. 城市轨道交通车站的导向标识有哪些？各自的作用是什么？

项目四

城市轨道交通车辆

项目导入

城市轨道交通车辆是运载乘客的核心装备。为保障车辆运行安全、准点、快捷，必须具有良好的牵引性能和制动性能，以确保车辆的快速启动和停止。同时，还要提供良好的乘客服务设施，使乘客感到舒适和方便。随着智能行车、智能运维、智能服务等先进技术的发展，当今城市轨道交通车辆具有“智能、舒适、节能、高效、安全”五大亮点。

项目目标

知识目标：

①了解城市轨道交通车辆概况，掌握必备知识。

②掌握城市轨道交通车辆的分类、主要技术参数及一般编组形式。

③掌握城市轨道交通车辆的机械、电气主要组成部分。

④了解城市轨道交通车辆基地的功能。

⑤初步了解城市轨道交通车辆检修内容。

能力目标：

①能够说出动车与拖车的区别。

②能够区别 A、B、C 型车的主要技术指标。

③能够识别城市轨道交通车辆的编组形式含义。

④能够说出城市轨道交通车辆的机械、电气主要组成部分。

素养目标：

①了解城市轨道交通车辆的基本知识，培养热爱专业、扎实学习的精神，树立服务社会的意识。

②感受中国城市轨道交通车辆的快速发展，厚植家国情怀，践行使命担当。

知识导图

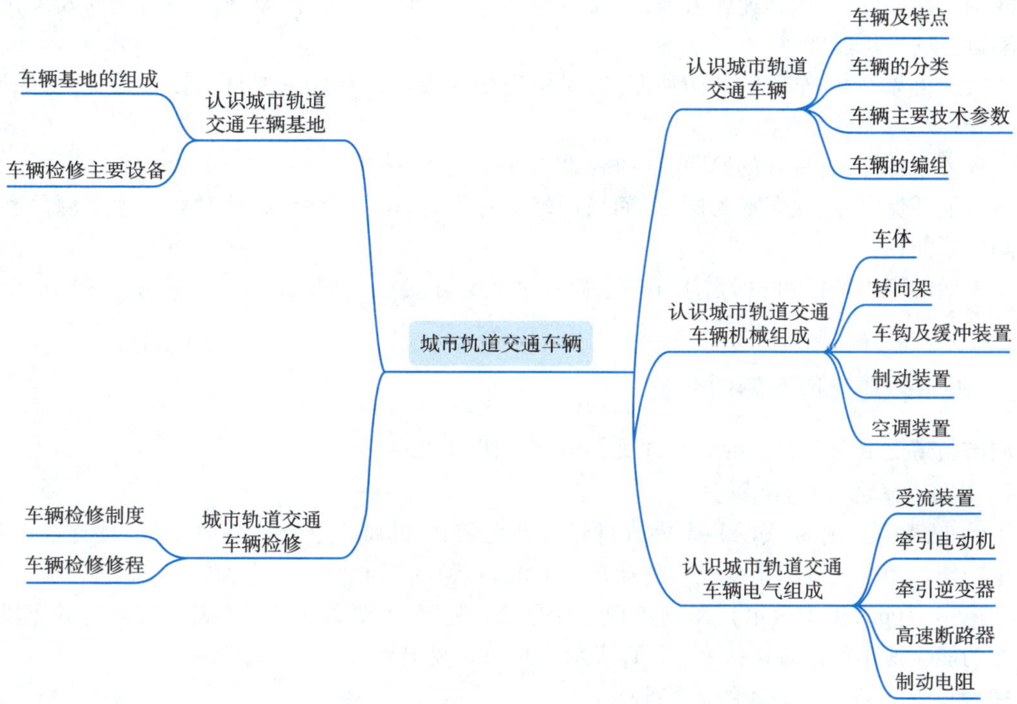

任务一　认识城市轨道交通车辆

任务目标

①掌握城市轨道交通车辆的基本分类方式。

②掌握城市轨道交通车辆的特点。

③掌握城市轨道交通车辆的一般编组形式。

任务描述

城市轨道交通车辆类型繁多,要求能归纳出车辆的特点,认知车辆的基本分类,识别车辆编组形式,具备城市轨道交通相关专业技术人员必备的基础知识。

核心知识

一、城市轨道交通车辆及特点

城市轨道交通车辆是城市交通运输系统中,在固定轨道上行驶,由电力牵引搭载乘客的一种运输工具。作为城市公共交通工具之一,主要在市区和市郊的地下隧道、高架和地面轨道运行。其运行站间距短、线路的曲线半径小、客流量大且集中、乘客上下车频繁、高峰期会超载。所以,城市轨道交通车辆具有以下基本特点:

①载客能力强:按照每平方米站立 6 人的标准,大型地铁车辆载客量定员可达 310 人/辆。

②车门数量多且开度大：为缩短乘客上下车时间，车门数量设置较多，每节车厢单侧车门数量一般为 3 ~ 5 个，车门的有效开度在 1300 mm 以上。

③动力性能好：车辆加速能力强，制动效果好，能达到启动快、停车制动距离短的效果，提高了车辆运行的平均速度。

④安全可靠性高：车辆的结构强度高，采用安全冗余机制和先进的自动控制系统，以保证行车的安全性和可靠性。

⑤环境条件好：有良好的照明、空调装置、LCD 动态地图等。

⑥节能环保：以地铁车辆为例，车辆采用轻量化设计，电力牵引，制动时对再生能源的利用，大幅降低了能耗。

⑦灵活的牵引特征：根据需求不同，采用的牵引方式也不同，如动力集中牵引和动力分散牵引。

二、城市轨道交通车辆的分类

城市轨道交通车辆有多种分类方式，主要介绍以下几种：

1. 按车辆牵引动力配置分

①动车（Motor，用 M 表示）：车辆自身具有动力装置，动轴上装有牵引电动机，具有牵引和载客双重功能。动车又分为带受电弓的动车（用 M_P表示）和不带受电弓的动车（用 M 表示）。

②拖车（Train，用 T 表示）：车辆自身不具有动力装置，需要动车牵引拖带才能运行的车辆，仅有载客功能。拖车可设置司机室（用 T_C表示），也可带受电弓（用 T 或 T_P表示）。

视频

车辆的常用车型

2. 按车辆的规格分

城市轨道交通车辆按规格分，常见的有 A 型车、B 型车、C 型车、D 型车和 L 型车。

A 型车是地铁列车型号中宽度最大、载客量最大的车型（见图 4-1），适合人口密度高、流量大的特大型城市使用。例如，深圳地铁 1、2、4、5 号线，南京地铁 1、2、3、10 号线均使用 A 型车。

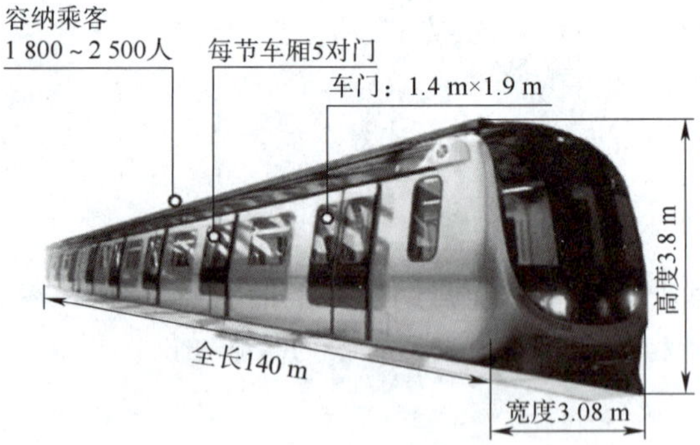

图 4-1　A 型车示意图

B 型车是应用最广的车型，如图 4-2 所示。B 型车按照受流方式不同还可分为 B1 型车和 B2 型车。B1 型车为第三轨（接触轨）供电，B2 型车为接触网供电。例如，北京地铁 4、6、7、10 号线，西安地铁 1、2、3、4 号线，成都地铁 1、2、3、4 号线均使用 B 型车。

C 型车一般指轻轨车型，鲜见于地铁线路，适用于中小运量的城市轨道交通系统。例如，长春轨道交通 3、4、8 号线使用的 C 型车。

D 型车主要应用于市域快线，适用于客流量相对较小、出行距离较长的中心城区与郊区或机场之间。在我国只有少部分城市拥有,例如,北京地铁大兴机场线、22 号线(平谷线),重庆地铁 15、27 号线,广州地铁 18、22 号线。

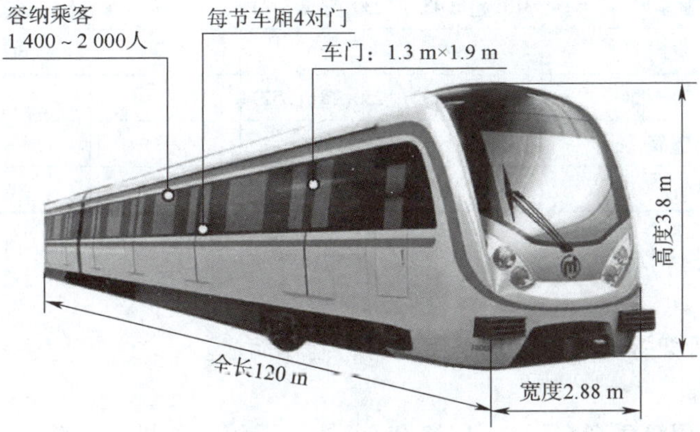

图 4-2　B 型车示意图

L 型车为直线电动机驱动,属于中运量城市轨道交通系统。直线电动机运载系统是一个专用系统,不能与传统的城市轨道交通系统通用,所以 L 型列车服役的线路不多,北京地铁首都机场线是典型的例子。另外、广州地铁 4、5、6 号线也为 L 型车。

以上各类车型的主要技术规格见表 4-1。

表 4-1　各类车型的主要技术规格

项目名称			A 型车	B 型车	C 型车	D 型车	L 型车
车辆驱动特征			钢轮/钢轨				
			旋转电动机				直线电动机
车轴数			四轴	四轴	4、6、8 辅铰接车		四轴
车辆轴重/t			≤16	≤14	≤11		≤13
车厢基本长度/m	单司机室车厢		23.6 (24.4)	19 (19.55)	—	—	17.2
	无司机室车厢		22.0(22.8)	19(19.55)	—	—	16.84
车辆宽度/m			3.0～3.2	2.8	2.6	2.6	2.8
车辆高度/m	受流器车	有空调	3.8	3.8	3.7	3.7	3.625
		无空调	3.6	3.6	—	—	—
	受电弓车(落弓高度)		3.81	3.81	3.7	3.7	3.56
	受电弓工作高度		3.9～5.6	3.9～5.6	3.9～5.6	3.9～5.6	—
车内净高/m			2.10～2.15		≥2.1	≥2.1	≥2.1
地板面高/m(车门处)			1.13	1.10	0.95	0.35	0.93
转向架中心距/m			15.7	12.6	11.0	10.7	11.14
固定轴距/m			2.2～2.5	2.2～2.3	1.8～1.9	1.7～1.8	1.9～2.0
车轮直径/mm			φ840		φ760 或 φ660	φ660	φ660～φ730
车门数(每侧)(个)			5	4	—	4	2～3
车门宽度/m			1.3～1.4				1.4
车门高度/m			≥1.8				1.86

续表

项目名称		A 型车	B 型车	C 型车	D 型车	L 型车
定员	单司机室车厢	310(超员 432)	230(超员 327)	—	双司机室 238	217
	其中:座席	56	36	—	66	28
	无司机室车厢	310(超员 432)	250(超员 352)	—	—	242
	其中:座席	56	46	—	—	32
最高速度/(km/h)		80~160	100	80	80	90

3. 按车辆制作材料分

(1)钢骨架车辆

车辆底架、车体骨架等受力部分均采用钢材料制作而成。

(2)新型材料车辆

新型材料车辆采用轻质合金材料,如铝合金、钛合金等。这样可以降低车辆自重,提高承载能力和运输效率。

4. 按受电器及供电电压等级不同分

①受电器为受电弓,采用架空式接触网供电,供电电压为直流 1 500 V,例如上海地铁、深圳地铁、南京地铁等均采用架空式接触网 1 500 V 直流电压供电。

②受电器为集电靴,采用第三轨供电,供电电压多采用直流 750 V,例如北京地铁 1、5、8 号线、天津地铁 2 号线;也有部分采用直流 1 500 V 供电,例如,广州地铁 4 号线是我国第一条使用直流 1 500 V 第三轨供电的地铁线路。

5. 按牵引控制系统分

①直流变阻车,现已经淘汰。

②直流斩波调压车,已改造完成。

③交流变压变频车。

④直流电动机变频变压车。

三、城市轨道交通车辆主要技术参数

城市轨道交通车辆技术参数是从总体上表征车辆性能及结构的参数,是车辆技术规格的特征指标,可以分为性能参数和尺寸参数两类。

1. 车辆主要性能参数

①车辆自重:车辆在整备状态下的本身结构及设备的全部质量。

②车辆载重:在正常情况下,车辆允许的最大装载质量,均以吨(t)为单位。

③构造速度:车辆设计时,按照安全及结构强度等条件所允许的最高行驶速度。车辆的实际运行速度一般不允许超过构造速度。

④轴重:按照车轴形式及在某个运行速度范围内,一根车轴允许负担的并包括轮对自身质量在内的最大总质量。

⑤通过最小曲线半径:指配备某种形式转向架的车辆,在站场或车辆段调车时,所能安全通过的最小曲线半径。当车辆在此曲线段上运行时,不得出现脱轨、倾覆等危及行车安全事故,也不允许转向架与车体底架或与车下其他悬挂物相碰。

⑥轴配置及轴列数:用英文字母或数字表示动轴与非动轴的排列情况。若是 4 轴动车,两台动力转向架,则轴配置记为 B—B;若是 6 轴单铰轻轨车辆,两端为动力转向架,中间为非动力铰接

转向架，其轴配置记为 B—2—B。

⑦牵引电动机功率：多在 180～300 kW。

2. 车辆尺寸参数

①车辆全长：车辆处于自由状态，车钩在闭锁位置时，两端钩舌内侧面之间的距离。

②车辆定距：车辆底架两心盘间的水平距离。

③固定轴距：同一转向架的前后车轴中心距。客车二轴转向架固定轴距多为 2 400～2 700 mm。

①～③为车辆纵向尺寸参数，如图 4-3 所示。

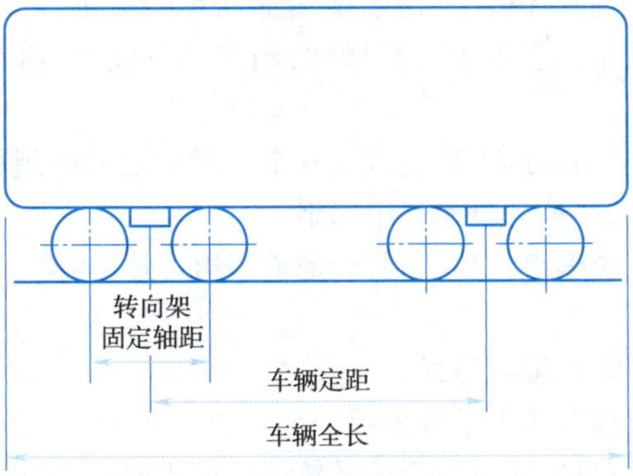

图 4-3　车辆纵向尺寸参数

④车辆最大宽度：车体最宽部分的尺寸。

⑤最大高度：车辆顶部距离钢轨水平面之间的最大距离。

⑥车钩高度：指车钩连接面中点至轨面的高度。列车各车辆的车钩高度基本一致是保证正常传递牵引力及列车运行时不发生脱钩事故所必需的。我国规定新造或者修竣后，空车标准车钩高度是 880 mm。城市轨道交通车辆的车钩高度无统一标准，上海地铁车辆规定为 720 mm，北京地铁车辆规定为 670 mm，苏州地铁车辆规定为 660 mm。

⑦地板面高度：指新造或者修竣后的车辆地板面距轨面的高度。地板高度一方面受某些结构高度的限制，如车钩高度及转向架下心盘的高度等，另一方面又与站台高度有关。上海地铁车辆地板面高度为 1 130 mm，北京地铁车辆地板面高度为 1 053 mm，苏州地铁车辆地板面高度为 1 100 mm。

四、城市轨道交通车辆的编组

1. 车辆编组的定义

按照预期目的，将各独立的车辆连接起来，成为一个运行体，就称为车辆编组。

2. 车辆编组数量的确定

列车的编组辆数，可按下式计算决定：

$$N=\frac{Q_{\max}T}{60D}$$

式中　N——每列车编组辆数（辆）；

$Q_{\max}$——高峰小时单向最大客流量（人/h）；

T——最小行车间隔（min）；

D——每辆车的定员数(人)。

视频

车辆编组

3. 车辆编组形式

城市轨道交通车辆的编组形式有全动车编组、动拖车混合编组和单元车组编组三种方式。无论采用何种编组形式,每列车的首车和尾车都必须带有驾驶室。

全动车编组可以根据客流变化,灵活调整车辆编组辆数,而且具有整车性能不降低的优点,轴重分布均匀,全部可以采用电制动,易于控制,反应快,机械磨损小。但这种编组形式要求每辆都有独立的牵引控制系统,轴重较大,电动机总功率较大,耗电量增加,维修和保养工作量增加。

动拖车混合编组可以根据具体情况,适当地增加动车和拖车,电动机功率利用率较高,设备集中,维修方便,维修工作量小。但车辆种类增加,动车轴重较大,拖车轴重较小,全列车重量分配不均匀。

城市轨道交通车辆中,车辆通过车钩连接成一个相对固定的编组称为一个单元,一列车可以由一个或几个单元编组而成,此种为单元车组编组。

不同的城市轨道交通系统编组辆数不同,如地铁编组可达 10 辆,而有轨电车通常采用单车运行或最多两辆编组。

我国城市轨道交通车辆常见编组形式:

(1)用动车 M 和拖车 T 加车钩表示符表示

①四节编组形式:四节编组形式适用于运量较小的城市轨道交通系统。一般为二动二拖,编组为“ + Tc—Mp—Mp—Tc + ”,例如武汉轻轨列车,如图 4-4 所示。也有四节都是动车的编组,例如重庆单轨列车,如图 4-5 所示。

图 4-4　武汉轻轨列车“二动二拖”编组

图 4-5　重庆单轨列车“四动”编组

②六节编组形式:北京地铁 4 号线的列车编组为“ + Tc—Mp—M—T—Mp—Tc + ”,由三个单元车组成的三动三拖编组,每一单元车为一动一拖,如图 4-6 所示。

图 4-6　北京地铁 3 号线“三动三拖”编组

杭州地铁 1 号线,深圳地铁 3 号线等列车编组为“ + Tc—Mp—M = M—Mp—Tc + ”,是由两个单元车组成的四动二拖编组,每一单元车为二动一拖,如图 4-7 所示。

③八节编组形式:大编组列车适用于人口集中的大都市,如广州 13 号线车辆,列车的基本配置为 8 辆车编组,采用 A 型车体,为 6 动 2 拖的动力编组,编组形式为“ + Tc - Mp - M - Mp = M - M - Mp - Tc + ”。

图 4-7　深圳地铁 3 号线“四动二拖”编组

在上述编组方式中，M 表示动车，T 表示拖车，c 表示带有司机室，p 表示带有受电弓；“ + ”代表全自动车钩，“—”代表半永久牵引杆，“ = ”代表半自动车钩。

(2)用字母 A、B、C 加车钩表示符表示

上海地铁 1 号线六节编组方式为“ + A – B – C = C – B – A + ”，其中 A 表示带驾驶室的拖车，B 表示带有受电弓的动车，C 表示不带受电弓的动车。

笔记栏：

任务实施

任务工单1 见表4-2。

表4-2 任务工单1

认识城市轨道交通车辆			
姓名：		班级：	日期：
团队成员及分工：			
实训目标	①掌握城市轨道交通车辆的基本分类方式。 ②掌握城市轨道交通车辆的特点		
实训内容	进城务工人员王某某初到北京，在前往务工地点时有以下方式：公交车、地铁、出租车。以小组为单位，阐述城市轨道交通车辆的特点，向王某某推荐最佳的出行交通工具，并归纳城市轨道交通车辆的分类方式		
引导问题	①城市轨道交通车辆的概念。 ②城市轨道交通车辆的特点有哪些？		
训练： ①简述推荐交通工具的理由。 ②叙述A型与B型车的主要技术参数与区别。 ③介绍城市轨道交通车辆动车与拖车的区别。 ④常见的城市轨道交通车辆有哪些规格？			

任务工单 2 见表 4-3。

表 4-3　任务工单 2

<table>
<tr><td colspan="3">识别城市轨道交通车辆编组方式</td></tr>
<tr><td colspan="3">姓名：　　　　　　班级：　　　　　　日期：</td></tr>
<tr><td colspan="3">团队成员及分工：</td></tr>
<tr><td>实训目标</td><td colspan="2">①掌握车辆编组概念。
②掌握城市轨道交通车辆的编组方式</td></tr>
<tr><td>实训内容</td><td colspan="2">某大学生从呼和浩特市前往上海上大学，在地铁站候车时发现，某线路上地铁车辆有 8 节车厢，而在呼和浩特市的地铁 1、2 号线都是 6 节车厢。以小组为单位，阐述城市轨道交通车辆编组的概念，并解释车辆编组的方式，并向该大学生说明：为什么上海与呼和浩特市采用不同的编组方式</td></tr>
<tr><td>引导问题</td><td colspan="2">①车辆编组的概念。

②城市轨道交通车辆的编组方式。</td></tr>
<tr><td colspan="3">训练：
①确定车辆编组数量的依据。

②解释车辆编组数量的依据，以上海、呼和浩特举例说明。

③画出 8 节车辆编组的示意图。

④解释 4 节、6 节、8 节编组形式字母及符号含义。</td></tr>
</table>

任务评价

任务评价见表4-4。

表4-4 任务评价

序号	评价内容	评价标准	分值	分数		
				学生自评	组间互评	教师评分
1	城市轨道交通车辆的概念	三个关键词,一个关键词5分	15			
2	城市轨道交通车辆的特点	七个特点,共计20分	20			
3	城市轨道交通车辆的分类	五种基本分类方式,每种分类方式3分	15			
4	车辆编组的概念	准确表述概念	10			
5	车辆编组数量的依据	车辆编组数量公式及参数含义。以上海、呼和浩特举例说明	20			
6	车辆编组方式的解释	4节、6节、8节编组形式解释	20			
总成绩						

拓展视野

首列时速80公里A型"中国标准"地铁列车亮相广州

2023年6月29日,我国首列时速80公里A型"中国标准"地铁列车在广州亮相,如图4-8所示,在广州地铁2号线投入运营。该列车全面采用中国标准,28项关键部件实现自主化,具有智慧先进、绿色节能、安全舒适等特点,标志着系列化中国标准地铁列车项目取得重要成果,我国城市轨道交通装备水平步入崭新阶段。

图4-8 时速80公里A型"中国标准"地铁列车

"中国标准"的全新地铁车辆实现了关键部件自主化、零件通用化、部件模块化、系统集成化、功能配置化、整车标准化等,关键核心技术攻关取得重大突破,车体、转向架等关键系统全面采用中国标准,轴承、联轴节、芯片、高低压电气元器件等28项关键部件实现自主化,突破了国外技术垄断，大幅降低列车检修运维成本，助推产业规模化和行业规范化。

中国标准地铁车辆将引领我国地铁加速驶入“标准化”“智慧化”新时代。

任务二　认识城市轨道交通车辆机械组成

任务目标

①掌握城市轨道交通车辆的机械组成部分。

②认知城市轨道交通车辆的车体结构。

③认知城市轨道交通车辆的转向架结构。

④认知城市轨道交通车辆的车钩缓冲装置。

⑤了解城市轨道交通车辆制动装置的组成。

⑥认知城市轨道交通车辆的空调装置。

任务描述

城市轨道交通车辆由几千个零部件构成，结构十分复杂，要求能够识别车辆的关键机械组成部分，了解其主要作用、特点，具备后续专业学习的基本知识。

核心知识

城市轨道交通车辆种类很多，结构复杂，但车辆的基本结构却是大体相同的，主要包括机械和电气两大部分。机械部分主要由车体、转向架、车钩缓冲装置、制动装置和空调装置等主要部分组成。

一、车体

视频　车体

车体是车辆的基础框架和主体，坐落在转向架之上。主要作用是运载旅客，承受车辆垂直载荷，安装传动机构、电气设备和服务设施。

车体可分为带司机室的车体和不带司机室的车体，不带司机室的车体主要是为乘客提供服务的公共场所，也是安装并连接车辆上其他设备、组件的基础结构。带司机室的车体除了具有载客功能，还能安装司机操作台等装置。

1. 车体的主要特征

① 城市轨道交通车辆是城市内的公共交通系统，乘客的数量多，旅行时间短，上下车频繁，车体内座位数量少，车门数量多且开度大，车内服务设备简单。

②为了降低城市轨道交通线路建设的工程投资，要求车辆，特别是高架、轻轨车辆质量轻、轴重小。为使车辆轻量化，车体一般采用大型中空挤压铝型材、高强度复合材料或不锈钢。

③由于城市轨道交通乘客密集，所以对车辆的防火要求很高，特别是地铁车辆，通常车体的结构采用防火设计，且材料必须经过阻燃处理。

④车体的隔声和降噪要求高，以最大限度地降低车辆噪声对乘客和沿线居民的影响。

⑤车体的外观造型、色彩与城市文化、环境和景观协调。

2. 车体的结构形式

按照车体结构承受载荷方式的不同，车体可分为底架承载结构、侧墙和底架共同承载结构和整体承载结构。

①底架承载结构：又称自由承载结构，是指由底架承担全部载荷的车体结构。

②侧墙和底架共同承载结构：又称侧墙承载结构，是指由侧墙、端墙与底架共同承担载荷的车体结构。侧墙、端墙、底架等通过固接形成一个整体，具有较高的强度和刚度。

③整体承载结构：车体结构是板梁式，侧墙、端墙上固接由金属板、梁组焊而成的车顶，将车体的底架、侧墙、端墙、车顶焊接成一个整体，形成开口或闭口箱形结构，如图4-9所示。这种车体结构的各部分均承受载荷，因而称为整体承载结构。城市轨道交通车辆多采用整体承载结构。

3. 车体的类型

(1)按车体断面轮廓分类

按车体断面轮廓的不同，车体可分为V形车体和鼓形车体，如图4-10所示。相较于V形车体，鼓形车体向外微凸，可提高车体的空间容纳力，同时也提高了车辆在隧道内“活塞”效应。目前，北京、深圳、武汉等城市的地铁车辆均采用鼓形车体。

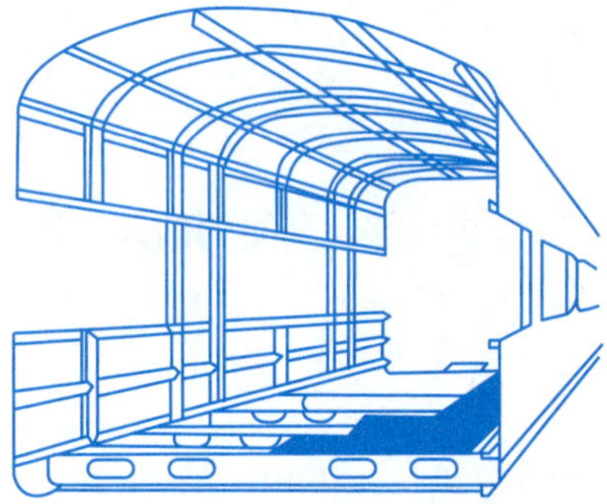

图4-9 车体整体承载结构

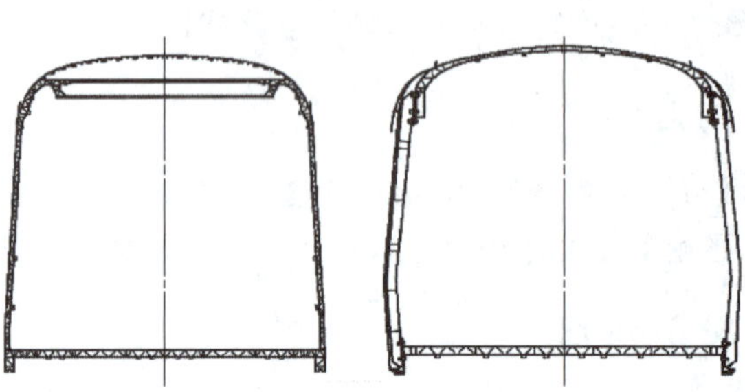

(a) V形车体　(b) 鼓形车体

图4-10 不同断面形状车体

(2)按车体宽度分类

按车体宽度的不同，车体可分为A型车车体、B型车车体、C型车车体。

A型车车体：一般宽3.0 m、长22 m、高3.8 m。例如，广州地铁1、2号线均采用了A型车车体。

B型车车体：一般宽2.8 m、长19 m、高3.8 m。例如，广州地铁3、4号线均采用了B型车车体。

C型车车体：一般宽2.6 m、长19 m、高3.8 m。例如，上海地铁6、8号线均采用了C型车车体。

(3)按车体有无驾驶室分类

按有无驾驶室，车体可分为有驾驶室车体和无驾驶室车体，如图4-11所示。

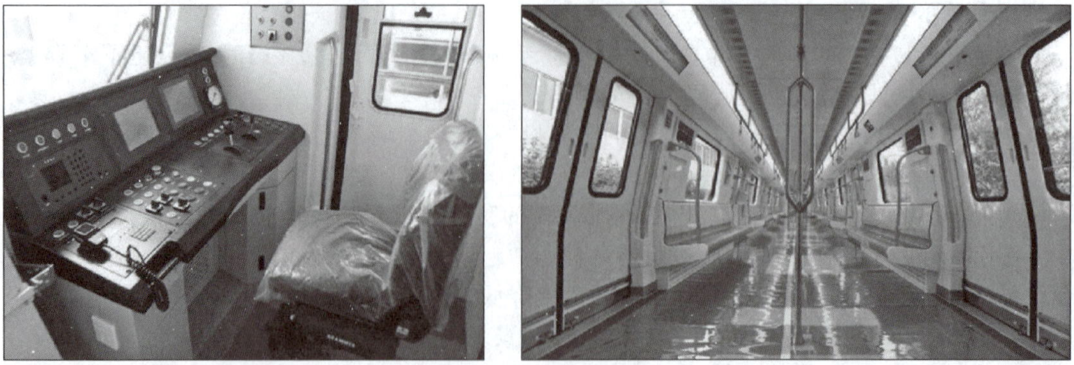

(a) 有驾驶室车体　(b) 无驾驶室车体

图4-11 有驾驶室、无驾驶室车体

(4)按车体材料分类

目前,国内城市轨道交通车辆车体的材料主要有铝合金和不锈钢两种。如图 4-12 所示,铝合金车体和不锈钢车体均属于轻型整体承载结构,主体材料分别是铝合金型材、不锈钢板材等,通常采用模块化结构或焊接组装。铝合金和不锈钢车体都有材料密度小、比强(结构的最大承载力与所耗材料重量之比)大的优点,在满足车体强度和刚度的条件下自重轻,因而备受青睐。

(a)不锈钢车体　　(b)铝合金车体

图 4-12　不锈钢、铝合金车体

(5)按车体结构工艺分类

按结构工艺的不同,车体可分为一体化结构车体和模块化结构车体。一体化结构车体是几十年来国内普遍采用的。模块化结构车体是 20 世纪 90 年代中后期在国外发展起来的一种新型车体结构。

①一体化结构车体:又称整体焊接结构车体,是指先制造车体结构的车顶、侧墙、底架、端墙、司机室等部件,然后进行整个车体总成焊接,车体总成后再进行内装、布管、布线。

②模块化结构车体:指将整个车体分成若干个模块分别生产,最终拼接而成的车体,如图 4-13 所示。例如,广州地铁 2 号线车体采用模块化结构制造,车体结构设计是整体承载的轻量化结构,采用大断面铝合金挤压型材、模块化设计制造而成。

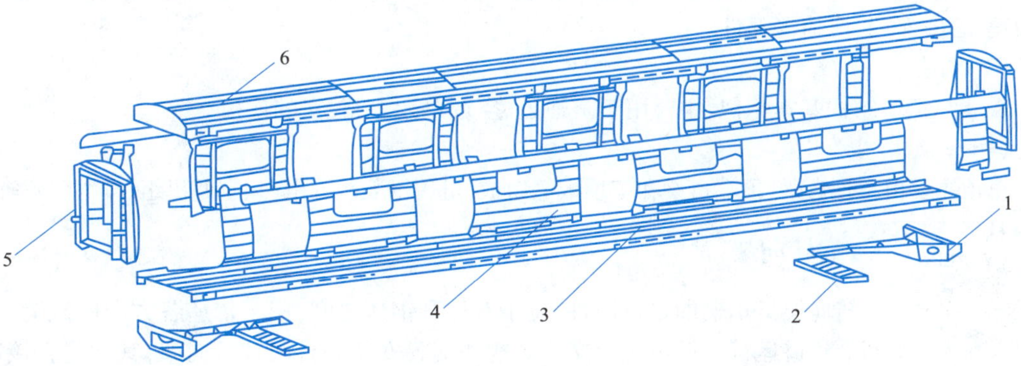

图 4-13　模块化结构车体

1—牵引梁模块;2—枕梁模块;3—底架模块;4—侧墙模块;5—端部模块;6—车顶模块

4. 车体的构成

城市轨道交通系统中各类车辆均由底架、车顶、侧墙、端墙、车门、车窗等组成,各组成部件间的连接方式主要是焊接、螺栓或铆钉连接等，形成一个整体承载结构。再安装内饰板、外蒙皮、地板、顶板及隔热、隔音材料、车窗、车门及采光设施等。

(1)底架

底架是车体结构和设施的安装基础，承受车体上部载荷并将其传递给整个车体，承受各种原因引起的横向力和走行部传来的各种振动和冲击，必须有足够的强度和刚度。底架由中梁、枕梁、侧梁、端梁、横梁等几部分组成，如图 4-14 所示。

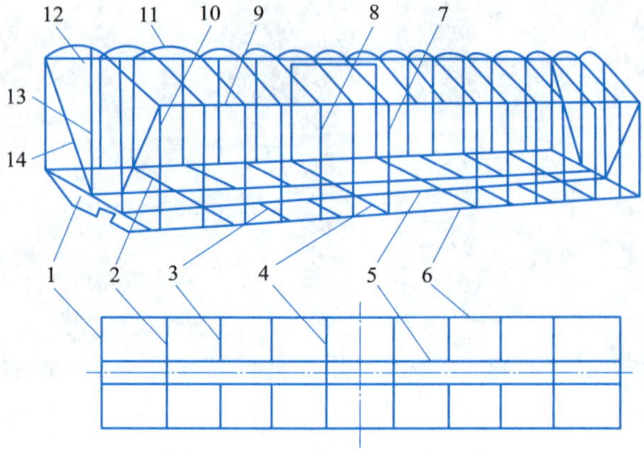

图 4-14　车体的一般结构

1—端梁；2—枕梁；3—小横梁；4—大横梁；5—中梁；6—侧梁；7—门柱；8—侧立柱；9—上侧梁；10—角柱；11—车顶弯梁；12—顶端弯梁；13—端立柱；14—端斜撑

底架中部断面较大并沿其纵向中心线贯通全车的梁称为中梁，它是底架的骨干。底架两侧边沿的纵向梁称为侧梁，侧墙固定其上。底架两端部的横向梁称为缓冲梁(或称为端梁)，端墙固定其上。在转向架的支承处设有枕梁，为横向梁中断面最大的梁。在两枕梁之间设有两根以上的大横梁。为了吊挂设备，铺设地板，底架上还设有若干小横梁和纵向辅助梁，同时达到了增强底架强度和刚度的目的，其中，中梁和枕梁承担载荷最大，因而最为重要。

(2)侧墙

与底架的侧梁连接在一起，主要由板墙、支撑梁、隔音隔热材料和阻尼浆组成，用以安装客室窗玻璃、客室车门、座椅等部件。

(3)端墙

端墙与侧墙结构基本相似，主要用于贯通道、空调单元、驾驶室的连接。

(4)车顶

车顶主要由车顶弯梁、顶端弯梁和车顶板等组成，可用于装载受电弓、空调机组、排水装置等。

视频

转向架

二、转向架

转向架是车辆的走行部件，位于车体和钢轨之间，用来传递各方向的载荷，引导车辆沿轨道运行。城市轨道交通车辆两端各安装一台两轴转向架，其性能直接影响车辆的运行品质和行车安全。

1. 转向架的基本作用

(1)承载

支承车体，承受、传递车体与轮对、钢轨与车体之间的载荷及作用力，使轴重均匀分配。

（2）传力

适应轮轨接触状态的变化，充分利用轮轨之间的黏着传递牵引力和制动力。

（3）缓冲

缓和运行中车辆与线路之间的作用，减小振动和冲击，提高城市轨道交通车辆运行的平稳性和安全性。

（4）导向

保证车辆安全运行，能灵活地沿钢轨运行，并顺利通过曲线和道岔。

2. 转向架的结构组成

转向架可分为动车转向架和拖车转向架，结构组成基本一致，都是由构架、轮对轴箱装置、弹性悬挂装置、中央牵引装置、驱动装置（仅动车转向架）和制动装置等组成的，如图4-15所示。

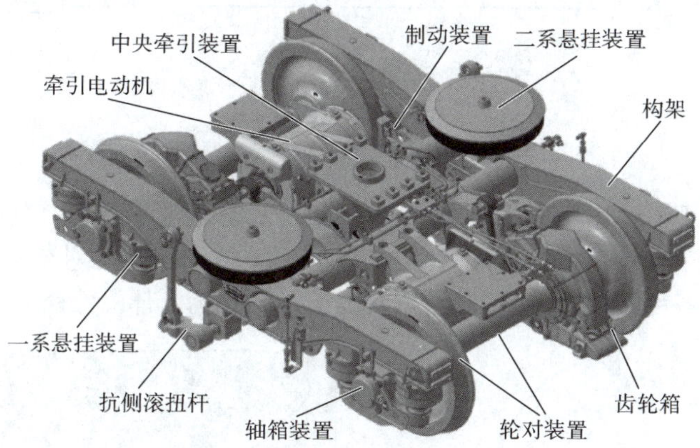

图4-15　动车转向架的结构组成

（1）构架

构架是转向架的基础，将转向架的各个零部件组成一个整体。主要包括侧梁、横梁及其他零部件的安装或悬挂座，如图4-16所示。

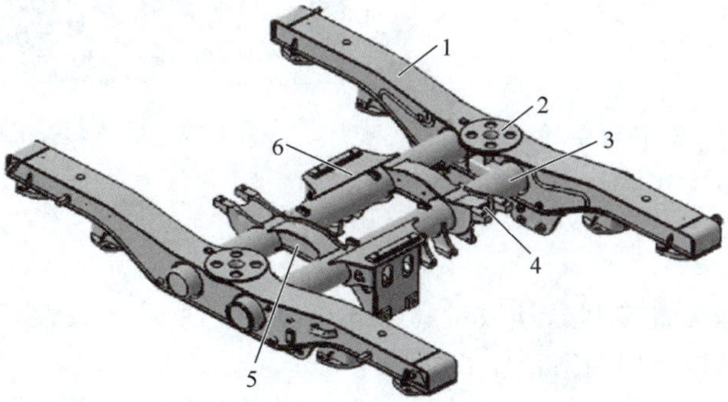

图4-16　H形构架

1—侧梁；2—空气弹簧安装座；3—横梁；4—齿轮箱吊杆安装座；5—纵梁；6—电动机安装座

城市轨道交通车辆构架一般采用焊接构架，为中空箱形，质量轻，使用材料少，且能满足一定的强度和刚度要求。

（2）轮对与轴箱装置

轮对由车轴和车轮组成，通过轮轨之间的黏着产生牵引力和制动力。城市轨道交通车辆转向架的车轴分为动车车轴和拖车车轴，主要区别在于前者需要考虑安装齿轮箱，后者不需要考虑安装齿轮箱。

车轴包括轴颈、防尘板座、轮座、轴身和齿轮箱座等，如图 4-17 所示。

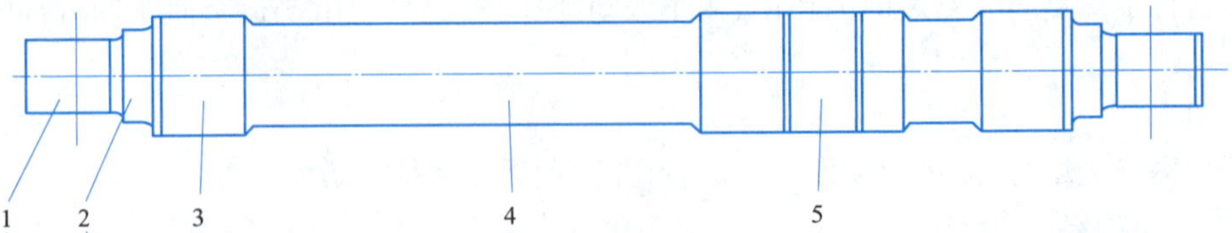

（a）动车车轴

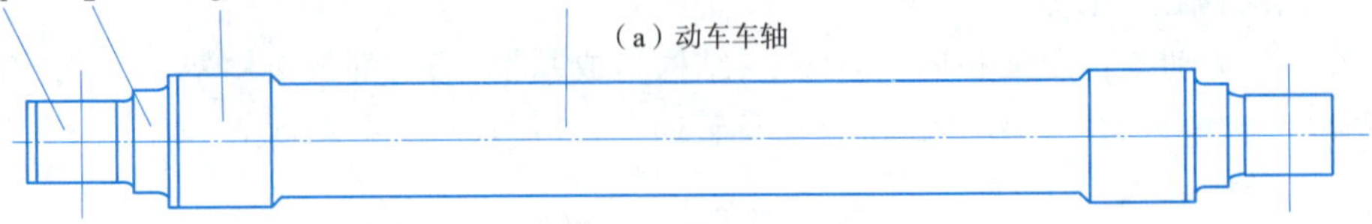

（b）拖车车轴

图 4-17　车轴

1—轴颈；2—防尘板座；3—轮座；4—轴身；5—齿轮箱座

城市轨道交通车辆普遍采用整体碾钢轮，包括踏面、轮缘、轮辋、轮毂和辐板等，如图 4-18 所示。

轴箱装置是指轴箱和轴承的组合体，如图 4-19 所示。它是连接轮对与构架的活动关节，承受和传递轮对与构架的各种作用力，使轮对沿钢轨的滚动转化为车体沿线路的平动。

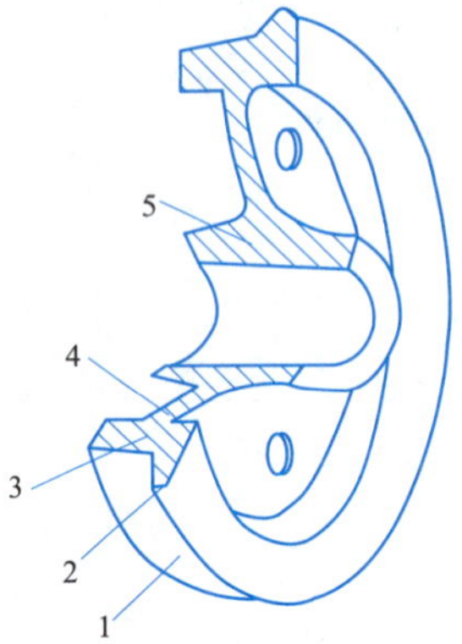

图 4-18　整体碾钢轮

1—踏面；2—轮缘；3—轮辋；4—辐板；5—轮毂

图 4-19　装 ATP 测速电动机的轴箱

（3）弹性悬挂装置

转向架的弹性悬挂装置按其悬挂数量和方式可分为一系悬挂装置和二系悬挂装置两种形式。城市轨道交通车辆均采用两系悬挂形式。

一系悬挂装置又称轴箱悬挂装置，设置在轴箱与构架之间，主要由轴箱弹簧、减振器等组成（见图 4-20），起到定位、缓和并衰减垂向的冲击和振动的作用。

二系悬挂装置又称中央悬挂装置，设置在构架与车体之间，现代城市轨道交通车辆转向架的二系悬挂装置普遍采用空气弹簧。与金属弹簧相比，空气弹簧具有质量小、舒适性好、耐疲劳、使用寿命长等优点，同时还具有减振和消音的作用。图 4-21 所示为二系悬挂装置的主要组成部分，由空气弹簧、减振装置、抗侧滚扭杆、牵引装置等组成，主要功能是连接车体与构架、支撑车体重量；减小振动、避免共振，提高车辆的运行平稳性；调节车辆高度。

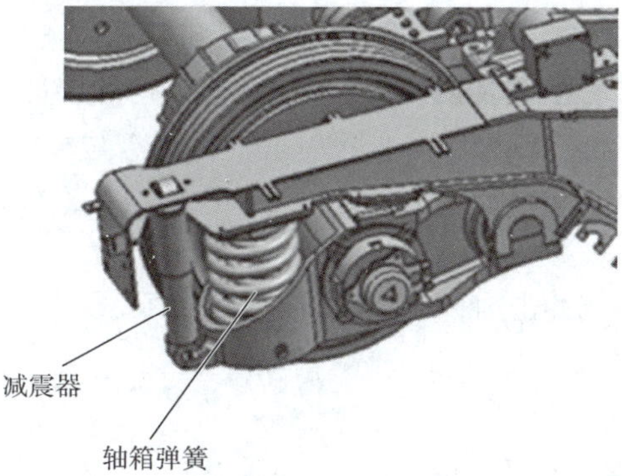

图 4-20　一系悬挂装置

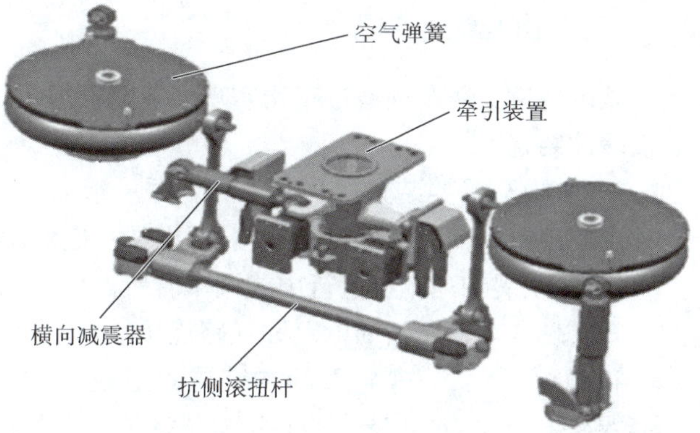

图 4-21　二系悬挂装置

(4)中央牵引装置

每台转向架设有一套中央牵引装置。它位于转向架的中央,主要由中心销、牵引拉杆等部件组成,如图 4-22 所示。其主要作用是连接车体与转向架,传递纵向的牵引力和制动力,当车辆通过曲线时完成转向架相对于车体的回转运动。

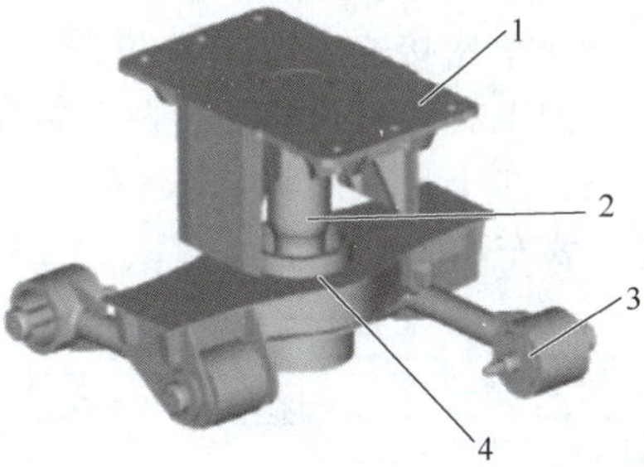

图 4-22　Z 形中央牵引装置

1—中心销座;2—中心销;3—牵引拉杆;4—牵引座

(5)驱动装置

驱动装置仅适用于动车转向架。每台动车转向架设有两套驱动装置,各与一个轮对轴箱装置连接。驱动装置主要由牵引电动机、齿轮箱和联轴器等组成(见图 4-23、图 4-24),主要用来将牵引电动机的转矩有效转化为轮对的转矩,利用轮轨的黏着机理,驱使车辆沿钢轨运行。

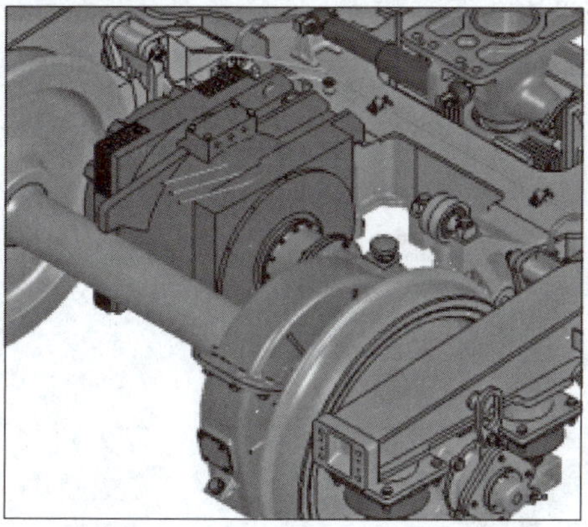

图 4-23　驱动装置

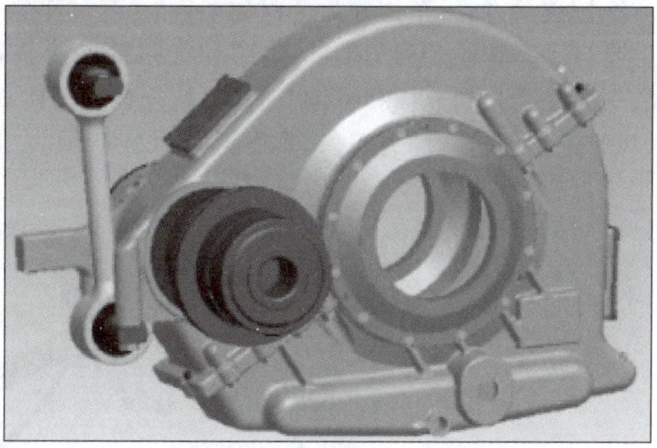

图 4-24　齿轮箱与联轴器

三、车钩及缓冲装置

城市轨道交通车辆通过车钩实现多节车辆编组运行，为了改善列车纵向冲击，在车钩的尾部装设缓冲装置。

1. 车钩及缓冲装置的作用

①实现各车辆之间的机械连接，并保持一定的距离。

②传递、缓和列车在运行中或调车时所产生的纵向力或冲击力，以保障车辆不受损坏。

③实现各车辆之间的电路和气路连接。

视频

车辆连接装置（车钩）

2. 车钩及缓冲装置的组成

车钩及缓冲装置包括密接式车钩、缓冲器、电路连接器、气路连接器。

（1）车钩的分类

①按连接特点，车钩可分为：非刚性车钩、刚性车钩。

图4-25（a）所示为非刚性车钩，其允许两个相连接的车钩钩体在垂直方向上有相对位移，且各自保持水平位置，保证其在水平面内可以自由地摆动。由于钩体的尾端相当于销接，这就保证了车钩在水平面内的位移。因此，这种类型的车钩是一种非密接式连接，车钩间隙都会远大于3 mm。我国铁路一般客、货车均采用非刚性车钩。

图4-25（b）所示为刚性车钩，也称为密接式车钩，车钩间隙一般在3 mm以下。密接式车钩不允许两个相连的车钩钩体在垂直方向上有相对位移。若两车钩在连挂前纵轴线高度已有偏差，则两车钩在连挂后轴线处在同一条直线上且呈倾斜状态，两钩体尾端完全相接。对于高速列车和城市轨道交通车辆则应采用密接式车钩。

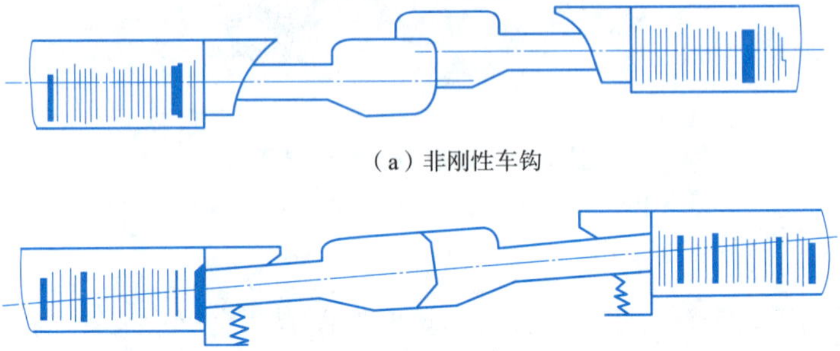

（a）非刚性车钩

（b）刚性车钩

图4-25　非刚性车钩与刚性车钩

②按连接方式，车钩分为全自动车钩、半自动车钩和半永久车钩。

全自动车钩位于列车端部，电路和气路等连接装置都组装在全自动车钩上，可实现机械、电路和气路完全自动连接和解钩。解钩后，全自动车钩处于待挂状态，电气连接器通过盖板自动关闭，风管连接器也自动关闭，其实物图如4-26所示。

图4-26　全自动车钩

半自动车钩一般设置在两编组单元之间，有时也设置在列车端部。半自动车钩的连接方式与全自动车钩相同，可实现机械、气路的完全自动连接和解钩，但电路必须靠人工连接和解钩，以方便检修作业，其实物图如4-27所示。

（a）半自动车钩的外形　　　（b）连挂好的半自动车钩

图 4-27　半自动车钩

半永久车钩又称半永久牵引杆（见图4-28），用于同一编组单元内车辆的连接，其机械、电路和气路的连接和解钩都需要人工操作，且通常只在架修等作业时才分解。采用半永久牵引杆连接两车时，连接间隙小，纵向运动和转动也很小。

（a）半永久车钩的外形　　　（b）连挂好的半永久车钩

图 4-28　半永久车钩

一般列车上都有上述三类车钩，但根据每种类型车钩的连挂特点不同，它们在列车上的布置位置会有所不同。

（2）缓冲装置

缓冲装置装在钩身后部，用来缓和列车在运行中由于列车牵引力的变化或在启动、制动及调车作业时车辆相互碰撞而引起的纵向冲击和振动。

四、制动装置

制动装置是在车辆中产生制动力，使列车减速、停车的一套机械、电气装置。在动车、拖车上都设置有制动装置，以确保行驶中的列车按需要减速或在规定的距离内停车。

1. 制动装置特点

①具有足够的制动力，保证在规定的制动距离内停车，一般城市轨道交通车辆的制动距离在200 m以内。

②制动装置能方便司机灵活操纵，动作迅速、平稳、准确停车，车组前后车辆制动、缓解作用一致。

③新型城市轨道交通车辆普遍采用电制动和空气制动的联合制动方式。

④能确保城市轨道交通车辆在长大坡道上运行时，制动力不衰减，使列车能匀速平稳下坡。

⑤制动装置能根据客流量的大小自动进行空车、重车制动力大小的调整，减少制动时的纵向冲击。

⑥具有紧急制动性能。遇到紧急情况时，能使电动车组在规定距离内安全停车。

2. 制动方式

城市轨道交通车辆的制动方式分为摩擦制动和电制动。

视频

闸瓦制动

(1)摩擦制动

摩擦制动即通过摩擦方式将列车运动的动能转变为热能，消散于大气，从而产生制动作用。城市轨道交通车辆常用的摩擦制动方式主要有闸瓦制动、盘形制动和磁轨制动。

①闸瓦制动：又称踏面制动，它是一种最常用的制动方式。闸瓦制动的基本原理如图 4-29 所示。制动时闸瓦压紧车轮，轮、瓦之间发生摩擦，将列车运动的动能通过轮、瓦摩擦转变为热能，消散于大气中。

目前城市轨道交通车辆中大多采用合成闸瓦，但合成闸瓦的导热性较差，因此目前也有采用导热性能良好，且具有较好的摩擦性能的粉末冶金闸瓦。

②盘形制动：在车轴上或在车轮辐板侧面安装制动盘，用制动夹钳使用合成材料制成的两个闸片紧压制动盘侧面，通过摩擦产生制动力，把列车动能转化为热能，消散于大气从而实现制动。制动盘安装在车轴上称为轴盘式，制动盘安装在车轮侧面称为轮盘式，图 4-30 所示为轮盘式制动盘。

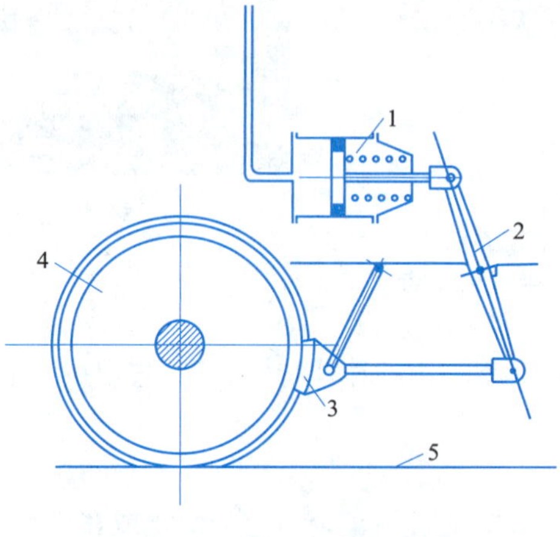

图 4-29　闸瓦制动的基本原理

1—制动缸；2—基础制动装置；3—闸瓦；4—车轮；5—钢轨

图 4-30　轮盘式制动盘

③磁轨制动：即轨道电磁制动。如图 4-31 所示，在转向架构架侧梁下通过升降风缸安装有电磁铁，电磁铁下设有磨耗板。磁轨制动时将电磁铁放下，使磨耗板和钢轨吸合，列车动能通过磨耗板和钢轨的摩擦转换为热能，然后经钢轨和磨耗板最终消散于大气中。

磁轨制动的优点是制动力不受轮轨间黏着的限制，不易使车轮滑行，但重量较大增加了车辆的自重。在高速旅客列车上与空气制动机并用(特别是在紧急制动时)，可缩短制动距离。例如，北京地铁机场线由于列车运行速度较高，最高时速可达 100 km/h，该车组上装有轨道电磁制动机。

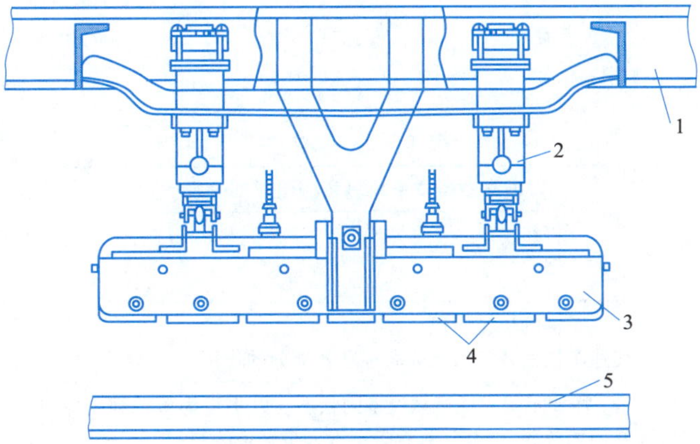

图 4-31　磁轨制动

1—转向架构架侧梁；2—升降风缸；3—电磁铁；4—钢轨；4—磨耗板

（2）电制动

电制动又称动力制动，即制动时将动能通过发电机转化为电能，再将电能送回电网或变成热能散发到空气中。动力制动包括再生制动和电阻制动。

①再生制动：再生制动时，牵引电动机变为发电机状态运行，将车辆动能转化为电能后，经逆变器整流成直流电反馈回电网，供列车所在接触网供电区段上的其他车辆牵引用和供给本车的其他系统（如辅助系统等）使用。这种方式既节约能源，又减少制动时对环境的污染，基本上无磨耗，属于最理想的制动方式。目前，城市轨道交通车辆普遍采用再生制动。

②电阻制动：如果在电制动的情况下，能量不能被电网完全吸收，发电机发出多余的能量必须转换为热能消耗在制动电阻上，否则电网电压将抬高到不能承受的水平。

由于动力制动的效率随着车辆运行速度的降低而下降，所以一般在高速时施行动力制动，当车辆速度降到一定程度后则采用摩擦制动。另外，在动力制动不足时，需要同时施加摩擦制动。

五、空调装置

城市轨道交通车辆空调装置的基本功能是用人为的办法在客室中制造使人感到舒适的温度环境。即在夏天能使客室降温（即制冷），冬天能使客室升温（即采暖），并尽可能满足头凉足暖的循环送风原则。当车内空气污浊时，应补充新鲜空气（新风）或净化空气。将客室内的温度、相对湿度、空气流动速度及洁净度保持在规定的范围内，为乘客创造舒适的乘车环境。

城市轨道交通车辆客室空调机组一般为顶置式薄型单元式空调机组，实物如图 4-32 所示。每辆车设置两台客室空调机组（布置在车顶的两端）和一台控制盘，每个车头设置一个通风单元。另外，还有车厢内的风道系统和废排装置等。

图 4-32　空调装置

任务实施

任务工单见表4-5。

表4-5　任务工单

<table>
<tr><td colspan="4">认识城市轨道交通车辆机械组成部分及作用</td></tr>
<tr><td colspan="4">姓名：　　　　　　　　班级：　　　　　　　　日期：</td></tr>
<tr><td colspan="4">团队成员及分工：</td></tr>
<tr><td>实训目标</td><td colspan="3">①掌握城市轨道交通车辆的机械组成。
②认识城市轨道交通车辆的各机械组成名称和各部分的作用</td></tr>
<tr><td>实训内容</td><td colspan="3">作为车辆检修人员，需要了解车辆机械设备的状态。以小组为单位利用虚拟仿真实训系统或列车实车，识别机械组成名称并描述各部分的作用，具备技术人员必备的知识</td></tr>
<tr><td>引导问题</td><td colspan="3">①城市轨道交通车辆的组成。

②城市轨道交通车辆的机械组成及作用。</td></tr>
<tr><td colspan="4">训练：</td></tr>
<tr><td>序号</td><td>结构图示</td><td>结构名称</td><td>分类、功能</td></tr>
<tr><td>1</td><td></td><td></td><td></td></tr>
<tr><td>2</td><td></td><td></td><td></td></tr>
</table>

续表

序号	结构图示	结构名称	分类、功能
3			
4			
5			

任务评价

任务评价见表4-6。

表4-6 任务评价

序号	评价内容	评价标准	分值	分数		
				学生自评	组间互评	教师评分
1	车辆机械组成的名称	车辆主要机械组成部分，共五部分	50			
2	车辆各机械组成的分类、功能	①车体主要的功能及分类； ②转向架的功能及分类； ③车钩的功能及类型； ④制动装置的功能及类型； ⑤空调装置的功能	50			
总成绩						

拓展视野

长客57年地铁车辆创新史

中车长客地铁车辆创新史，从1962年至今，短短几十年时间，见证着中国地铁车辆制造事业从零开始再到问鼎全球的风雨历程。

1. 零基础：中国地铁车辆制造事业1962年起步

1962年，新中国第一条地铁车辆制造重任交落在中车长客肩上，凭借着自强不息的精神，1969年10月1日，“长客制造”的“北京”牌地铁车从古城站呼啸驶出，成为长客人送给祖国诞辰最好的贺礼。

2. 起步晚：埋头苦干，奋力赶超

步入20世纪80年代中期，长客的地铁车辆制造和中国的地铁事业一起经历了一段漫长的寒冬岁月。“没有自己的成熟技术，就意味着永远受制于人。”这种现象深深刺痛了长客人，也坚定了他们搞自主创新、振兴民族工业的决心。

3. 重研发：用40年赶上100年从“跟跑”到“领跑”

当2001年长客研制出中国第一辆磁悬浮客车时，中国的城轨车研发技术令世界刮目相看。从原始的北京地铁到先进的磁悬浮客车，长客用40年时间走过了发达国家100余年的研制和开发历程，很多国外专家将其视为一个奇迹。

如今，提起中车长客，人们会想到诸多的第一：

首辆磁悬浮客车，使中国成为世界上少数几个掌握该项技术的国家。

首列B型全铝合金城轨客车，填补了国内铝合金城轨车辆研制的空白。

首列不锈钢城轨客车，标志着我国城轨客车实现了由碳钢车体向不锈钢车体的成功跨越。

首列跨座式单轨车，标志着我国成为世界上少数几个拥有此种大型车辆制造技术的国家。

为北京地铁5号线生产的首列不锈钢免涂装地铁车，是我国第一个批量设计、生产的轻量化不锈钢免涂装地铁客车项目，标志着我国的不锈钢车体制造技术达到了世界一流水平。

图4-33所示为北京国际机场线直线电动机车辆，首次实现了国内城轨车辆全自动无人驾驶运营；首列A型铝合金地铁客车，填补了国产化高端城轨车研制的空白。

图4-33 北京国际机场线直线电动机车辆

4. 从引进到输出：地铁"中国造"走向世界

中车长客的产品已出口到美国、澳大利亚、巴西、泰国、沙特、新加坡、新西兰、阿根廷、埃塞俄比亚等20多个国家和地区，出口车数量累计超过8 900辆，签约额超过120亿美元。

"从零开始"到"问鼎全球"，从"请专家"到成为"座上宾"，从"引进来"到"走出去"，从"请人设计"到提供"中国方案"。中国地铁后发先至，创造了从"追赶者"一跃成为"引领者"的世界奇迹。

任务三 认识城市轨道交通车辆电气组成

任务目标

①掌握城市轨道交通车辆电力牵引基本原理。

②认知城市轨道交通车辆受流装置。

③认知城市轨道交通车辆牵引电动机。

④认知城市轨道交通车辆牵引逆变器。

⑤认知城市轨道交通车辆高速断路器。

⑥认识城市轨道交通车辆制动电阻。

任务描述

城市轨道交通车辆电气部分是列车运行的重要组成部分，能够识别关键电气设备，描述其主要功能，是城市轨道交通车辆电气控制、线路分析的必备基础。

核心知识

城市轨道交通车辆采用电力牵引方式，即将电能转换为机械能，进行车辆的牵引。如图4-34

所示，DC 1 500 V 或 DC 750 V 电压由变电所送到接触网，经车辆受流装置取电后，一路送到车辆牵引传动控制系统，经变换后输出变压变频的三相交流电给牵引电动机供电，驱动车辆运行。

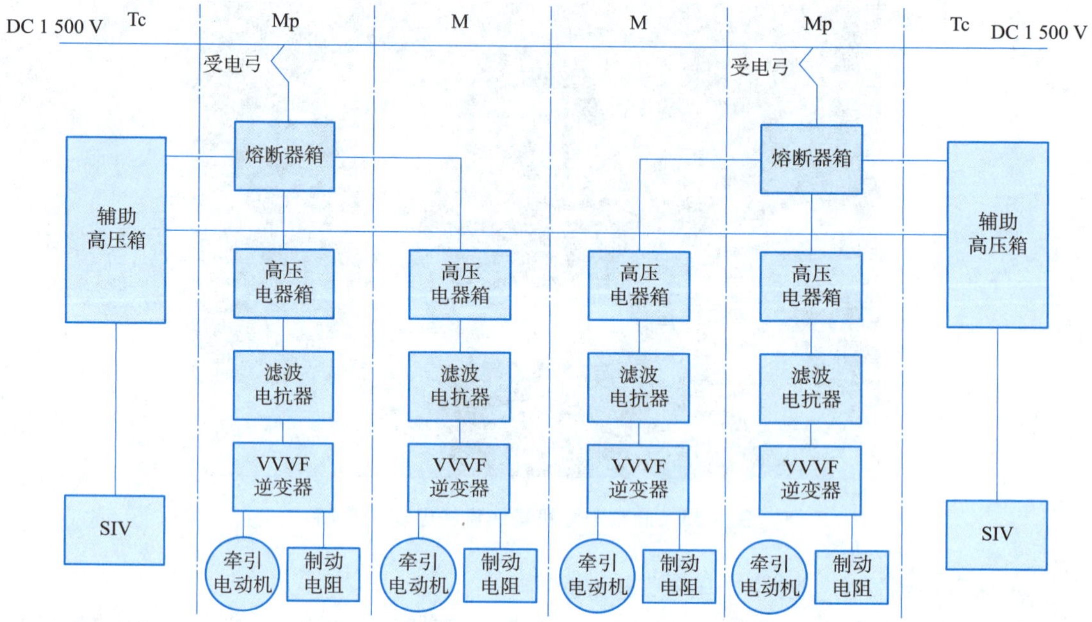

图 4-34　电气牵引框图

车辆受流装置取电后，另一路经辅助高压箱，进入辅助逆变器（SIV），进行 DC-AC 变换，输出 AC 380 V 三相交流电给空调系统、空气压缩机等负载供电，输出 AC 220 V 单相交流电为客室照明供电，同时，再通过蓄电池充电机进行 AC-DC 变换后，输出 DC 110 V 直流电，为蓄电池浮充电，也为车辆的控制电路提供电源。另外，DC 110 V 通过 DC/DC 斩波模块变换输出 DC 24 V，为驾驶室各指示灯、仪表照明、列车信号系统设备、列车客室广播等提供低压直流电源。

早期的城市轨道交通车辆采用直流牵引电动机将电能转换为机械能，进行车辆的牵引。随着电力电子技术的发展，交流传动技术的成熟，交流牵引电动机及交流传动系统的优越性越来越凸显，因此，后期的城市轨道交通车辆大部分采用交流牵引电动机进行牵引。

下面以采用交流牵引电动机的城市轨道交通车辆为例，简要介绍电能进入车辆后，牵引电路上的主要电气设备。

一、受流装置

受流装置是列车将外部电源引入车辆电源系统的重要电气设备。根据线路供电方式的不同，受流装置分为集电靴和受电弓两种形式。

1. 集电靴受流装置

集电靴受流装置安装在转向架的构架侧面，与接触轨（第三轨）形成弹性接触而受流，如图 4-35 所示。接触轨是沿轨道线路敷设的与轨道平行的附加导电轨。

按照集电靴受流位置不同又分为上部受流、下部受流、侧部受流三种受流方式，如图 4-36 所示。

上部受流为集电靴从上压向第三轨轨头，从第三轨顶面受流，其施工作业简便，国内北京地铁 1、2、4、5、10、13 号线采用此受流方式。下部受流的第三轨轨头端面朝下，集电靴从下面受流，可以在轨头上部通过支架安装不同类型的防护板，国内广州地铁 4、5、6、14、21 号线采用此受流方式。侧接触式就是第三轨轨头端面朝向走行轨，集电靴从侧面受流的方式。

图 4-35　集电靴受流

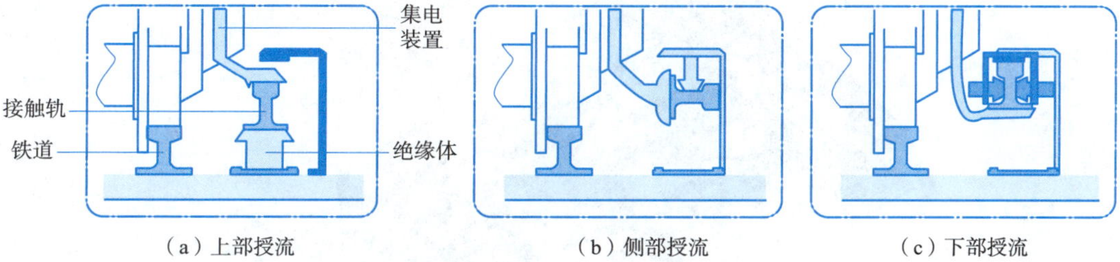

图 4-36　集电靴受流方式

2. 受电弓受流装置

受电弓受流装置安装在车顶，与接触网接触而获取电能，如图 4-37 所示。接触网是沿着线路呈“之”字形架设的输电装置。

图 4-37　受电弓受流

受电弓是一种铰接式的机械构件。当受电弓升起时，其滑板与接触网导线直接接触，从接触网导线上获取电流，并通过车顶母线将其传送至车辆内部，供车辆使用。

受电弓可按结构、速度、驱动方式和降弓方式等进行如下分类：

①按结构形式，可分为双臂受电弓和单臂受电弓。双臂受电弓结构对称，侧向稳定性好，但结构复杂，调整困难。单臂受电弓结构简单，尺寸小，重量轻，具有良好的动态特性。因单臂受电弓的动态跟随性及受流特性较好，所以在现代城市轨道交通车辆中被广泛采用。

②按速度等级，可分为高速受电弓和常速受电弓。这里的速度是指受电弓所在的轨道车辆的设计速度。用于设计速度在 200 km/h 以下车辆上的受电弓为常速受电弓，用于 200 km/h 以上

车辆上的受电弓为高速受电弓。电力机车和城市轨道交通车辆一般使用的是常速受电弓，高速动车组一般使用的是高速受电弓。

③按驱动方式，可分为弹簧弓和气囊弓。早期的受电弓基本为弹簧弓，由钢弹簧提供升弓和降弓的动力。气囊弓是由升弓气囊提供受电弓的升弓动力。因气囊中压缩空气的压力可由精密调压阀进行精确控制，进而可较好地控制受电弓与接触网的静态接触压力，因此，目前气囊弓在城市轨道交通车辆中得到广泛应用。

④按降弓方式，可分为气动式、电动式、自重降弓式等。目前，以自身重力作为降弓动力的受电弓应用比较广泛。

图 4-38 所示为气囊驱动单臂受电弓结构图，表 4-7 为某型号受电弓主要技术参数。

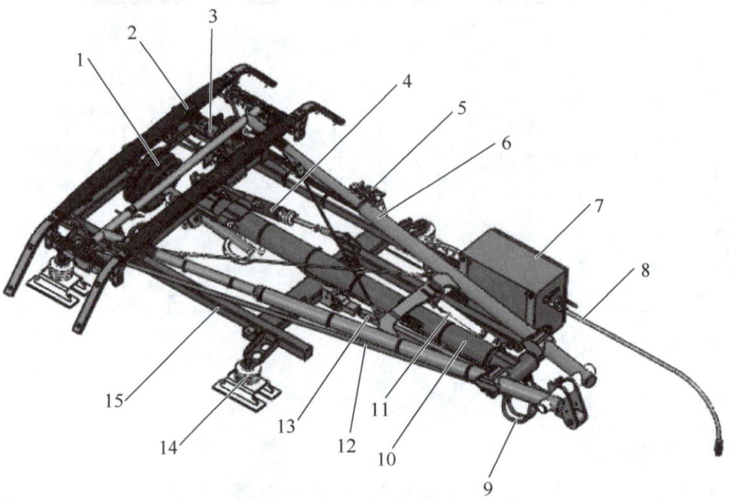

图 4-38　气囊驱动单臂受电弓结构图

1—气囊驱动；2—弓头；3—传感器；4—阻尼器；5—ADD 装置；6—上框架；7—气阀箱装置；8—绝缘气管；9—分流导线；10—下臂杆；11—液压减震器；12—平行导杆；13—连接杆；14—绝缘子；15—底架

表 4-7　某型号受电弓主要技术参数

额定电压/V	DC 1 500
电压范围/V	DC 1 000 ~ 1 800
额定电流/A	DC 1 050
最大启动电流(30 s)/A	DC 1 600
最大停车电流/A	DC 460
标准静接触压力/N	120 ± 10
静压力调节范围/N	100 ~ 140
滑板单向运动在工作高度范围内压力差/N	不大于 10
滑板在工作高度范围内同一高度上，升与降压力差/N	不大于 15
运行速度/($km \cdot h^{-1}$)	≤90
传动装置压力/kPa	额定 550，最小/300，最大 800
主要尺寸(带绝缘子的高度)/mm	300(折叠高度 300 + 10)
最小/大工作高度/mm	175(463)/(1 600)
最大升起高度/mm	1 700

续表

碳滑板长度/mm	800(1 050)
弓头宽度/mm	1 550
升/降弓时间/s	升弓≤8,降弓≤7
绝缘性能	交流 50 Hz,5.75 kV 干闪络电压 1 min;交流 50 Hz,4.75 kV 湿闪络电压 1 min
机械寿命	15×103 次
受电弓总重(绝缘子除外)/kg	200

二、牵引电动机

牵引电动机是城市轨道交通车辆得以实现牵引和电制动的重要装置。在车辆启动、加减速及制动停车等工况下,通过牵引控制器(主牵引逆变器)的控制并改变电动机的转速,以达到车辆调速的目的。目前,世界各国采用的牵引电动机有两大类:旋转电动机和直线电动机。

1. 旋转电动机

旋转电动机又分为直流牵引电动机和交流牵引电动机。直流牵引电动机早期在城市轨道交通车辆上得到广泛应用。随着电力电子技术的发展,我国当今电动车辆几乎都采用交流牵引电动机。

2. 直线电动机

直线电动机与传统的旋转电动机不同,但可以看成是旋转电动机在结构上的一种演变,即将旋转电动机沿半径方向剖开,展成平面,用直线运动取代了旋转运动。旋转电动机的定子和转子,在直线电动机上称为初级(感应线圈)和次级(感应板)。在直线电动机牵引的车辆上,初级安装在车辆的转向架上,如图 4-39(a)所示。次级安装在轨道中间的感应轨道上,如图 4-39(b)所示。当初级通过交流电时,两部分产生电磁推力,推动车辆前进。

(a)感应线圈

(b)感应板

图 4-39 感应线圈与感应板实物

直线电动机分为直线异步电动机(LIM)、直线同步电动机(LSM)、直线直流电动机(LDM)。在城市轨道交通中以 LIM 应用较多。

三、牵引逆变器

牵引逆变器是牵引系统的核心设备,安装在动车车下牵引逆变器箱内,如图 4-40 所示。其作用可概括为在牵引工况将受电弓获取的 DC 1 500 V 或 DC 750 V 直流电源转换为三相变频变压电源,驱动装在动车转向架上的三相牵引电动机,把电能转化成列车动能;在制动工况电动机转变成发电机，牵引逆变器将发电机产生的交流电整流成直流电反馈给电网或制动电阻。

每一个牵引逆变器配备一个牵引控制单元(DCU)。DCU是电传动系统的核心控制部分，接收列车网络或硬连线指令信号，控制主电路中的主断路器和各接触器，输出VVVF逆变器的控制脉冲。

四、高速断路器

高速断路器用来接通或断开牵引逆变器的DC 1 500/750 V高压电源，并实现主电路的故障保护。高速断路器是电磁控制和自然冷却的单极直流断路器，布置在车下高压箱内，如图4-41所示。当牵引电路发生过流、短路或者逆变器故障时，高速断路器会安全地将牵引设备和DC 1 500/750 V高压电源隔断，迅速切断故障电流，防止事故扩大，保证系统的安全运行。

图4-40　牵引逆变器箱

图4-41　高速断路器

五、制动电阻

制动电阻是为牵引系统在电制动时消耗过高再生电压的耗能设备，保证线网及列车的安全，如图4-42所示。因为在电制动的情况下，能量不能被电网完全吸收时，多余的能量必须转换为热能消耗在制动电阻上，否则电网电压将抬高到不能承受的水平。因此，制动电阻的存在确保了电网上的其他设备的安全。

图4-42　制动电阻

笔记栏：

任务实施

任务工单见表4-8。

表4-8　任务工单

认知城市轨道交通车辆电气组成部分及作用			
姓名：	班级：	日期：	
团队成员及分工：			
实训目标	①掌握城市轨道交通车辆的电气组成。 ②认知城市轨道交通车辆的主要电气设备和各部分的作用		
实训内容	作为车辆检修人员，需要了解车辆电气设备的状态。以小组为单位利用虚拟仿真实训系统或列车实车，识别主要电气设备并描述各部分的作用，具备检修人员必备的车辆知识		
引导问题	①城市轨道交通车辆主要电气设备有哪些？ ②城市轨道交通车辆各电气设备的作用。		
训练：			
序号	结构图示	结构名称	功　能
1			

续表

序号	结构图示	结构名称	功能
2	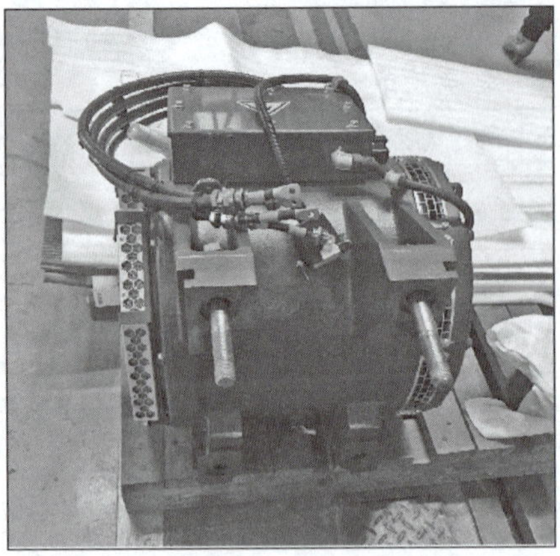		
3			
4			
5			

任务评价

任务评价见表4-9。

表4-9　任务评价

序号	评价内容	评价标准	分值	分数		
				学生自评	组间互评	教师评分
1	车辆各电气部分的名称	车辆主要电气设备，共五部分	50			
2	车辆各电气组成的功能	①受流器主要的功能及分类； ②牵引电动机的功能及分类； ③牵引逆变器的功能； ④高速断路器的功能； ⑤制动电阻的功能	50			
总成绩						

拓展视野

“肚量”全世界最大直线电动机地铁车辆

自2005年国内首列直线电动机地铁车辆在广州地铁4号线投入运营以来，我国直线电动机列车实现批量化制造。2023年5月27日，中车四方股份公司制造的第1 000辆直线电动机地铁车辆是世界上载客能力最强的直线电动机列车，如图4-43所示。以六辆编组为例，最多可载客2 012人，与常规B型地铁列车相当，其最强载客能力，填补了国际上中大运量直线电动机地铁车辆的空白。

图4-43　直线电动机车辆

此前，世界上仅少数国家掌握该技术。中车四方股份公司与广州地铁等国内单位联合开展集成创新和自主化攻关，攻克系列关键核心技术，率先研制了我国具有完全自主知识产权的直线电动机地铁车辆，打破了国外在该领域的垄断，使我国成为继加拿大、日本之后世界上第三个掌握该技术的国家。目前，我国直线电动机地铁车辆关键核心技术均为自主化，整车国产化率达到95%以上。

至今中车四方股份公司已累计获得超过 1 000 辆订单。这些车辆分别在广州地铁 4 号线、5 号线、6 号线等多条线路投入规模化商业应用，已安全运营 18 年。

任务四 认识城市轨道交通车辆基地

任务目标

①掌握车辆基地的组成。
②了解停车场的主要功能。
③了解车辆段的组成及主要功能。
④了解车辆检修的主要设备。

任务描述

主要以地铁车辆基地为例，认知车辆段和停车场的功能，识别主要检修设备，熟悉今后的工作场所。

核心知识

城市轨道交通车辆基地是车辆停放、检查、维修、保养和检修的专门场所，同时也是乘务人员组织管理、出乘、换班等业务工作的场所。

①车辆停放：停放城市轨道交通列车，保障列车正常的使用和调度。
②车辆维修：针对列车出现的日常故障和损坏进行修理，以确保车辆正常使用。
③车辆清洗：对城市轨道交通车辆进行清洗和保养，使车辆始终保持良好的外观和卫生。

一、车辆基地的组成

车辆基地根据功能和规模的大小可分为停车场（库）和车辆段。

1. 停车场（库）

停车场（库）兼有停车、整备、清扫、日常检查和司机出乘等多种功能。为实现这些功能，停车场（库）除设有停车线外，还设有运用车间、运转值班室、司机待班室，以及车辆和车载信号检修用房等。

停车场功能：
①车辆的停放、洗刷、清扫及车辆列检和乘务工作。
②停车场所在正线运营列车的故障处理和救援工作。
③车辆定修（年检）的各级日常检查维修工作。

2. 车辆段

车辆段是城市轨道交通系统中对车辆进行运用管理、停放及检修保养的场所，如图 4-44 所示。一般情况下一条线路设置一个车辆段，当线路长度超过 20 km 时，可根据需要增设一个停车场，负责部分车辆的停放、运用、检查和整备工作。

车辆段功能：
①承担所属线路的车辆停放、清洁、列检工作。
②承担所在线路车辆的定修（年检）及车辆检查维修和临修工作。
③承担所属线路和由多条联络线互相沟通的线路架修、大修工作。

④承担车辆部件的检测、修理工作，满足车辆各修程对互换部件的需求。

车辆段主要由检修库、运用库、办公生活设施等组成，部分车辆段还设置综合维修中心。

● 检修库主要用于列车正式运营后的定修工作，如月检、半年检、年检、系统修或均衡修等。检修库建设有检修平台，如图 4-45 所示。一般分成三层：一层平台主要用于地铁车辆的车底进行维护保养；二层平台主要用于地铁车辆的车厢进行维护保养；三层平台主要用于地铁车辆的空调机组及受电弓等部件进行维护保养。

图 4-44　车辆段

图 4-45　检修库

● 运用库一般按停车股道分为两种：带地沟停车股道和不带地沟停车股道，是进行地铁车辆停放、技术检查、一般性故障处理、整备、清洁等日常维护保养工作的场所。

● 办公生活设施是指保证车辆的正常运营和满足维修需要的附属设施，主要包括易燃品库、混合变电所、降压变电所、信号楼、综合办公楼等办公场所和设备、司乘公寓、锅炉房、污水处理站、食堂和浴室等生活设施与场所。

二、车辆检修主要设备

1. 不落轮旋床

不落轮旋床用于电动列车在整列编组不解体的情况下，对车轮轮缘和踏面的擦伤、剥离、磨耗进行修理加工，并测量各种数据，如图 4-46 所示。

图 4-46　不落轮旋床

2. 列车自动清洗机

列车自动清洗机用于对列车车体进行清洗。通过自动清洗机端部和两侧不同形式的清洗毛刷组，对列车的前后端部、两侧车体侧面、车门、车窗玻璃进行滚刷，如图4-47所示。

图4-47 列车自动清洗机

3. 地面式架车机

地面式架车机能同步提升 N 节不解钩的列车单元组，以便对列车车体下部的机械、电气部件进行检修、保养和更换。地面式架车机分为固定式、移动式两种，如图4-48所示。

（a）固定式架车机

（b）移动式架车机

图4-48 地面式架车机

4. 牵引车

公/铁路两用牵引车是一种既能在轨道上牵引，又能在平地上运行的两用牵引车，如图4-49所示。前端采用列车自动车钩和牵引连接杆两种连挂装置，能灵活地与铁路车辆和其他车辆进行连接，是一种能满足地铁列车检修作业的理想牵引设备。驾驶形式有带驾驶室和不带驾驶室两种，目前国内生产和使用的基本为带驾驶室的牵引车。

5. 空调悬吊臂

空调悬吊臂是起吊、安装、拆卸、运输列车顶部空调总成和受电弓等部件的专用设备，如图4-50所示。

图 4-49　公/铁路两用牵引车

图 4-50　空调悬吊臂

笔记栏：

任务实施

任务工单见表4-10。

表4-10　任务工单

<table>
<tr><td colspan="4">认知城市轨道交通车辆基地</td></tr>
<tr><td colspan="2">姓名：</td><td>班级：</td><td>日期：</td></tr>
<tr><td colspan="4">团队成员及分工：</td></tr>
<tr><td>实训目标</td><td colspan="3">①掌握城市轨道交通车辆基地的组成。
②认知城市轨道交通车辆段、停车场的主要功能。
③认知基地内主要设备</td></tr>
<tr><td>实训内容</td><td colspan="3">呼市地铁2号线，高峰时运营18组列车，共计108辆列车，这些列车运营一天退出线路后，它们停放到了哪里？列车的停放场所有什么功能和设备？以小组为单位，阐述城市轨道交通车辆基地的功能，并介绍主要设备</td></tr>
<tr><td>引导问题</td><td colspan="3">①城市轨道交通车辆基地的组成。

②停车场及车辆段的主要功能。

③主要设备名称及简要功能。</td></tr>
<tr><td colspan="4">训练：</td></tr>
<tr><td>序号</td><td>图　片</td><td>名　称</td><td>功　能</td></tr>
<tr><td>1</td><td></td><td></td><td></td></tr>
</table>

续表

序号	图　　片	名　　称	功　　能
2			
3			
4			
5			
6			

任务评价

任务评价见表4-11。

表4-11　任务评价

序号	评价内容	评价标准	分值	分数		
				学生自评	组间互评	教师评分
1	车辆基地组成及功能	①车辆基地的组成； ②停车场的功能； ③车辆基地的主要功能	50			
2	主要设备名称及简要功能介绍	①不落轮旋床； ②地面驾车机； ③牵引车； ④自动洗车机； ⑤空调吊装臂	50			
总成绩						

拓展视野

地铁的“家”——走进西漳车辆段

地铁列车在终点站清客完毕，退出运营服务，收到行调指令后，就可以回到地铁车辆段，而且每一条地铁线路的列车都有自己专属的车辆段。

地铁的车辆段设备齐全，还有专门的“地铁医生”，根据列车运行的时间和公里数，每日会根据检修计划留下部分车辆，进行加班检修，如图4-51所示。

车轮的“手术”是在旋床上完成的，经过几日的车轮旋修，车轮的踏面剥离、轮缘偏磨等问题将彻底解决，保证轮对的正常使用。

运营一天的列车还要进行“泡沫洗”“高压洗”，全自动抹布擦，洗去灰尘，清洁外皮，干净整洁地迎接第二天的乘客，如图4-52所示。

图4-51　“地铁医生”检修车辆

图4-52　车辆清洗

图4-53所示为工程车，虽然乘客平时看不到，但在运送物资、轨道检修、段内调车、正线救援发挥着非常重要的作用。

图 4-53　工程车

车辆段内还有列车的控制中心，它是列车的检修“中枢”，需要调度员 24 小时在岗，时刻监控着列车的运营及设备的运作，保障列车正常安全运营。

任务五　认识城市轨道交通车辆检修

任务目标

①理解车辆检修、维护保养、检查、修理的概念。
②了解城市轨道交通车辆检修制度。
③了解城市轨道交通车辆检修修程。

任务描述

以地铁车辆基地为例，认知车辆检修制度，具备车辆检修修程的基本知识。

核心知识

车辆检修是指保持和恢复车辆完成运营规定功能的能力而采取的技术活动，包括维护保养和检查、修理。维护保养是通过润滑、清洁等方式保持车辆的技术状态，使其在一定的时间内不发生失效故障。检查是通过直接的感官或仪表测试判断车辆系统部件的技术状态是否符合规定的技术要求。修理是指车辆系统或零部件的技术状态劣化到某一临界值或者已经发生故障时，为恢复其功能而采取的技术活动。

一、城市轨道交通车辆检修制度

城市轨道交通车辆检修制度一般分为预防性维修和故障性维修两大类。

1. 预防性维修

预防性维修是在故障率没有超过事先确定的指标之前，为了限制故障的产生而对设备采取的维修措施。主要有以下两种形式：

（1）状态修

状态修是指在对设备进行检测的基础上，一旦某一参数超过了事先确定的限定警戒值，则需要介入维修,并根据参数的变化趋势及情况对设备进行的检修。

(2)计划修

计划修是指根据事先制订的计划,当达到一个事先确定的时间或者车辆运行千米数时(以先达到者为准),对相关设备进行的检查和处理。

2. 故障性维修

故障性维修是在某个部件出现故障之后所采取的维修方式,通常也称为临修。在故障性维修中,目前一般通过换件来快速处理故障。这种维修一般是在各线车辆段或停车场进行。

二、城市轨道交通车辆检修修程

城市轨道交通车辆检修宜采用定期检修和日常检修相结合的检修制度。修程一般分为列检、双周检、三月检、定修、架修和大修。新建地铁工程的车辆检修修程、检修周期和检修时间见表4-12。

表4-12 车辆检修修程、检修周期和检修时间

类别	检修修程	检修周期		检修时间
		走行里程/万公里	时间间隔	
日常检修	列检	—	每天或每两天	—
	双周检	0.5	0.5月	0.5天
	三月检	3	3月	2天
定期检修	定修	15	1.25年	15天
	架修	60	5年	24天
	大修	120	10年	35天

笔记栏:

任务实施

任务工单见表4-13。

表4-13　任务工单

认知城市轨道交通车辆检修			
姓名：	班级：	日期：	
团队成员及分工：			
实训目标	①理解车辆检修、维护保养、检查、修理的概念。 ②了解城市轨道交通车辆检修制度。 ③了解城市轨道交通车辆检修修程		
实训内容	以地铁车辆为例，我国地铁车辆的设计寿命一般不低于30年，保持和恢复车辆的技术状态，需要采取哪些技术活动？以小组为单位，阐述车辆维护保养、检查、修理的区别，并能介绍目前的检修制度及修程		
引导问题	①车辆维护保养、检查、修理的概念。 ②检修制度。 ③检修修程。		
训练： ①描述车辆维护保养、检查、修理的区别。 ②叙述我国地铁公司的检修制度。 ③列举检修修程的相关内容。			

任务评价

任务评价见表 4-14。

表 4-14 任务评价

序号	评价内容	评价标准	分值	分数		
				学生自评	组间互评	教师评分
1	车辆维护保养、检查、修理的区别	每种概念的关键点表述准确	30			
2	我国地铁公司的检修制度	预防修、故障修	20			
3	检修修程	至少说出五种修程	50			
总成绩						

拓展视野

高科技装备——车辆巡检作业的机器人

传统的地铁车辆日常巡检主要以人工目视检查为主,进入大规模线网运营后,对更高的检修效率、精确性,以及减轻重复工作量的追求越来越凸显。

一台搭载了多项高科技装备,具有高度自主性和智能化的机器人(见图 4-54),正在广州地铁九号线岐山车辆段忙碌。这台机器人是行业首台适用于多股道车辆巡检作业的智能巡检机器人。

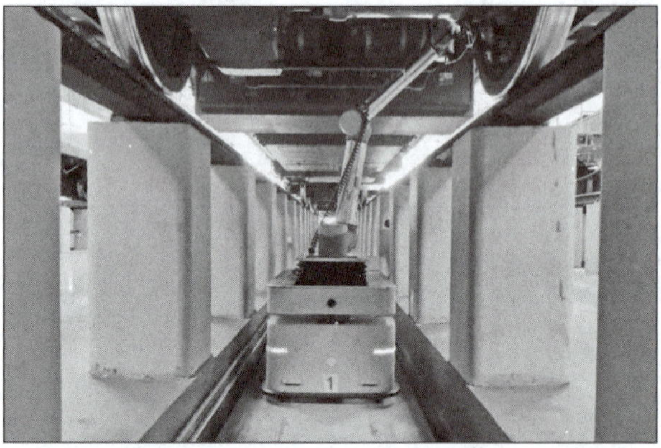

图 4-54 车辆智能巡检机器人

目前,智能巡检机器人固定安装的360°列车图像在线检测系统,可对行进的列车"全身"部件进行扫描检测,检测项点 9 000 余项;列车回库停稳后,智能巡检机器人在车底自动走行,对静止的列车关键部件实施精准检测,检测项点为 2 478 项。而车辆检修人员则主要负责故障处理、普查整改和一些复杂区域的巡检。

"人机结合"的车辆检修模式,既解决了人工作业客观存在的易疲劳、效率有限、不稳定等问题,进一步保证了车辆检修作业的安全和质量,又为运作排班模式优化调整提供了技术支撑。在新模式下,9 号线岐山车辆段车辆检修人员夜间上岗人数较传统作业模式减少了 37.5%,检修人员可以更多地在白天开展检修维护工作,降低夜班带来的劳动强度。

巩固与练习

一、判断题

1. 车体的制造工艺一般采用焊接和铆接两种工艺交替使用，但大部件之间组装以焊接为主。（　　）

2. 目前城市轨道交通车辆的车体都采用底架承载的方式。（　　）

3. 城市轨道交通车辆的防火性能要求高，在车体的结构及选材上均采用防火设计和阻燃处理。（　　）

4. 拖车不可以带受电弓。（　　）

5. 目前城市轨道交通车辆主要是直流变阻车。（　　）

6. 一系悬挂装置又称中央悬挂装置，设置在构架与车体之间。（　　）

7. 半自动车钩的气路连接必须靠人工。（　　）

8. 轴重是指每根车轴的质量。（　　）

9. 盘形制动是利用安装在列车上的电磁铁通电后与轨道之间的吸引力，通过两者间的摩擦产生制动作用。（　　）

10. 受流装置是列车将外部电源引入车辆电源系统的重要设备。（　　）

11. 列车受流设备分为集电靴和受电弓两种形式。（　　）

12. 车辆基地根据功能和规模的大小可划分为停车场、车辆段。（　　）

二、填空题

1. 城市轨道交通车辆的机械部件主要有__________、__________、__________、__________和空调通风系统等。

2. 城市轨道交通车辆的车体材料主要有__________和__________两种。

3. 转向架上轮对与构架之间的悬挂称为__________，构架与车体之间的悬挂称为__________。

4. 城市轨道交通车辆的车钩根据其结构和功能分为__________、__________和__________三种。

5. 利用外力，迫使行进中的车辆减速或停止的作用过程称为__________。

6. 车辆上的电制动又分为__________和__________。

7. 城市轨道交通车辆按牵引动力配置不同，可以分为__________和__________。

三、简答题

1. 列车转向架的作用是什么？

2. 简述闸瓦制动的工作原理。

3. 简述车辆段的具体功能。

项目五
城市轨道交通供电系统

项目导入

城市轨道交通供电系统是城市轨道交通系统的重要组成部分。没有安全可靠的供电系统供电，庞大的地铁会停止运行，城市轨道交通运输面临瘫痪，严重时还会危及乘客生命安全。保证供电系统可靠运行的背后，是供电系统的运行检修人员日复一日地坚守和付出。

项目目标

知识目标：

①掌握城市轨道交通供电系统的组成及其供电方式。

②掌握城市轨道交通供电系统的供电制式。

③掌握主变电所、牵引变电所、降压变电所功能及设置的总体要求。

④了解接触网工作特点与分类。

⑤了解 SCADA 系统的作用与构成。

⑥了解杂散电流产生的原因及防护措施。

能力目标：

①能概括城市轨道交通供电系统组成。

②能描述牵引供电系统的组成及供电方式。

③能描述动力照明供电系统的组成。

④能说明牵引网组成。

⑤能区别各种变电所的功能。

⑥能说明杂散电流腐蚀的主要防护措施。

素养目标：

①具有高度的责任感及安全意识。

②具有良好的团队合作精神与沟通协调能力。

知识导图

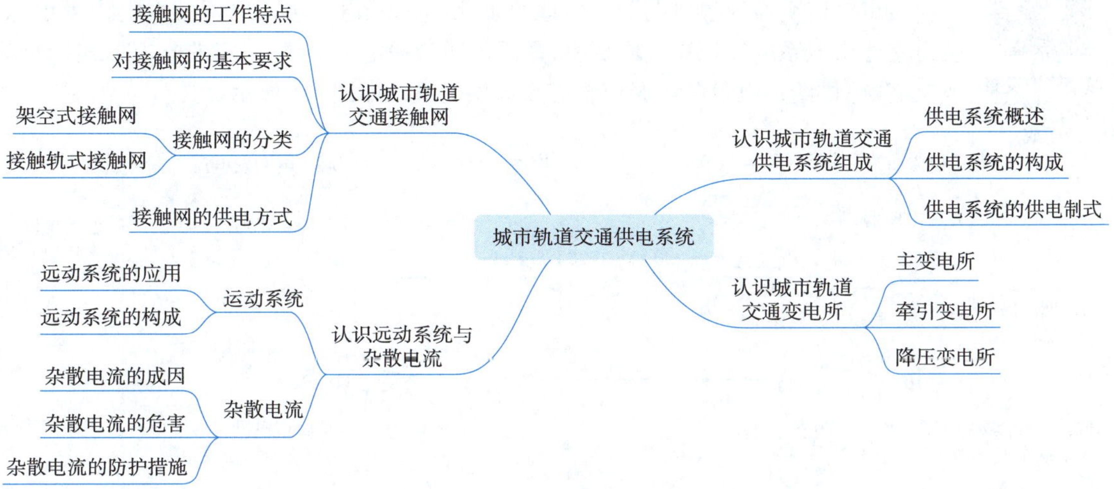

任务一　认识城市轨道交通供电系统的组成

任务目标

①掌握城市轨道交通供电系统的功能及组成。

②了解高压供电系统的供电方式。

③掌握牵引供电系统的组成。

④掌握动力照明供电系统的组成。

任务描述

城市轨道交通作为解决城市交通拥挤的一种重要手段，从起步发展到目前的全面建设，以其环保、舒适、快捷的优势，改变了人们的出行方式，已成为城市交通发展的必然选择。城市轨道交通供电系统负责为电动列车提供牵引电源和为各种运营设备提供动力照明电源，是城市轨道交通工程中重要的机电设备系统之一，同时也是城市电网的用电大户。城市轨道交通供电系统的发展与牵引供电技术及车辆技术的发展密切相关。

核心知识

一、城市轨道交通供电系统概述

城市轨道交通供电系统指由电力系统经高压输电网、主变电站（所）降压、配电网络和牵引变电所（站）降压、整流等环节，向城市轨道交通系统输送电力的能源系统。

城市轨道交通供电系统是为地铁运营提供所需电能的系统，它一方面为电客车提供牵引用电，另一方面还为运营服务的其他辅助设施包括照明、通风、空调、给排水系统、通信、信号、防灾报警、自动扶梯、屏蔽门系统等重要设备提供电能。在城市轨道交通的运营中，供电一旦中断，不仅会造成城市轨道交通运输系统瘫痪，还会危及乘客生命与财产安全。

视频

城市轨道交通供电系统的组成

二、城市轨道交通供电系统的构成

城市轨道交通的供电电源一般取自城市电网。通过城市电网一次电力系统和轨道交通供电系统实现输送或变换，最后以适当的电压等级、一定的电流形式(直流或交流电)供给用电设备。城市轨道交通供电系统如图5-1所示。

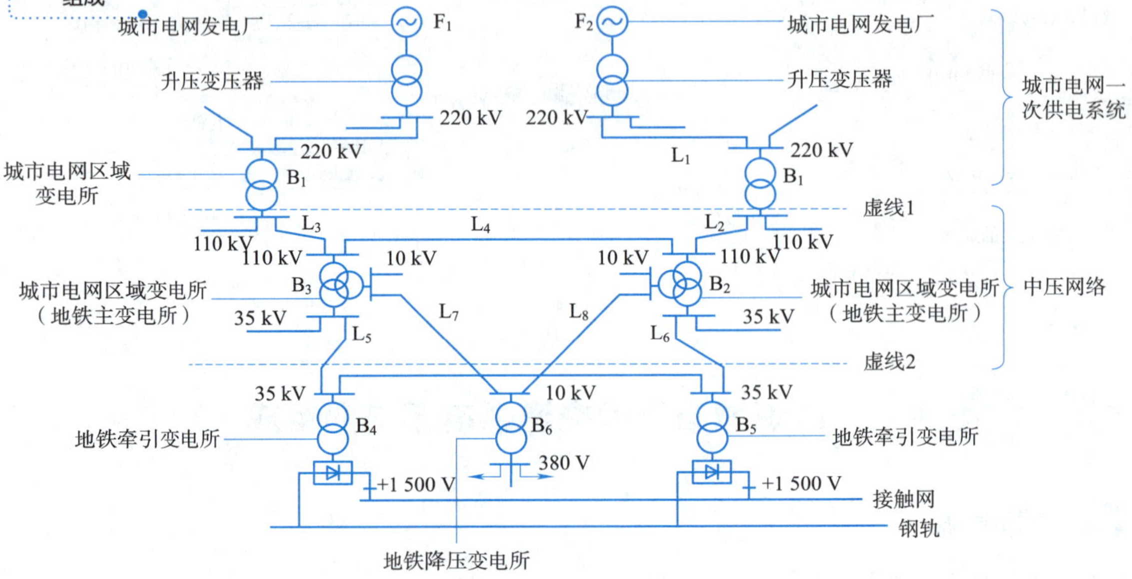

图5-1 城市轨道交通供电系统

建立一个安全可靠的供电系统是非常重要的。《地铁设计规范》(GB 50157—2013)指出，城市轨道交通供电系统按照系统功能的不同主要分为以下几部分：外部电源、主变电所(或者电源开闭所)、牵引供电系统、动力照明供电系统和电力监控系统。

1. 外部电源

城市轨道交通供电系统简单来说可以分为：外部电源，即城市电网，其对轨道交通供电的电压等级是110 kV、63 kV、35 kV、10 kV。内部供电系统，城市轨道交通供电系统对城市电网是用户，对内部是电源。

供电系统的电源来源于国家电网，而国家电网的电能来源于各种发电厂。外部电源方案主要有集中式供电、分散式供电和混合式供电。

视频

集中供电与分散供电

(1)集中式供电

集中式供电是指在适当的线路位置建设一座或几座专用的主变电所，从城市电网获取电力资源，主变电所再向牵引变电所和降压变电所供电的方式称为集中式供电，如图5-2所示。例如上海明珠线，采用集中式供电，设立了四个主变电站。

每个主变电所有两路独立的进线电源。主变电所进线电压一般为110 kV，经降压后变成35 kV(20 kV或10 kV)，供给中压网络。牵引变电所、降压变电所均由主变电所通过中压网络引入两路独立的电源。

集中式供电方案的主要特点如下：

①城市轨道交通沿线，建设专用主变电所，集中为牵引变电所及降压变电所供电。

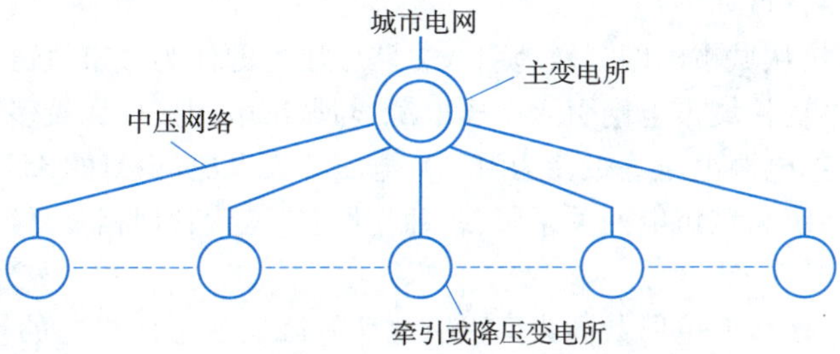

图 5-2　集中供电示意图

②城市轨道交通供电系统通过专设的主变电所从城市电网引入两路独立的进线电源，外部电源电压等级一般为 110 kV，与城市电网接口少。

③城市轨道交通系统相对独立，自成系统，便于运营管理。

不同电压等级的中压供电网络的比较，见表 5-1。

表 5-1　中压供电网络电压比较

序　号	项　目	35 kV	20 kV	10 kV
1	输电容量	大	中	小
2	输电距离	大	中	小
3	电能损耗	小	较小	大
4	设备价格	高	中	低
5	设备体积及占地面积	大	中	小
6	国内生产环网柜	核心部分需进口	有	有
7	国内城市电网应用	拟取消	有，很少	广泛应用
8	国内地铁及城轨应用	有	无	有
9	适用标准	国家标准	国际标准	国家、国际标准

(2) 分散式供电

从城市电网的中压输电线获取电能，通常电压等级为 10 kV，直接向城市轨道交通沿线的牵引变电所及降压变电所供电方式称为分散式供电，如图 5-3 所示。分散式供电要保证每座牵引变电所和降压变电所均获得双路电源，要求城市轨道交通沿线有足够的电源引入点及备用容量。例如，沈阳地铁、长春轻轨、大连轻轨、北京城铁、北京八通线、北京地铁 5 号线等。

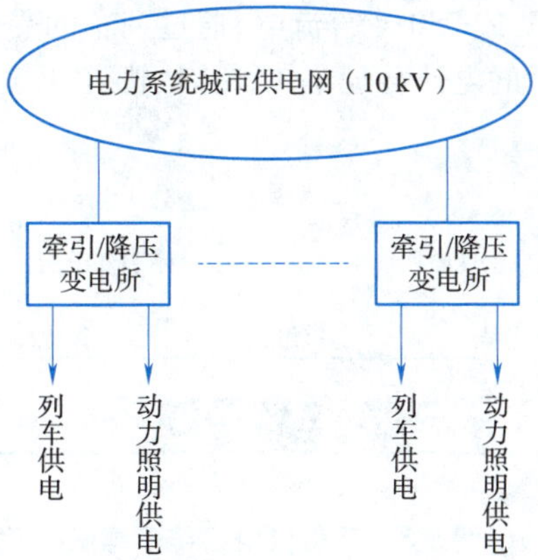

图 5-3　分散式供电示意图

分散式供电的主要特点如下：

①无主变电所，直接从城市电网分散地引入多路中压电源作为城市轨道交通电源。

②城市轨道交通系统从城市电网引入中压电源，与城市电网接口比较多，平均每4～5个车站就要引入两路电源，外部电源电压等级多为10 kV电压等级，也有少量的35 kV电压等级。

③城市轨道交通系统与城市电网关系紧密，独立性差，运营管理相对复杂。

(3)混合式供电

由主变电所和城市区域变电所共同为牵引变电所及降压变电所供电的外部供电方式称为混合式供电，如图5-4所示。

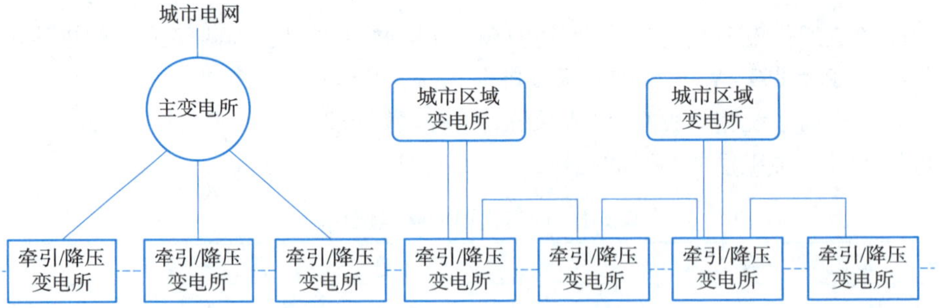

图5-4　混合式供电示意图

混合式供电方式中，一般以集中供电方式为主。在主变电所设置一定的情况下，当线路末端中压网络压降不能满足要求时，从城网分散引入中压电源作为补充。北京地铁一号线和环线、武汉轨道交通工程、青岛地铁南北线均采用混合式供电。

2. 主变电所(电源开闭所)

主变电所适用于集中式供电，其接受城市电网输送的电能，再将接受的高压(110 kV或220 kV)通过主变压器降压后为牵引变电所、降压变电所提供中压电源。

电源开闭所适用于分散式供电，其功能是接受城市电网提供的中压电源(10 kV或35 kV)，为牵引变电所、降压变电所转供中压电源。

视频

牵引供电系统

3. 牵引供电系统

牵引供电系统主要由牵引变电所和牵引网两部分组成。图5-5所示为采用架空式接触网的牵引供电系统示意图。区域变电所将供电部门送来的三相高压交流电降压为所需电压等级(如35 kV)，通过三相线路送到牵引变电所，再降压并整流为适用于列车的1 500 V或750 V直流电，通过列车的受流装置与接触网或接触轨滑动接触，将直流电引入列车，工作后的电流会经车体、轮对、轨道，再经由回流线流回到牵引变电所。

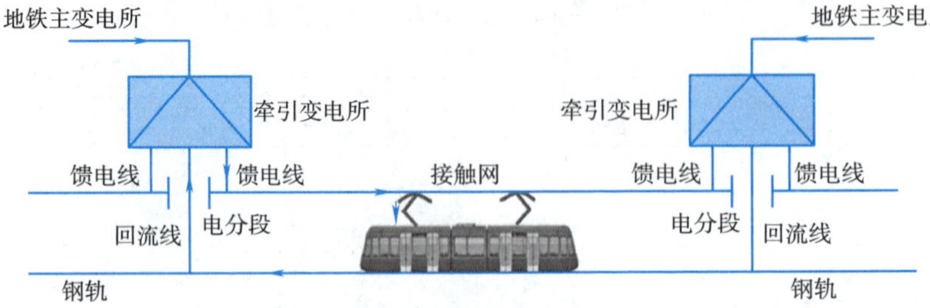

图5-5　牵引供电系统示意图

牵引网由接触网、馈电线、钢轨、回流线、电分段组成。

①接触网:指经过列车的受电器向列车供电的导电网,它在工作过程中没有备用线路,经常暴露于自然环境中,且结构复杂、对技术要求高。通过电动车组的受流装置和接触网的滑动接触,牵引电能就由接触网进入电动车组,驱动牵引电动机使列车运行。

②馈电线:连接牵引变电所和接触网的导线,它把经牵引变电所变换成合乎牵引制式用的电能馈送给接触网。

③钢轨:在非电力牵引情形下只作为列车的走行轨。在电力牵引时,轨道除具有走行轨功能外,还需要完成导通回流的任务。因此,电力牵引的轨道还需要具有畅通导电的性能,也称为"回流轨"。

④回流线:连接轨道和牵引变电所的导线,通过回流线把轨道中的回路电流导入牵引变电所。

⑤电分段:为便于检修和缩小事故范围,将接触网分成若干段称为电分段。

4. 动力照明供电系统(包括降压变电所与动力照明配电系统)

动力照明系统为车站空调、自动扶梯和通信、信号等设备供电,该系统主要由降压变电所和动力照明配电系统组成,如图5-6所示。

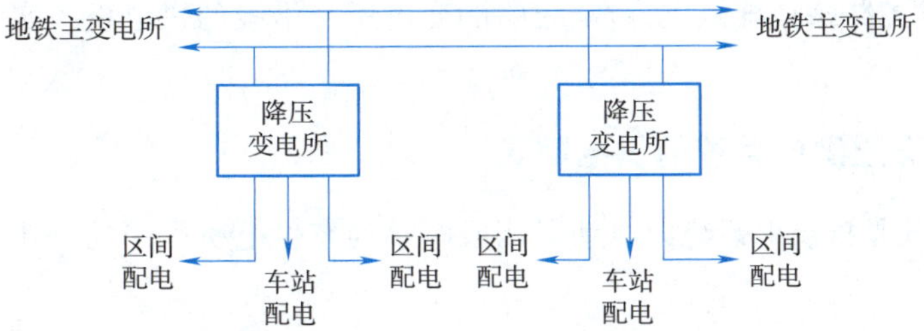

图5-6　城市轨道交通动力照明供电系统

降压变电所只需要向区间和车站的动力照明系统供电。通常,每个车站应设降压变电所,有时负荷较小的车站可以几个站合设一个。降压变电所可分为车站降压变电所、车辆段和停车场降压变电所、OCC降压变电所。经降压变电所将交流中压(35 kV或10 kV)降压变成交流220/380 V电压,为运营需要的各种机电设备提供电源。

动力照明配电系统的控制范围包括车站照明系统和车站低压配电系统。

(1)车站照明系统

控制范围大致包括站台层、站厅层公共区的一般照明、节电照明、事故照明、广告照明,以及设备用房和运营管理用房的一般照明、事故照明;出入口的疏散诱导指示照明、一般照明与事故照明;电缆廊道的一般照明及区间隧道的一般照明、事故照明。

根据用电设备的用途和重要性,车站的用电负荷可分为以下三个等级。在事故或供电不足的情况下,可按照重要性来保证必要的负荷。

①一级负荷:包括车站站厅和站台层的事故救援及照明、通信系统、信号系统、火灾报警系统、气体灭火系统、环境与设备监控系统、屏蔽门系统、消防泵、废水泵、雨水泵、防淹门、车站控制室、事故风机及其风阀等。

一级负荷一旦供电中断,就会导致城市轨道交通运营中断。所以,必须配备两路互为备用的独立电源供电,一用一备,末端切换,以实现不间断供电;另需配备应急电源,以实现不间断供电。

②二级负荷:包括车站站厅和站台层的一般照明、设备及管理用房照明、出入口照明、非事故

风机及其风阀、污水泵、集水泵、自动扶梯、工作人员电梯、轮椅升降机、自动售检票设备、民用通信电源及维修电源等。

二级负荷一旦中断供电，也会对城市轨道交通的运营造成很大影响。所以，二级负荷平时由两路电源供电，互为备用。

③三级负荷：包括车站内广告照明、冷水机组、冷冻水泵、冷却水泵、冷却塔风机、电开水器等。

三级负荷一旦停电，不会对运营造成大的影响。平时可为单电源单回路供电，电源故障时可中断供电。

(2)车站低压配电系统

控制范围大致包括环境控制、排水、消防、电梯、自动扶梯、自动售检票及通信、信号等系统动力设备的供电。

依据其配电范围，通常每个车站应设降压变电所，有时负荷较小的车站可以几个站合设一个。

5. 电力监控系统

电力监控系统又称电力 SCADA 系统或者远动系统，简称 SCADA 系统。电力监控系统由控制中心、通信通道和被控制站系统组成，对全线路的变电所及沿线的供电设备实行集中监视、控制和测量。

三、城市轨道交通供电系统的供电制式

牵引网供电制式是指供电系统向电动车辆或电动列车供电所采用的电流和电压制式、电压等级以及馈电方式等。

1. 牵引网的电流制式

城市轨道交通几乎都采用直流供电制式。这是因为城市轨道交通运输的列车功率和供电半径都不是很大，因此其供电电压不需要太高。此外，直流制相对交流制而言，其电动车辆具有调速范围大、调速方便、易于控制、启动制动平稳、接触网简单、投资低等优点，直流制比交流制在同等级电压下电压损失小。

2. 牵引网的电压制式

由于城市轨道交通的供电线路都处在城市建筑群之间，站间距短，周围环境狭窄，绝缘安全距离小，触网电压不能选得很高；但考虑到电压损耗，触网电压又不能太低，故城市轨道交通采用直流供电比较妥当。因为直流电不产生电抗压降，在相同的电压等级下，在电压损失方面要优于交流供电，且触网结构比较简单。

世界各国城市轨道交通的供电电压范围为直流 550 ~ 1 500 V，且档级很多，如 570 V、600 V、625V、650 V、700 V、750 V、780 V、825 V、900 V、1 000 V、1 100 V、1 200 V、1 500 V 。现在 IEC 的电压标准是 600 V、750 V、1 500 V 三种。

我国国标规定为 750 V 和 1 500 V。具体采用哪种电压等级，要结合馈电方式、供电质量、运输的客流密度、供电距离和车辆选型等工程特点，还必须根据各城市的具体条件和要求，综合比较确定。例如，北京地铁采用的是 750 V 直流供电电压，上海地铁采用的是 1 500 V 直流供电电压。

3. 牵引网系统的馈电方式

牵引网系统的馈电方式有架空接触网和接触轨两种方式。电压等级与馈电方式是牵引网供

电制式的关键点，两者密切相关。

我国牵引网供电制式可以选择以下四种方式：直流 1 500 V 架空接触网、直流 1 500 V 接触轨、直流 750 V 架空接触网、直流 750 V 接触轨。例如，北京地铁 1 号线一期工程、13 号线采用的是直流 750 V 上部受流低碳钢接触轨系统；上海地铁 1 号线、2 号线，广州地铁 1 号线，深圳地铁 1 号线采用 1 500 V 柔性架空接触网系统；长春轻轨采用直流 750 V 柔性架空接触网系统；广州地铁 2 号线、3 号线采用直流 1 500 V 刚性架空接触网系统。

如今，接触轨电压等级也由 750 V 发展为 1 500 V，接触轨悬挂方式由上接触式向下接触式发展过渡，接触轨材料由低碳钢发展成为钢铝复合轨；同时刚性架空接触网在国内也得到广泛应用。

笔记栏：

任务实施

任务工单见表5-2。

表 5-2 任务工单

<table>
<tr><td colspan="2">城市轨道交通供配电系统的组成及作用</td></tr>
<tr><td colspan="2">姓名：　　　　　　　　　　班级：　　　　　　　　　　日期：</td></tr>
<tr><td colspan="2">团队成员及分工：</td></tr>
<tr><td>实训目标</td><td>①掌握城市轨道交通供配电系统功能。
②认知城市轨道交通供配电系统组成名称和各部分的作用</td></tr>
<tr><td>实训内容</td><td>作为城市轨道交通供配电系统运检人员，需要了解城市轨道交通供配电系统组成及作用。以小组为单位识别城市轨道交通供配电系统构成示意图并描述各部分的作用，具备技术人员必备的知识</td></tr>
<tr><td>引导问题</td><td>①城市轨道交通供配电系统系统的组成及外部电源系统的供电方式是什么？

②城市轨道交通牵引供电系统的组成与原理。

③沿线车站内用电设备的主要等及分类。</td></tr>
<tr><td colspan="2">训练：
①写出图中序号的名称并描述其功能。
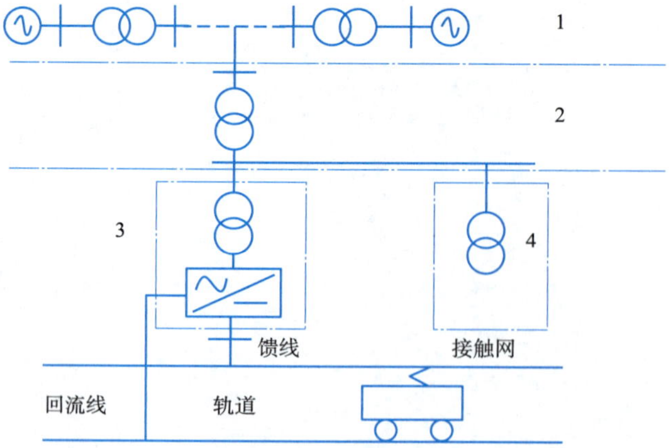
</td></tr>
</table>

续表

序　　号	结 构 名 称	功　　能
1		
2		
3		
4		

②叙述动力照明系统的组成，并完成连线。

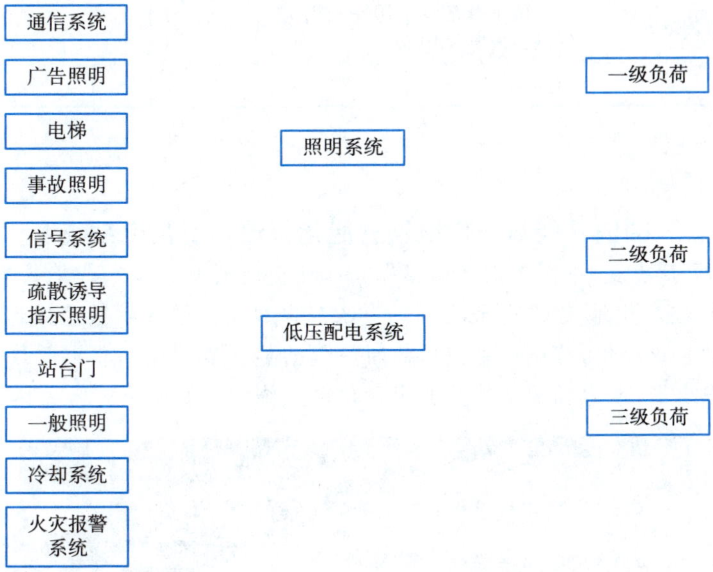

③绘制城市轨道交通牵引供电系统示意图。

任务评价

任务评价见表5-3。

表5-3 任务评价

序号	评价内容	评价标准	分值	分数		
				学生自评	组间互评	教师评分
1	城市轨道交通供配电系统组成、功能	四个关键词,一个关键词10分	40			
2	城市轨道交通动力照明系统的组成	两个组成部分共20分;三级负荷的判断,每个2分,共20分	40			
3	牵引供电系统的组成	两个组成部分10分;牵引网的组成要素10分	20			
总成绩						

拓展视野

国内首创新一代地铁智能化直流牵引供电系统

2020年9月17日凌晨,中国船舶集团第七一二研究所研制的新一代地铁智能化直流牵引供电系统(见图5-7),在广州地铁13号线白江站一次送电成功。进入示范站试运营阶段,标志着国内首创的基于远动系统应用,智能设备使用的新一代智能化直流牵引供电系统取得突破性成果,技术达到国际先进水平,助力我国地铁行业牵引供电系统迈入智能化时代。

图5-7 地铁智能化直流牵引供电系统

该系统以完全自主知识产权的智能断路器为核心,具有设备运行状态自诊断特征,且数据信息接入云平台,从而达到"事前智能预警、事后快速定位、远程集中管理"等一系列智能运维目标,实现了供电系统关键设备的智能运维目标。在直流保护领域攻克了多项关键技术:实时监测;设备运行"零距离"感知;故障预警,在线"远程会诊";寿命评估,全生命周期智能运维。

任务二　认识城市轨道交通变电所

任务目标

①明确主变电所、牵引变电所、降压变电所功能。

②了解变电所的设置要求。

③能识别主变电所、牵引变电所、降压变电所。

任务描述

变电所是城市轨道交通供电系统的心脏。《地铁设计规范》(GB 50157—2013)中指出“变电所应分为主变电所、电源开闭所、牵引变电所、降压变电所。牵引变电所与降压变电所可合建成牵引降压混合变电所。”同时通过中压电缆,可以纵向把上级主变电所和下级牵引变电所、降压变电所连接起来,横向把全线的各个牵引变电所、降压变电所连接起来,形成中压网络。

核心知识

变电所是对电能的电压和电流进行变换、集中和分配的场所。城市轨道交通供电系统主要的变电所有主变电所、牵引变电所、降压变电所。

如果外部电源采用集中式供电方式,则应建设城市轨道交通用的主变电所。城市轨道交通主变电所的功能是接受城市电网提供的高压电源,经降压后为牵引变电所、降压变电所提供中压电源。

一、主变电所

由上一级的城市电网区域变电所获得高压(如 110 kV 或 220 kV)电能,经其降压后以中压电压等级(35 kV 或 10 kV)供给牵引变电所和降压变电所的一种地铁变电所(室)。主变电所承担着城市轨道交通所有用户的供电,一旦主变电所因故失电,将直接影响一、二、三级负荷的供电。因此,主变电所的供电必须可靠,必须设有两路以上的进线电源。

根据城市轨道交通用电负荷的特点,城市轨道交通的主变电所一般沿线路布置,根据线路末端的电压损失要求确定主变电所的数量。为保证供电的可靠性,城市轨道交通供电系统通常设置两座或两座以上主变电所。

主变电所按其降压方式的不同可分为三级电压制供电方式的主变电所和两级电压制供电方式的主变电所。其结构如图 5-8 和图 5-9 所示。

二、牵引变电所

牵引变电所的任务是将由区域变电所(或主变电所)获取的高压电(三相工频交流电)经降压与整流后变换为可供列车牵引用的直流电(1 500 V 或 750 V),并以直流电的形式将电能经馈电线送至接触网。牵引变电所主接线包括高压交流(35 kV)受、配电系统和直流(0.75 ~ 1.5 kV)受、馈电系统两部分,整流机组(整流变压器-整流器)则是作为交、直流系统交换的重要环节设置的。

根据牵引制式的不同,牵引变电所可分为直流牵引变电所和交流牵引变电所。目前,我国的牵引变电所主要有电气化铁路的单相工频交流制式牵引变电所和城市轨道交通的直流牵引变电所。

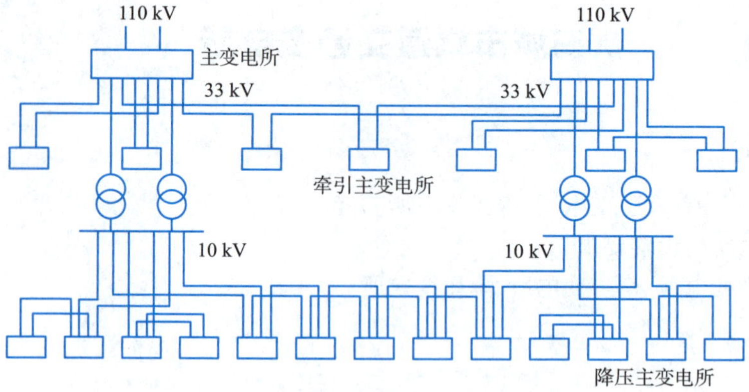

图 5-8　三级电压制供电方式的主变电所结构

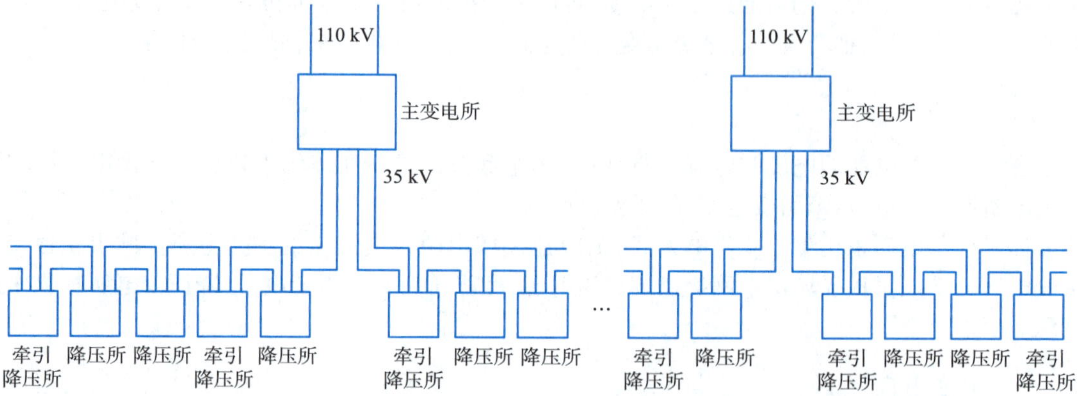

图 5-9　两级电压制供电方式的主变电所结构

通常,牵引变电所应沿线路布置,每一个牵引变电所都有一定供电范围。牵引变电所一般应设置在车站和车辆段附近,相邻两所之间距离为 2 ~4 km。

三、降压变电所

降压变电所是为车站与线路区间的动力、照明负荷和通信信号电源供电而设置的,它将中压电能转换为低压电能,向车站、区间、车辆段(停车场)、控制中心所有低压用电负荷提供电源,是城市轨道交通运营安全、行车安全、防灾安全,以及应急处理等动力照明供电的保障。

降压变电所可单独设置,也可与直流牵引变电所合并为牵引降压混合变电所。

对于地下车站,降压变电所应与车站合建。当地下车站长度不超过 200 m 时,可设置一座降压变电所;当地下车站建筑规模较大时,可考虑设置一座降压变电所和一座跟随式变电所。如果地下车站低压用电负荷分布均匀,可设置在车站任一端;如果分布非常不均匀,应设置在低压用电负荷较重的一端。

车辆段(停车场)由于其占地规模大,设置了综合维修基地和综合办公楼等,一般设置两座降压变电所:其中一座与车辆段牵引变电所合建,主要为办公区、信号楼等提供低压电源;另一座为跟随式降压变电所,为维修车间、停车库及邻近场所提供低压电源。

控制中心大楼要完成调度指挥功能,还要具有办公功能,其控制中心大厅及其设备区负责线路、车站、车辆段、停车场等全部场所的运营和管理,对电源安全性和可靠性要求很高。

任务实施

任务工单见表5-4。

表5-4　任务工单

变电所认知		
姓名：	班级：	日期：
团队成员及分工：		
实训目标	①明确主变电所、牵引变电所、降压变电所功能。 ②能识别主变电所、牵引变电所、降压变电所	
实训内容	以小组为单位识别、描述各类变电所功能，具备技术人员必备的知识	
引导问题	①城市轨道交通供配电系统有哪些类型的变电所？ ②变电所的功能。	

训练：

①绘制两级电压制供电方式的主变电所示意图，并完成下表。

序　　号	变电所名称	功　　能
1		
2		
3		
4		
5		

②分析所绘制的供电系统涉及的电压等级有哪些。

任务评价

任务评价见表5-5。

表5-5 任务评价

序号	评价内容	评价标准	分值	分数		
				学生自评	组间互评	教师评分
1	城市轨道交通变电所的名称	三个关键词，一个关键词5分	15			
2	城市轨道交通变电所的功能	每个功能20分	70			
3	城市轨道交通供电系统的电压等级	五个电压等级，每个电压等级3分	15			
总成绩						

拓展视野

京港地铁试点变电所智能巡检机器人提升运维水平

一台带有“360°旋转手臂”、黑白相间的变电所智能巡检机器人(见图5-10)亮相京港地铁。它通过高清成像照相机、红外热成像仪、超声波传感器等对变电所机柜设备进行巡视检查，提升巡检效率及设备可靠性，从而进一步提升乘客出行体验。

图5-10 变电所智能巡检机器人

变电所是地铁运行的“能量站”，主要负责电能的供应与传输，为列车和车站所有用电设备设施提供电能。平时，工作人员通过“一听、二看、三经验”进行日常巡检工作，每7天巡查一次，确保变电所内各类供电设备运转良好，保障地铁用电设备安全可靠运行。

为进一步提升巡检工作的效率及精准度，提高变电所监控的自动化和智能化水平，2021年2月初，京港地铁在4号线马家堡车辆段变电所试点使用智能巡检机器人，在保障变电所持续稳定供电的基础上，提升巡检质量。

工作智能巡检机器人每天会按照预定的流程，沿着开关柜上方的导轨“走”到每个机柜前，对变电所内供电设备的电压电流表计、指示灯状态、旋钮位置、保护装置状态、温度、湿度、噪声、红外温度及局部放电等进行检测、读取状态信息。机器人还可以多角度旋转上下伸缩，确保巡视点位多方位覆盖，并通过智能化的数据分析功能，实现实时预警，让巡检工作更智慧，用科技提升运维水平，保障乘客优质出行体验。

任务三 认识城市轨道交通接触网

任务目标

①掌握城市轨道交通供电系统接触网的结构类型。

②掌握柔性架空接触网的组成。

③掌握刚性悬挂和柔性悬挂的区别。

④掌握第三轨的构造、特点及应用情况。

⑤能描述架空式柔性接触网的基本组成及特点、刚性接触网的组成及特点、接触轨式接触网的组成及特点。

⑥熟悉它们各自的应用情况。

任务描述

牵引供电系统的负载是一个移动负载,解决对移动负载的供电需要特殊的输电系统——接触网。接触网是牵引供电系统的重要组成部分,是沿着走行轨道架设的为电动列车提供牵引电能的特殊形式的供电线路,是通过集电装置(受流装置)向电力牵引单元提供电能的机电系统。它直接影响到地铁供电系统甚至整个地铁系统的安全运营。

核心知识

接触网是城市轨道交通供电系统的重要组成部分,架设在轨道的上方(或侧边上方),是一种特殊的输电线。车辆通过受流装置(受电弓或集电靴)从接触网中获得电能。所以,接触网受流质量的好坏,对车辆运行起着重要的作用。

一、接触网的工作特点

1. 没有备用

牵引负荷是重要的一级负荷,向牵引变电所供电的电源线均设置两个回路,牵引变电所内主变压器及其他重要设备也在设计中考虑了备用措施,一旦主电源、主要设备出现故障,备用电源、备用设备可及时(自动)投入运行,以保证对接触网的不间断供电。接触网由于与电动车组在空间上的关系,和轨道一样无法采取备用措施。所以,一旦接触网出现故障,整个供电区间即全部停电,在其间运行的电动车组失去电能供应,列车停运。

2. 高速接触取流,故障率高

与一般的电力线路只在两点间固定传输电能的作用不同,有许多电动车组与接触网进行高速运动取流。电动车组受流装置以一定的压力和速度与接触网接触摩擦运行,通过接触网的电流很大。运行中不可避免地会产生受电弓离线而引起电弧,再加上在露天区段还要承受风、雾、雨、雪及大气污染的作用,使接触网昼夜不停地处在振动、摩擦、电弧、污染、伸缩的动态运行状态之中。这些因素对接触网各种线索、零件都产生恶劣影响,使其发生故障的可能性较一般电力线路的概率要大得多。

3. 结构复杂,技术要求高

接触网的运行环境和运行特点决定了接触网的结构较一般电力线路有很大的不同。为了保证电动车组安全、可靠、质量良好地从接触网取流,接触网的结构比较复杂。技术要求也较高,如对接触网导线的高度、拉出值，定位器的坡度，接触网的弹性、均匀度等都有定量的要求。

二、对接触网的基本要求

接触网的工作状态主要是指接触线和电动车组受流装置滑板的接触和导电情况。从电路要求上，为保证良好的导电状况，滑板与接触线的接触应保持一定的接触压力。在电动车组静止时，接触压力可以保持不变。当电动车组运行时，滑板跟着运动，与接触网形成滑动摩擦接触。这时，如能继续保持一定的接触压力，接触网才处于良好的工作状态，才能不间断地向电动车组供电，实际上，上述要求是不容易做到的。由于电动车组的振动和接触线高度变化等因素，往往造成滑板和接触线间的压力变化很大，有时甚至产生脱离现象，致使滑板和接触线之间的脱离处产生电弧。如果接触线本身不平直而出现小弯或者悬挂零件不符合要求超出接触面时，滑板滑到此处将产生严重冲击或电弧，这是很不利的，这种引起受电弓运行状态瞬间改变的各类因素的总称称为接触线的硬点。因为冲击和电弧会造成接触网和受电弓的机械损伤和烧伤，严重者将造成断线事故，而且取流不良对电动车组上的电动机和电器产生不利的影响，所以应该尽量避免。因此，为了尽量保证对电动车组良好的供电，对接触网有一些基本的要求。

①接触网悬挂应弹性均匀、高度一致，在高速行车和恶劣的气象条件下，能保证正常取流。

②接触网结构应力求简单，并保证在施工和运营检修方面具有充分的可靠性和灵活性。

③接触网的寿命应尽量长，具有足够的耐磨性和抗腐蚀能力。

④接触网的建设应注意节约有色金属及其他贵重材料，以降低成本。

视频

接触网分类

三、接触网的分类

接触网一般可分为架空式接触网和接触轨式接触网。

1. 架空式接触网

架空式接触网是指架设在走行轨道上部的接触网，列车（车辆）可通过其顶部伸出的受电弓与之接触获得电能。架空式接触网具有敷设难度大、维护成本高、安全系数高和技术含量高等特点。

架空式接触网又可分为柔性架空接触网和刚性架空接触网两种形式。不同类型其电线粗细、条数、张力都是不一样的。架空接触网的悬挂方式，要根据架线区的列车速度、电流容量等输送条件以及架设环境进行综合勘察来决定要采取什么方式。

图 5-11 所示为柔性悬挂接触网，具有结构紧凑、跨距较小，工作电压相对较低、电流大，接触网线索较多、结构较复杂、坡度变化较大和曲线半径较小等特点。

在城市轨道交通中，柔性架空接触网正线一般采用全补偿链形接触悬挂，且多采用单承力索、双接触线式或双承力索、双接触线式全补偿链形接触悬挂，外加 3 ~ 4 根辅助馈电线组成；也有采用简单接触悬挂的，车辆段一般采用简单接触悬挂。例如，广州城市轨道交通 1 号线采用单承力索、双接触线式全补偿链形接触悬挂，上海城市轨道 1 号线采用带弹性支座式的简单接触悬挂。

柔性架空接触网主要由支柱与基础（隧道为支撑部件）、支持装置、定位装置和接触悬挂及附加导线等几部分组成。

刚性架空接触网在地铁中的应用比较晚，自 20 世纪 90 年代起开始广泛采用。刚性架空接触网要考虑整个悬挂导体的刚度，一般采用具有相应刚度的导体轨或具有相应刚度的汇流排与接触线组成，如图 5-12 所示。刚性架空接触网的最大优点是结构简单、占用空间小、载流量大、不易产生断线、寿命长、电阻低，接触网压降小等，因其自身所具有的优点，已逐渐被广泛应用到实际工程中，广州、南京、郑州等地铁已经采用。因此，适用于地下线路。

图 5-11　柔性悬挂接触网

图 5-12　刚性架空接触网

2. 接触轨式接触网

接触轨是沿着走行轨道一侧平行铺设的附加第三轨，所以接触轨式接触网又称第三轨式接触网，其外形如图 5-13 所示。列车运行时会从侧边伸出集电靴，从接触轨中获取电能。采用接触轨式接触网的优点是列车的集电靴与接触轨的接触面较大且对其磨损极小，故维护简单。19 世纪 80 年代开始，接触轨开始广泛应用于城市轨道交通。接触轨供电方式在国内最早的应用是 1969 年建成并试运营的北京地铁 1 号线。

图 5-13　下接触式接触轨

接触轨式接触网结构上是由多段相互间存在断口的接触轨构成的，每一段均是接触轨式接触网中相对独立的机械分段，主要结构包括接触轨和支持接触轨的绝缘支座等。接触轨可以有三种方式，即上接触式、下接触式和侧接触式。

当牵引网电压等级较高时，为了安全和保证一定的绝缘距离，宜采用架空式接触网。在净空受限的线路和电压等级较低时多采用接触轨式接触网。例如，北京地铁采用的是接触轨式接触网，上海和广州地铁则采用了多种接触网形式。

四、接触网的供电方式

牵引变电所向接触网供电有两种方式：单边供电和双边供电，如图 5-14 所示。接触网通常在相邻两牵引变电所间的中央断开，将两牵引变电所之间两供电臂的接触网分为两个供电分区，正常情况两相邻供电臂之间的接触网在电气上是绝缘的。每一供电分区的接触网只从一端的牵引变电所获得电流，称为单边供电。单边供电时，相邻供电臂电气上独立，运行灵活；接触网发生故障时，只影响本供电分区，故障范围小；牵引变电所馈电线保护装置较简单。如果在中央断开处设置开关设备，可将两供电分区连通，则相邻牵引变电所间的两个接触网供电分区均可同时从两个变电所获得电流，称为双边供电。双边供电可提高接触网电压水平，减少电能损耗。

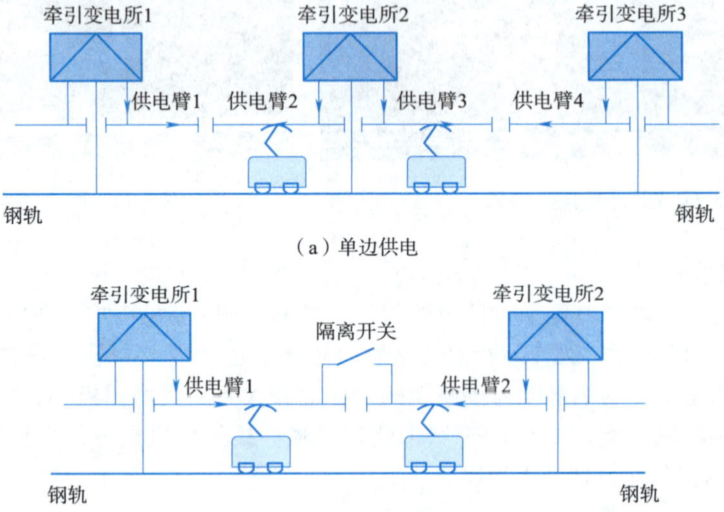

（a）单边供电

（b）双边供电

图 5-14　接触网的供电方式

一般来说，车辆段内采用单边供电方式，正线采用双边供电方式。正常运行时，列车从牵引变电所以双边供电方式获得电能。正线上任何牵引变电所故障退出运行时，均由相邻牵引变电所越区供电。在越区供电方式下，供电末端的接触网（或接触轨）电压较低，电能损耗较大，因此，视情况要适当减少同时处在该供电区段的列车数量。另外，直流馈线保护整定时还需要考虑大双边供电方式（中间供电区间由相邻变电所越区大双边供电）下的灵敏度。因此，越区供电只是在事故状态下短时采用的一种运行方式。

笔记栏：

任务实施

任务工单见表5-6。

表5-6　任务工单

<table>
<tr><td colspan="5">认知城市轨道交通供电系统接触网的结构类型</td></tr>
<tr><td colspan="5">姓名：　　　　　　班级：　　　　　　日期：</td></tr>
<tr><td colspan="5">团队成员及分工：</td></tr>
<tr><td>实训目标</td><td colspan="4">①掌握城市轨道交通供电系统接触网的结构类型。
②能描述架空式柔性接触网、刚性接触网和接触轨式接触网的基本组成及特点</td></tr>
<tr><td>实训内容</td><td colspan="4">作为地铁接触网工，需要了解城市轨道交通供电系统接触网的结构类型。以小组为单位识别城市轨道交通供电系统接触网的结构类型，具备技术人员必备的知识</td></tr>
<tr><td>引导问题</td><td colspan="4">①城市轨道交通供电系统接触网的结构类型。

②接触网组成及应用。</td></tr>
<tr><td colspan="5">训练：</td></tr>
<tr><td>序号</td><td>接　触　网</td><td>结构类型</td><td>组　成</td><td>应　用</td></tr>
<tr><td>1</td><td></td><td></td><td></td><td></td></tr>
<tr><td>2</td><td></td><td></td><td></td><td></td></tr>
<tr><td>3</td><td>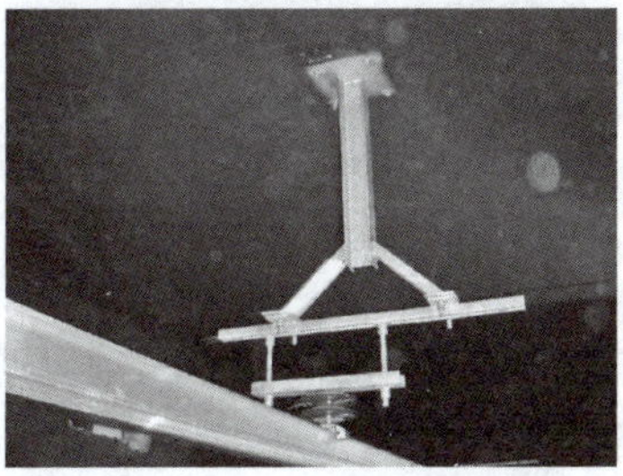</td><td></td><td></td><td></td></tr>
</table>

任务评价

任务评价见表 5-7。

表 5-7　任务评价

序号	评价内容	评价标准	分值	分数		
				学生自评	组间互评	教师评分
1	城市轨道交通接触网类型	三个关键词,一个关键词 5 分	15			
2	城市轨道交通接触网的组成	三种类型的接触网,每种类型接触网各组成部分各 20 分	60			
3	城市轨道交通接触网的应用	三个类型接触网应用各 5 分	15			
4	出勤,纪律情况	无迟到,早退,遵章守纪	10			
总成绩						

拓展视野

地铁接触网技术取得新突破

传统快速轨道交通建设通常使用柔性悬挂接触网给列车供电,但其所需隧道空间大,建筑成本高,无法适应城市地铁隧道小型化的发展方向。

刚性架空接触网由于结构简单,安装空间小,可以更好地适应低净空的隧道条件,解决城市地铁地下隧道牵引网建造问题。

2019 年,最高运行速度 160 km/h 的北京轨道交通新机场线一期工程,线路全长 41. 36 km,地下区段 21. 3 km,全部为地下站。根据设计要求,地下区段采用架空刚性接触悬挂,地上段、车辆段采用架空柔性接触悬挂。

此前我国仅在低速地铁上采用过架空刚性接触网技术,这是国内首条时速 160 km 高速地铁架空刚性接触网成功试运行,这一技术取得重大突破,填补了此领域国内外的技术空白,为地铁建设打开了新空间。

任务四　认识远动系统与杂散电流

任务目标

①了解 SCADA 系统的作用与构成。

②了解杂散电流产生的原因。

③了解杂散电流产生危害及防护措施。

任务描述

早期的城市轨道交通供电系统由于技术的局限,监控管理以人工为主,辅以调度电话方式来实现供电系统的运行管理。随着计算机技术和网络技术的快速发展,电力监控与数据采集系统对城市轨道交通供电系统全线变电所及沿线供电设备实行集中监视、控制、数据收集和存储、故障分析和诊断以及系统修复与维护，是整个供电系统的大脑。

核心知识

一、城市轨道交通供电系统的远动系统

电力监控与数据采集 SCADA(supervisory control and data acquisition system,SCADA)系统又称电力系统或远动系统，或 SCADA 系统，有时也称 PSCADA 系统。

1. SCADA 系统的作用

SCADA 系统的作用是保证调度人员在控制中心对供电系统中的主变电所、牵引供电系统及供电系统的供电设备运行状态进行远程实时监视、控制及数据采集，同时处理供电系统的各种异常事件及报警事件，保障供电系统的正常运行，直观了解所有运行设备的工作状况，使供电系统安全、可靠、经济地运行。SCADA 系统的主要作用如下：

①对供电系统安全运行状态进行在线监控。城市轨道交通供电系统正常运行时，通过调度管理人员对电网的电压、潮流、负荷、设备运行状态及各项工况指标进行监视和控制，保证供电质量和用户的用电要求。

②对供电系统运行实现经济调度。在实现对供电系统安全监控的基础上，通过 SCADA 系统实现电网的经济调度，达到降低损耗、节约电能的目的。

③对供电系统运行实现安全分析和事故处理。对供电系统发生事故之前、之后或发生事故时的信息进行及时采集、及时分析和处理，缩小事故范围。提供事故处理对策和相应的监控手段，以使事故发生于未然，及时处理事故或故障，以减少事故造成的损失。

2. SCADA 系统的构成

SCADA 系统由主站监控系统(调度端)、设置在变电所内的子站系统(被控端)和通信通道三部分组成，如图 5-15 所示。

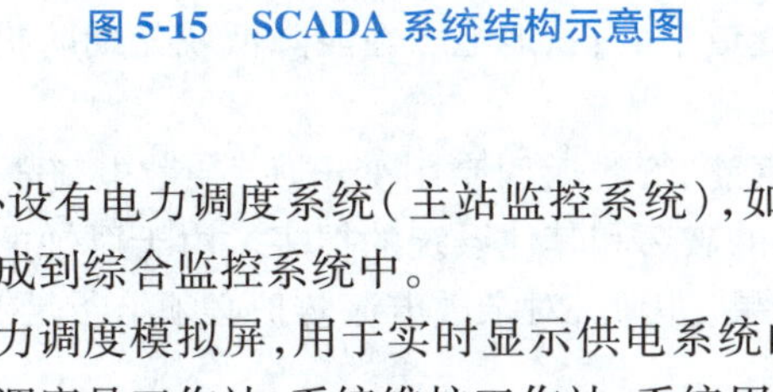

图 5-15　SCADA 系统结构示意图

(1)主站监控系统

SCADA 系统在控制中心设有电力调度系统(主站监控系统)，如果采用综合监控系统，电力监控与数据采集系统将被集成到综合监控系统中。

在控制中心设置一套电力调度模拟屏，用于实时显示供电系统的运行状态和供电设备的运行状态。控制中心同时设置调度员工作站、系统维护工作站、系统用终端、供电系统管理计算机、图像监控计算机、打印机等设备。控制中心应设置不间断电源(UPS)，以保证监控设备的不间断供电。

(2)子站系统

子站系统又称综合自动化系统，设在主变电所、电源开关站、牵引降压混合变电所、降压变电所。

(3)通信通道

信息通道一般由城市轨道交通通信系统统一组建,SCADA 系统向通信系统提出通道要求。当通信系统难以为 SCADA 系统提供通信通道时,SCADA 系统需要建设独立的通信通道。通信通道一般采用光缆,地铁各子系统均在车站接入通信通道,所以应采用统一的接口形式,并应遵守共同的通信规约,满足通信系统的统一技术要求。

二、杂散电流

1. 杂散电流的成因

目前,城市轨道交通一般采用直流牵引供电。列车所需牵引电流由牵引变电所提供,通过牵引网(架空接触网或接触轨)送向列车,并通过走行轨作为牵引电流回路,返回到牵引变电所。尽管走行轨对地绝缘,但不能做到完全绝缘。走行轨存在电压降,形成了钢轨对地电位,所以直流牵引电流并非全部沿走行轨回到牵引变电所负极,而是有一部分牵引电流泄漏到隧道或道床等结构钢上,最后迷散在大地中,形成杂散电流。对于设计有主、辅排流网的通路,理论上泄漏电流经由主、辅排流网回流。但是,若沿线路附近有导电性能较好的埋地金属管线(自来水管、煤气管、电缆等),则一部分杂散电流会选择电阻较小的金属管线作为流通路径,在牵引变电所附近从金属管线中流出,由大地回到钢轨并返回到牵引变电所负极。这部分电流就是杂散电流(简称“迷流”)。杂散电流的形成如图 5-16 所示。

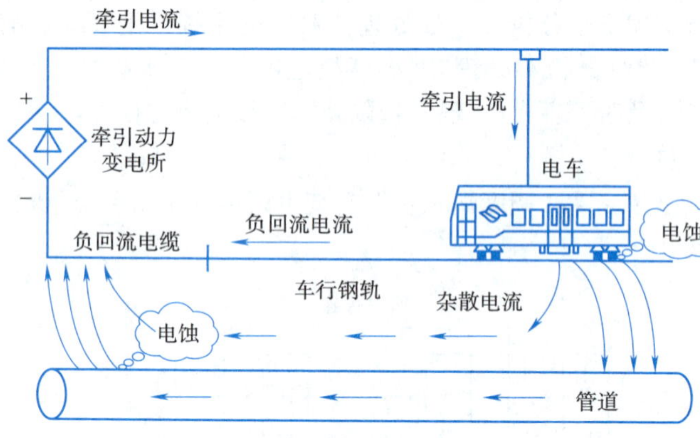

图 5-16 杂散电流的形成

随着城市轨道交通运营时间的推移,由于受到不可避免的污染、潮湿、渗水、漏水等影响,使城市轨道交通车站以及区间隧道中的轨、地绝缘性能降低或先期防护措施失效,势必增大由走行轨泄漏到土壤介质中的杂散电流。

杂散电流通过沿线结构钢筋、管线返回牵引变电所,杂散电流不仅造成大量沿线金属腐蚀,更为严重的是,可能造成结构的破坏和其他系统的损害。由于腐蚀的隐蔽性和突发性,一旦发生事故,往往会造成灾难性的后果。因此,对杂散电流防护必须给予足够的重视。

2. 杂散电流的危害

当轨道交通沿线地下有金属管线或建筑物钢筋等导电体时,地中的杂散电流会沿金属导电体流动到回流点附近,再流向钢轨回到牵引变电所负极。因此,在回流点附近的金属导电体形成阳极区(对大地为正),阳极区内的金属管线或建筑物钢筋,失去电子带正电称为正离子,正离子流向大地,发生了电解腐蚀。杂散电流可对沿线结构钢筋及金属管线造成危害,其原理如图 5-17 所示。

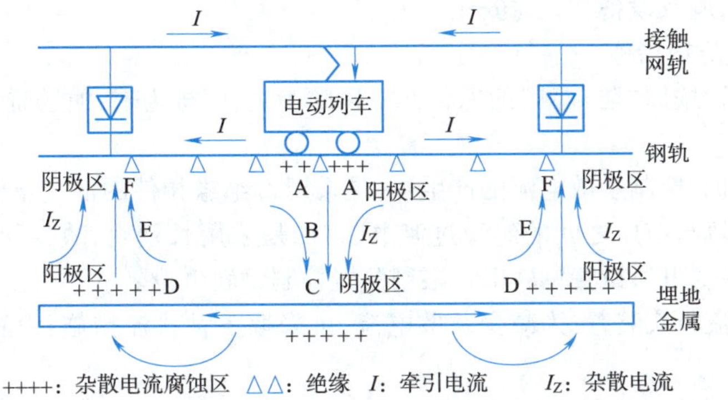

图 5-17　杂散电流危害原理

(1)腐蚀金属

杂散电流对轨道交通自身地下结构的钢筋及沿线金属管线产生严重影响,引起的腐蚀比自然腐蚀严重得多。杂散电流腐蚀是由于外部电源泄漏的电流作用而引起的结果,在数值上要比自然腐蚀的电流大几十倍,甚至上千倍。其腐蚀强度大、危害大、范围广、随机性强、腐蚀激烈。一般来说,腐蚀集中于局部位置(阳极区),当有防腐层时,往往集中于防腐层的缺陷部位。

对于排流网而言,由于它是杂散电流的良好通道,在回流点(阳极区)附近,杂散电流从排流网的结构钢筋中流出,排流网的结构钢筋失去电子带正电称为正离子,铁离子与水蒸气中的硫酸根离子作用而变成硫酸盐遭到腐蚀。

20 世纪 70 年代开始运行的北京、天津地铁已发现隧道内的部分金属管线和主体结构钢筋有严重的杂散电流腐蚀,隧道内的水管被侵蚀穿孔的情况,车站站台地面外露钢筋头发现了成块腐蚀、严重脱落现象。

(2)破坏混凝土结构

杂散电流通过混凝土时对混凝土本身并不产生影响,但如果有钢筋存在,钢筋则起到汇集电流作用,并把电流引导到排流点。

在杂散电流由混凝土进入钢筋之处,钢筋呈阴极,如果阴极析氢,且氢气不能从混凝土逸出,就会形成等静压力,使钢筋与混凝土脱开。在杂散电流离开钢筋的部位,钢筋呈阳极,发生腐蚀并形成腐蚀产物 $Fe(OH)_2$,继续被介质中的 O_2 氧化成 Fe_2O_3(红锈的主要成分), Fe_2O_3 可进一步生成 Fe_3O_4(黑锈的主要成分)。根据研究,黑锈体积可能大到原来的 2 倍,而红锈的体积可能大到原来钢筋体积的 4 倍。铁锈的形成,使钢筋体积膨胀,进而对周围混凝土产生压力,其内部形成拉应力。由于混凝土的抗拉强度很低,一般只有 0.88 ~ 1.5 MPa,会造成混凝土沿钢筋方向开裂。

(3)腐蚀管线

轨道交通沿线附近埋有自来水、煤气、石油、电缆等各种管线,由于埋设管线多为金属材质,因此容易集结杂散电流,使其金属管线遭受腐蚀,产生严重的后果。

(4)烧毁排流设备

一般钢轨与轨枕、道床有绝缘材料相隔,如果某种原因,绝缘材料损坏或钢轨与排流网短路,这时将有非常大的杂散电流通过排流网、排流柜,流回牵引变电所,而由于排流柜中的核心元件排流二极管的容量有限,如果短时间内杂散电流超过其限定的二极管导通电路,将有可能烧毁排流柜。

(5)危及设备和人身安全

杂散电流会对通信设备机架和其他受电设备有接地的外壳上产生高电位,使设备外壳与附近大地形成电位差，危及设备和人身安全。

3. 杂散电流的防护措施

杂散电流的防护按照“防排测”的思路，即“以防为主，以排为辅，加强监测，防止外泄”的综合防护措施。

①加强隔离防护，控制杂散电流的产生：一是采用带绝缘扣件的混凝土轨枕，绝缘垫、绝缘缓冲垫板等增加走行轨与道床之间的绝缘过渡电阻；二是采用长钢轨，减少回流钢轨阻抗；三是减少钢轨纵向电阻，在变电所设置钢轨电位限制装置控制钢轨电位。

②设置杂散电流收集装置：为减少杂散电流，可采取各种排流措施，设置杂散电流收集网及排流装置。

③设置杂散电流监测系统：一是在杂散电流临时超标时控制排流装置启动；二是在杂散电流经常超标或严重超标时采取措施提高走行轨对地绝缘水平。

笔记栏：

任务实施

任务工单见表5-8。

表5-8　任务工单

杂散电流的认知			
姓名：		班级：	日期：
团队成员及分工：			
实训目标	①了解杂散电流产生的原因。 ②掌握杂散电流防护措施。		
实训内容	以小组为单位，分析城轨供电系统中出现杂散电流原因及防护措施		
引导问题	(1)地下迷流的概念。 (2)地下迷流的防护措施。		
训练： ①绘制出杂散电流形成的原理图，并描述杂散电流的概念。 ②查找相关资料，描述出杂散电流的危害有哪些？ ③介绍常用的杂散电流的防护措施。			

任务评价

任务评价见表 5-9。

表 5-9　任务评价

序号	评价内容	评价标准	分值	分数		
				学生自评	组间互评	教师评分
1	描述地下迷流的概念	准确表述概念	10			
2	杂散电流的危害	五个方面的危害，每个 10 分	50			
3	常用的地下迷流的防护措施	四个方面，每个方面 10 分	40			
总成绩						

拓展视野

有了这一涂层，地铁轨更安全

地铁隧道环境复杂多变，如遇阴雨潮湿天气，雨水、地下水、泥浆等多种介质极易破坏钢轨对地绝缘件，导致钢轨出现杂散电流腐蚀问题，从而大幅缩短钢轨使用寿命，影响地铁运营安全。

一种新型的防杂散电流腐蚀涂层钢轨如图 5-18 所示，已成功应用于武汉地铁 2 号线。研发团队结合我国地铁系统对杂散电流腐蚀防护的需求，针对地铁杂散电流腐蚀产生的原因，开发了新型涂层材料和涂层技术，在钢轨表面形成具有高电阻和高耐蚀的保护层。从理论到实践，经过多轮试验，实现钢轨粉末涂覆技术在地铁防杂散电流腐蚀领域的首次应用。

图 5-18　新型的防杂散电流腐蚀涂层钢轨

巩固与练习

一、填空题

1. 城市电网对城市轨道交通的供电方式通常有__________、__________、分散式供电三种。

2. 在我国城市轨道交通供电系统中，集中式供电方式中的主变电所进线电压一般为__________。

3. 在我国城市轨道交通供电系统中，分散式供电方式的外部电源较多采用__________电压等级。

4. 我国城市轨道交通牵引用电电压采用__________和__________两种。

5. 接触网按其结构可分为__________和__________两大类。

6. 第三轨的接触方式有__________、__________和__________三种。

二、判断题

1. 通信信号设备属于三级负荷。（　）
2. 在牵引电流不变的情况下，牵引变电所之间的距离增加，杂散电流也随之减小。（　）
3. 目前，国内城市轨道交通主变电所均设置3台变压器，互为备用。（　）
4. 馈电线是用以供牵引电流返回牵引变电所的导线。（　）
5. 动力照明系统只负责给车站照明供电。（　）
6. 在交流牵引供电系统中，也会产生杂散电流。（　）
7. 混合式供电以集中供电为主。（　）
8. 为减少杂散电流，应尽量采用单边供电。（　）

三、简答题

1. 按系统功能的不同，城市轨道交通供电系统一般划分成哪几部分？
2. 简述集中式供电的概念。
3. 简述牵引供电系统的组成。
4. 简述动力照明系统的供电范围。
5. 说明 SCADA 系统的作用。
6. 什么是杂散电流？它有什么危害？

项目六

城市轨道交通信号与通信系统

项目导入

信号与通信系统与人们日常候车的车站、搭乘的车辆相比较并不为大众所熟知。但在城市轨道交通系统中，信号系统是 个集行车指挥和列车运行控制为一体的非常重要的机电控制系统，直接关系到整个城市轨道交通系统的运营安全、运营效率和服务质量。它可保证乘客和列车的安全，实现列车快速、高密度、有序运行。而通信系统则为城市轨道交通系统运营提供重要的信息传输手段，确保畅通的通信联系，实现信息实时传送。

项目目标

知识目标：

①了解城市轨道交通信号系统的概况，掌握必备知识。

②掌握城市轨道交通信号系统的基本组成。

③掌握城市轨道信号基础设备的组成及作用。

④掌握城市轨道交通联锁、闭塞的相关概念。

⑤了解城市轨道交通联锁、闭塞设备的发展及应用情况。

⑥掌握城市轨道交通通信系统的组成及作用。

能力目标：

①能够说出城市轨道交通信号系统的基本组成及作用。

②能够说出城市轨道交通通信系统的基本组成及作用。

③能够识别城市轨道交通信号基础设备。

④能够理解城市轨道交通联锁的概念及条件。

⑤能够区别不同类型闭塞方式。

素养目标：

①了解城市轨道交通信号与通信系统的基本知识，培养热爱专业、扎实学习的精神，树立服务社会的意识。

②感受中国城市轨道交通信号与通信系统的快速发展，厚植家国情怀，践行使命担当。

知识导图

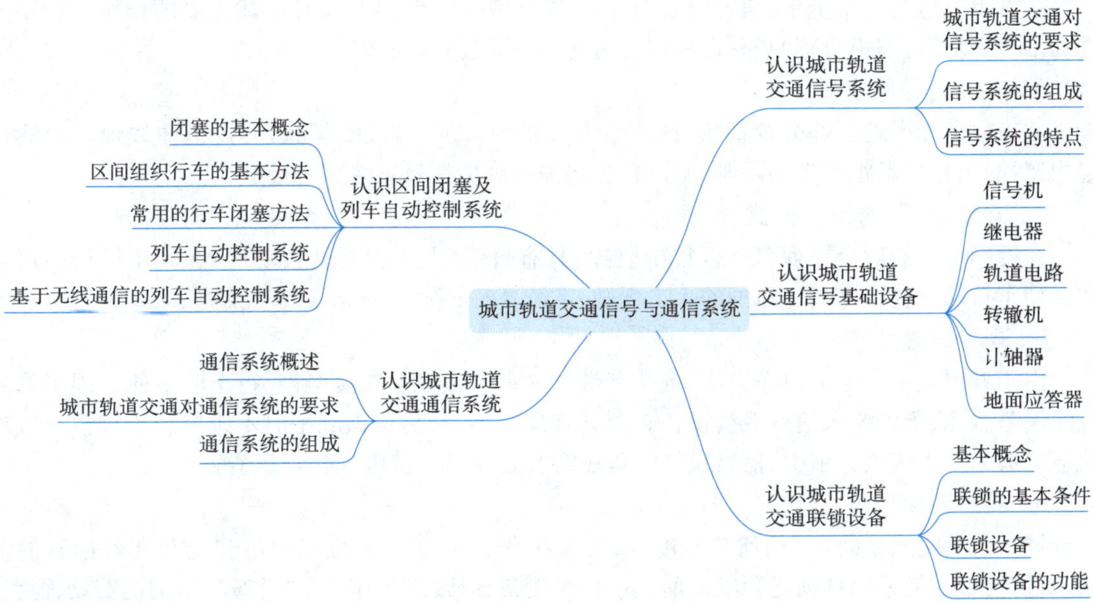

任务一　认识城市轨道交通信号系统

任务目标

①理解城市轨道交通对信号系统的要求。
②掌握城市轨道交通信号系统的组成。
③掌握城市轨道交通信号系统的特点。

任务描述

城市轨道交通信号虽然是在铁路信号的基础上发展而来，但在城市轨道交通不断发展的背景之下，在系统的设计、设备的应用等多方面也产生了很多变化。要求读者能够总结城市轨道交通对信号系统的基本要求，知晓信号系统特点，区分信号系统各子系统的作用，具备城市轨道交通相关专业技术人员必备的基础知识。

核心知识

城市轨道交通信号系统是城市轨道交通调度指挥和运营管理的“中枢神经”，是“信号、联锁、闭塞”的总称，主要包括传统信号基础设备设施，如信号机、转辙机等，以及现代信号设备设施如计算机联锁系统、轨旁发射接收设备、车载设备和列车自动控制系统，是保证列车安全有序运行，实现行车指挥和列车运行现代化，提高运输效率的关键设备系统。

一、城市轨道交通对信号系统的要求

1. 确保列车运行安全

城市轨道交通信号系统能够保证列车运行前方的轨道区段不被占用等条件满足时，列车安

全运行。

2. 提高城市轨道交通的运行效率

在城市轨道交通系统中，信号设备对于提高线路的通行能力起着极其重要的作用。采用先进的信号系统，可缩短行车间隔，提高运行密度，提高线路运输效率。

3. 保证信号显示质量

城市轨道交通地下部分背景暗，且不受天气影响，直线地段瞭望条件好，但曲线地段受隧道壁的遮挡，信号显示距离受到限制，所以在运行中要确保信号系统高质量显示。

4. 安全、全面的控制模式

在控制中心能对全线列车进行集中监控，具有自动/人工运行转换功能，在列车运行中可以实现列车自动驾驶或有超速防护的人工驾驶，系统具有必要的降级/后备控制模式。

5. 高可靠性和抗干扰能力

由于城市轨道交通隧道净空小，且装有带电的牵引接触轨或接触网，行车时不便下洞维修和排除设备故障，所以要求信号系统设备必须具有高可靠性，尽量做到平时不维修或少维修。城市轨道交通采用直流电力牵引，信号系统设备还需要有较强的抗电气化干扰能力。

6. 高自动化程度

城市轨道交通站间距短、列车密度大，行车工作仅依靠人工难以满足安全和高效运营的需求，所以要求尽量采用自动化程度高的先进技术设备，以减少工作人员，并减轻他们的劳动强度。

二、城市轨道交通信号系统组成

城市轨道交通信号系统通常由列车运行自动控制系统（automatic train control，ATC）和车辆段信号控制系统两部分组成，用于列车联锁、进路控制、列车间隔控制、调度指挥、信息管理、设备工况监测及维护管理等方面，由此构成一个高效综合自动化系统。系统组成框图如图 6-1 所示。

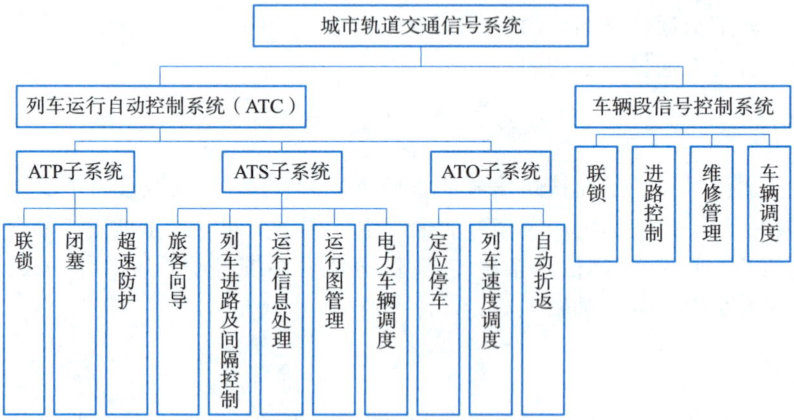

图 6-1 城市轨道交通信号系统的组成

1. 列车运行自动控制系统

列车自动控制（ATC）系统包括列车自动防护（automatic train protection，ATP）、列车自动运行（automatic train operation，ATO）及列车自动监控（automatic train supervision，ATS）三个子系统。ATC 是城市轨道交通信号系统最重要的组成部分，它实现行车指挥和列车运行自动化，能最大限度地保证列车运行安全，提高运输效率，减轻运营人员的劳动强度，发挥城市轨道交通的通过能力。

2. 车辆段(场)信号控制系统

车辆段信号控制系统设一套联锁设备,用以实现车辆段的进路控制,并通过 ATS 车辆段分机与行车指挥中心交换信息。车辆段联锁设备前期采用 6502 电气集中联锁,现在均采用计算机联锁。

车辆段信号设备包括 ATS 分机、车辆段终端、联锁设备、维修终端、信号机、转辙机、轨道电路、电源设备,其构成如图 6-2 所示。

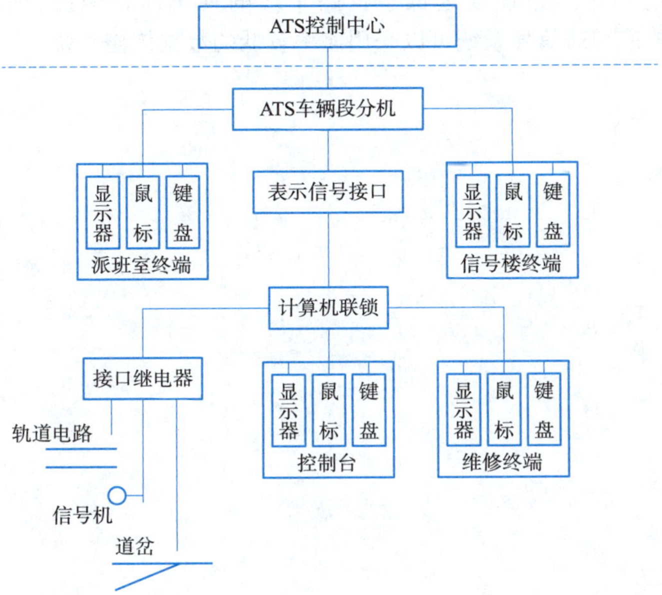

图 6-2　车辆段信号设备构成图

三、城市轨道交通信号系统的特点

城市轨道交通信号系统的技术制式虽然是沿袭干线铁路的制式,但由于自身的运行场景、运行情况等方面与传统铁路信号系统是有一定区别的。其特点主要体现在以下几方面:

1. 具有完善的列车速度监控功能

城市轨道交通所承担的客运量巨大,对行车间隔的要求远高于干线铁路,最小行车间隔达到 90 s 甚至更小,因此对列车速度监控提出了极高的要求,要求其能提供更高的安全保证。

2. 联锁关系较简单但技术要求较高

城市轨道交通的大多数车站没有配线,道岔和信号机等联锁设备的监控对象远远少于一般干线铁路车站,通常一个控制中心即可实现全线的联锁功能。但由于前后运行的列车之间的相互影响,联锁系统的技术要求就随之提高。

3. 车辆段独立采用联锁设备

城市轨道交通的车辆段类似于铁路区段站的功能,其线路、道岔和信号设备远多于其他车站,通常独立采用一套联锁设备。

4. 自动化水平高

由于城市轨道交通的线路长度短,站间距离短,列车种类单一,行车规律性强,因此在城市轨道交通信号系统内,通常都包含有进路自动排列和运行自动调整功能,只有运行图变更时才有人工介入,自动化水平高。

5. 系统互相不要求兼容

城市轨道交通的分线运营,对信号系统不要求互相兼容,即使是同一个城市的各线路所采用的信号系统可以不一样。例如,成都地铁、北京地铁等各条运行线路上采用多个供应商的信号系统设备并不完全相互兼容,但不影响实际运用。

6. 数据传输速率低

城市轨道交通的列车运行速度远低于铁路干线的列车运行速度,最高运行速度通常为 80 km/h,因此城市轨道交通信号系统可以采用速率较低的数据传输系统。

笔记栏:

任务实施

任务工单见表6-1。

表6-1　任务工单

<table>
<tr><td colspan="2">说明城市轨道交通信号系统的组成作用并阐述特点</td></tr>
<tr><td colspan="2">姓名：　　　　　　　　　　班级：　　　　　　　　　　日期：</td></tr>
<tr><td colspan="2">团队成员及分工：</td></tr>
<tr><td>实训目标</td><td>①掌握城市轨道交通信号系统的组成。
②了解城市轨道交通对信号系统的要求。
③了解城市轨道交通信号系统的特点</td></tr>
<tr><td>实训内容</td><td>小张是上海人，一直想要到北方看雪，寒假期间小张搭乘高铁去哈尔滨旅游。到达哈尔滨后，小张在当地主要乘坐公交、地铁去各景点旅游观光。在旅行时细心的小张发觉地铁和铁路好像不太一样，上海地铁和哈尔滨地铁也不太相同。请从信号系统组成为切入点为小张答疑解惑，并对城市轨道交通对信号系统的要求进行分析</td></tr>
<tr><td>引导问题</td><td>①城市轨道交通信号系统的基本概念。

②城市轨道交通信号系统要满足哪些要求？</td></tr>
<tr><td colspan="2">训练：
①根据观察对比铁路信号与城市轨道交通信号的区别，对于城市轨道交通信号系统有哪些要求？

②叙述城市轨道交通信号系统的组成及特点？

③请分析上海地铁与哈尔滨地铁所用的信号系统相同吗？同一城市不同线路使用的信号系统是否相同？（请用运行线路情况举例分析）</td></tr>
</table>

任务评价

任务评价见表 6-2。

表 6-2　任务评价

序号	评价内容	评价标准	分值	分数		
				学生自评	组间互评	教师评分
1	城市轨道交通信号系统的要求	六个要求，一个要求 5 分，每个要求的原因 5 分	60			
2	城市轨道交通信号系统的特点	六个特点，每个特点 4 分	24			
3	城市轨道交通信号系统实例应用分析	至少列举三条不同的线路的信号系统应用情况	16			
总成绩						

拓展视野

中国原创城轨信号标准首次走出国门：互联互通 CBTC 在越南成功交付运营

2021 年 11 月 6 日，搭载着交控科技股份有限公司（简称"交控科技"）互联互通 CBTC 系统（I-CBTC）的越南河内"吉灵-河东"轻轨正式交付并投入运营。这是我国自主知识产权的互联互通信号系统首次在中国以外地区成功应用，也是中国原创城轨信号系统标准第一次走出国门。该线路实现了中国技术、中国标准、中国设备、中国经验共同"走出去"的壮举。

越南河内"吉灵-河东"轻轨由中国中铁六局负责 EPC 总承包，是越南第一条城市轻轨，也是中国目前海外首条集规范标准、施工技术、装备材料、施工、监理和运营管理全产业链"中国化"的最大城市轻轨项目。该线路所采用的互联互通 CBTC 信号系统是中国力量原创性解决世界性难题的一次重大突破，实现了不同厂商信号设备的互联互通，有效解决了信号系统之间相互不兼容的问题，最大限度实现资源共享，可大幅提升设备利用率和运营能力，有效降低建设成本和运营成本并提高乘客出行效率。不仅形成了标准体系，而且培育出互联互通系统产业链。

任务二　认识城市轨道交通信号基础设备

任务目标

①掌握城市轨道交通信号基础设备的组成。

②掌握城市轨道交通信号基础设备的分类。

③掌握城市轨道交通信号基础设备的工作原理。

④掌握城市轨道交通信号基础设备的作用。

任务描述

城市轨道交通信号基础设备主要包括信号机、转辙机、轨道电路、计轴器、应答器等，它们是城市轨道交通信号系统的重要基础设备，其运用质量和可靠性，是信号系统正常运行和充分发挥效能的保证。知晓城市轨道交通信号基础设备的组成，对信号基础设备可以分类，理解信号基础设备的工作原理并掌握其作用，是城市轨道交通相关专业技术人员必备的基础知识。

核心知识

一、信号机

城市轨道交通以车载信号为主体信号，正线区段基本不设信号机，只有在车辆段和道岔区段，为了调车作业的需要而设置地面信号机。城市轨道交通主要采用色灯信号机。通过不同颜色的灯光来传达信号，如红色表示停、黄色表示减速、绿色表示通行、蓝色表示禁止越过调车信号机调车。按照显示方式和结构的不同，色灯信号机主要有透镜式色灯信号机[见图6-3(a)]、组合式色灯信号机[见图6-3(b)]、LED组合式色灯信号机[见图6-3(c)]。

(a) 透镜式　(b) 组合式　(c) LED组合式

图6-3　色灯信号机

1. 信号机的作用

(1)控制列车行驶速度

信号机能够通过信号光源和显示器等装置，控制列车的行驶速度。当信号机发现车道前方有车辆时，会发送指令，使列车减速或停车，避免相撞或发生其他事故。

(2)调整列车方向

信号机可以调整列车的行驶方向。当车辆运行线路需要调整时，信号机会发送指令，使列车转向到正确的轨道上行驶，保证车辆的操作方向正确和安全。

(3)提供运行信息

信号机能提供列车的运行信息，如列车位置、行驶速度、下一站台等信息。

2. 城市轨道交通信号机的设置

(1)信号机的设置原则

①地面信号机设置在列车运行方向的右侧，便于列车司机瞭望并确认信号。地下线路一般安装在隧道壁上，特殊情况(如受其他建筑物或线路条件等影响)可以设置在列车运行方向的左侧或者其他位置。

②为了提高显示距离，一般车辆段的出段、入段信号机采用高柱信号机；而受空间限制的地下线路或者显示距离要求不高时，一般采用矮柱信号机，如车辆段内的调车信号机多采用矮柱信号机。

③信号机在安装时不得侵入设备限界。

④信号的显示和设置必须符合相关规定。

视频
正线信号机的设置

(2)正线信号机的设置

①进站信号机设置在车站入口外方适当距离,用于防护车站内作业安全,指示列车能否由区间进入车站的信号机。信号显示为红色或绿色。

②出站信号机设置在车站出口,用于防护区间列车安全,指示列车能否由车站进入区间。信号显示为红色或绿色。

③采用列车自动控制系统的城市轨道交通,一般不设置通过信号机。为便于列车司机在列车自动防护系统发生故障时控制列车运行,可以根据需要设置通过信号机。

④防护信号机设置在道岔或进路的始端,对通过道岔的列车显示信号,防护道岔开通的线路或进路的安全。一般采用三显示机构,自上而下为黄(或月白)、绿、红。

⑤阻挡信号机设置在线路尽头处,表示列车停车位置。阻挡信号机采用单显示机构,信号显示为红色,如图 6-4 所示。

⑥ 发车表示器设置在车站出站方向站台一侧,向列车司机表示能否关闭车门及发车时间。

(3)车辆段(停车场)的信号机设置

在车辆段(停车场)入口处设进段(场)信号机,在车辆段(停车场)出口处设出段(场)信号机。在同时能存放两列及以上列车的停车线中间进段方向,设列车阻挡信号机。车辆段(停车场)内其他地点根据需要设调车信号机,如图 6-5 所示。

图 6-4　阻挡信号机

图 6-5　调车信号机

视频
继电器

3. 信号显示距离

各种地面信号机及表示器的显示距离应符合下列规定:

①行车信号和道岔防护信号应不小于 400 m。

②调车信号和道岔状态表示器应不小于 200 m。

③引导信号和道岔状态表示器以外的各种表示器应不小于 100 m。

二、继电器

1. 继电器的作用

继电器是自动控制系统中常用的器件,它用于接通和断开电路,用以发布控制命令和反映设备状态,以构成自动控制和远程控制电路。城市轨道交通信号技术中广泛采用的继电器,称为信号继电器(简称继电器),其动作的可靠性直接影响到信号系统的可靠性和安全性。

2. 继电器的结构

继电器由电磁系统和触点系统组成。电磁系统由线圈、铁芯、衔铁等组成；触点系统由动触点和静触点组成，其结构如图 6- 6 所示。

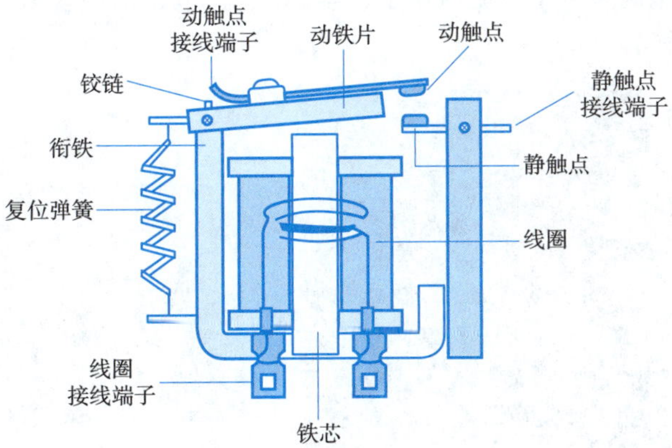

图 6-6　继电器的结构

3. 继电器的工作原理

在线圈两端加一定的电压，线圈中会流过电流，从而产生电磁效应，衔铁在电磁吸力的作用下克服复位弹簧的拉力吸向铁芯，从而带动衔铁的动触点与静触点（常开触点）吸合。当线圈断电后，电磁吸力也随之消失，衔铁在弹簧的反作用力下返回原来的位置，使触点复位。

视 频

轨道电路

三、轨道电路

1. 轨道电路的组成

轨道电路由钢轨、钢轨绝缘、送电设备、受电设备、限流电阻、钢轨接续线等组成，结构如图 6-7所示。

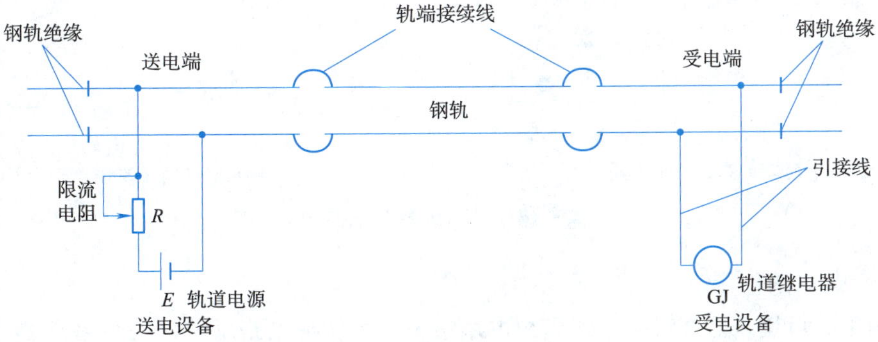

图 6-7　轨道电路组成

①钢轨：轨道线路的两条钢轨是传输轨道电流的导体。

②钢轨绝缘：钢轨绝缘安装在相邻两个轨道电路衔接处，以保证相邻轨道电路在电气上可靠隔离。图 6-8 所示为胶接式绝缘。

③送电设备：轨道电路的送电设备位于送电端可以是电源，用于向轨道电路供电；也可以是能够发送一定信息的电子设备，通过轨道电路向列车传递行车信息。

④受电设备:轨道电路的受电设备可以是轨道继电器,用于反映轨道电路范围内有无列车、车辆占用和钢轨是否完整;或者当轨道电路中包含有控制信息时,轨道电路的受电设备也可以是能够接收并鉴别电流特性的电子设备,能够根据接收到的不同特性的电流,令有关继电器动作。

⑤限流电阻:限流电阻是一个可调电阻器,连接在轨道电路送电端轨道箱内,用来调整轨道电路的电压,如图 6-9 所示。

图 6-8　胶接式绝缘

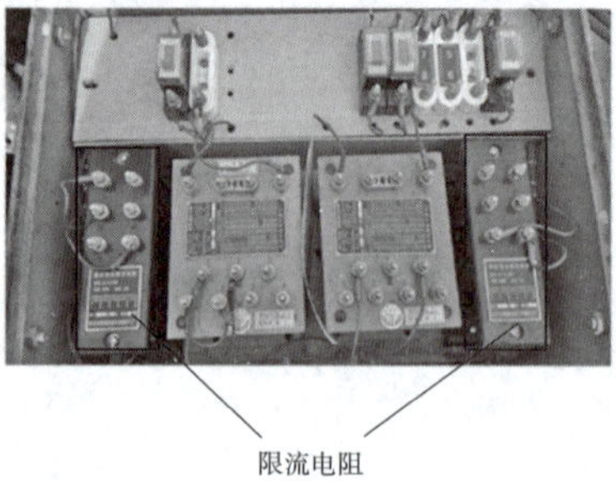

图 6-9　轨道箱

2. 轨道电路的基本原理

如图 6-10(a)所示,当轨道上无车占用,且钢轨完好无损时,轨道电路形成通路,轨道继电器线圈有电流通过,衔铁被吸起,触点接通绿灯或黄灯电路,表示列车可进入该区段运行。

在图 6-10(b)中,当轨道上有车占用时,由于轮对形成了电路回路,使得轨道继电器线圈失去电流,从而使衔铁落下,触点断开绿灯电路,接通红灯电路,表示列车不准进入该区段。

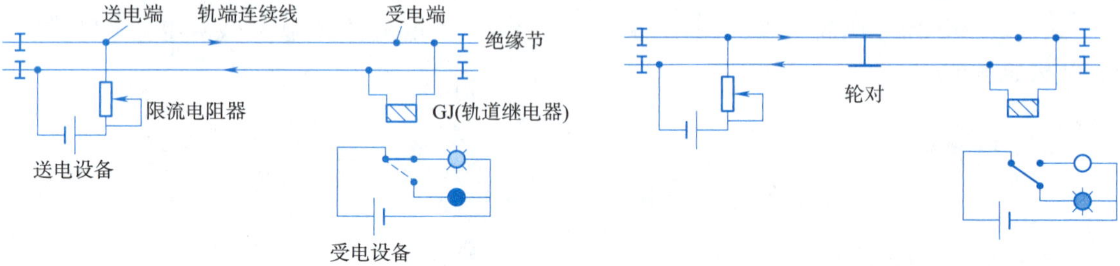

(a)列车可进入该区段运行　　(b)列车不准进入该区段运行

图 6-10　轨道电路基本原理

3. 轨道电路的作用

①轨道电路可用来监督线路上列车的占用情况。由轨道电路反映该段线路是否空闲,为开放信号、建立进路或构成闭塞提供依据。

②轨道电路是车地信息传输通道,用来传递行车信息。

③检查和监督轨道上的钢轨是否完好。

视频
转辙机

四、转辙机

转辙机是直接关系行车安全的设备,对保证行车安全、提高运输效率起着重要作用。在联锁区内的每个道岔处都要设置一台转辙机,用以转换道岔和锁闭道岔。

1. 转辙机的作用

①转换道岔的位置,根据需要转换至定位或反位。

②道岔转至所需位置而且密贴后,实现锁闭,防止外力转换道岔。

③正确地反映道岔的实际位置,道岔的尖轨密贴于基本轨后,给出相应的表示。

④道岔被挤或因故处于"四开"(两侧尖轨均不密贴)位置时,及时给出报警及表示。

2. 转辙机的基本要求

①应具有足够大的拉力,以带动尖轨做直线往返运动,当尖轨受阻不能运动到底时,应随时通过操纵使尖轨恢复原位。

②精准锁闭与解锁,当尖轨和基本轨不密贴时,不应进行锁闭,一旦锁闭,应保证不致因通过道岔的振动而错误解锁。

③作为监督装置,应能正确反映道岔的状态。道岔被挤后,在未修复前不应再使道岔转换。

3. 转辙机的分类

转辙机可以按照传动方式,分为电动转辙机和电动液压转辙机;按照供电方式,分为直流转辙机和交流转辙机;按照锁闭道岔的方式,分为内锁闭转辙机(仅内部有锁闭装置)和外锁闭转辙机(内外部都有锁闭装置),后者更加可靠。常用的转辙机型号有直流 ZD6 系列、交流 ZDJ9 系列、S700K 系列以及电液 ZYJ7 系列,图 6-11 ~ 图 6-14 所示为几种转辙机内部图。

图 6-11　ZD6-E 型转辙机内部图

图 6-12　ZDJ9 转辙机内部图

图 6-13　S700K 转辙机内部图

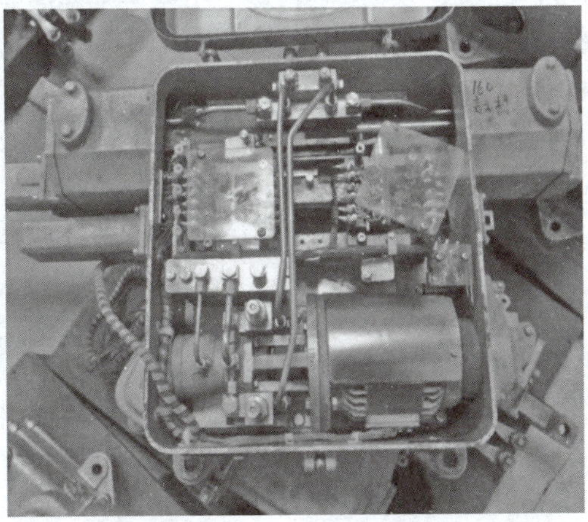

图 6-14　ZYJ7 转辙机内部图

五、计轴器

1. 计轴器的组成

视频

计轴器

计轴器由室内设备和室外设备两部分组成，室外设备有轮轴传感器和电子连接盒等，实物如图 6-15 所示。室内设备有计数比较器（运算器）和继电器等，或采用微型计算机构成的计轴核算器（ACE）装置。

轮轴传感器是计轴器的基础设备。其作用是将车辆通过的车轴数转换成电脉冲信号，一般采用电磁式。

电子单元也称电子连接盒。电子单元将室内提供的电源转化为单元模块所需的电压，并向计轴器的发送磁头提供信号电压。为了给电子单元提供良好的工作环境，应将电子单元安装在具有防尘、防潮、防电磁干扰的密闭安装盒（黄帽子）中，如图 6-15（b）所示。

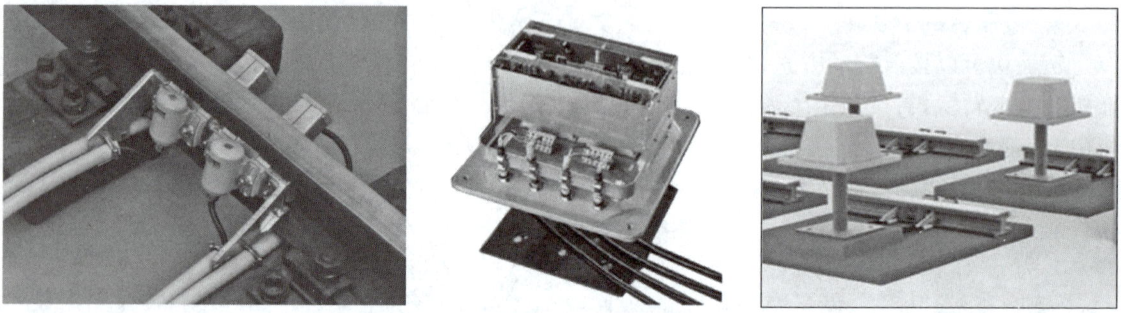

（a）转轴传感器　　（b）电子连接盒

图 6-15　计轴器实物图

计数比较器（运算器）主要由计数器、鉴别器、比较器等组成。它将进出两个计轴点区间的车轴电脉冲信号进行计数和比较，以判断区间（或轨道区段）是否空闲。

计轴核算器设于室内，由电源、计算机、串行输入输出、并行输入输出等设备构成。

2. 计轴器工作原理

在区间始端和末端各有一个传感器，当车轮进入始端轨道传感器作用区时，传感器发出电脉冲信号，经电子连接盒传送给室内设备，开始计轴进行加轴运算。当车轮进入末端轨道传感器作用区时，传感器同样发出电脉冲信号，经电子连接盒传送给室内设备进行减轴运算。计数器显示如为 0，表明此时区间无车占用；若不为 0，则表明此时区间有车占用。计轴器基本原理如图 6-16 所示。

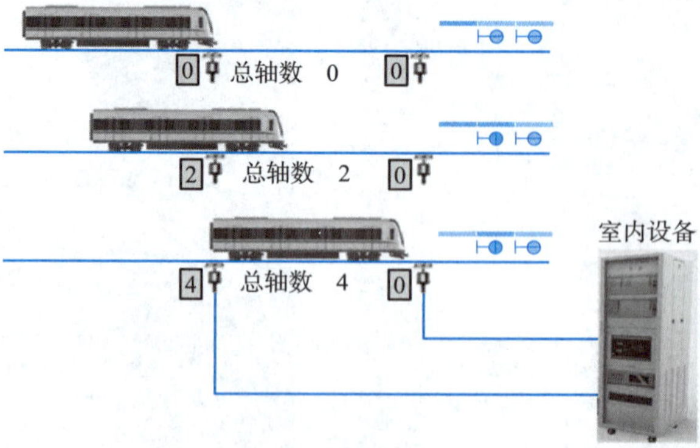

图 6-16　计轴器基本原理图

3. 计轴器的作用

计轴器的主要作用是计算车辆进出区段的轮轴数，从而分析计算区段是否有车占用。

六、地面应答器

1. 应答器的分类

根据应答器所传输报文是否可变，应答器可分为固定信息应答器（也称为无源应答器）和可变信息应答器（也称为有源应答器）两大类。

2. 应答器的工作原理

无源应答器用于存储固定信息，包括公里标、线路坡度、限速等各种数据信息。当列车经过无源应答器上方时，无源应答器接收到车载天线发射的电磁能量后，将其转换成电能，使地面应答器中的电子电路工作，把存储在地面应答器中的数据循环发送出去，直至电能消失（即车载天线已经离去）。列车收到应答器发出的信息后，计算最佳运行速度，并获得精确定位。无源应答器平常处于休眠状态，实物如图 6-17（a）所示。

有源应答器通过电缆与地面电子单元（LEU）连接，可实时发送 LEU 传送的数据报文。当列车经过有源应答器上方时，有源应答器接收到车载天线发射的电磁能量后，将其转换成电能，使地面应答器中发射电路工作，将 LEU 传输给有源应答器的数据循环实时发送出去，直至电能消失（即车载天线已经离去）。有源应答器平常处于休眠状态，实物如图 6-17（b）所示。

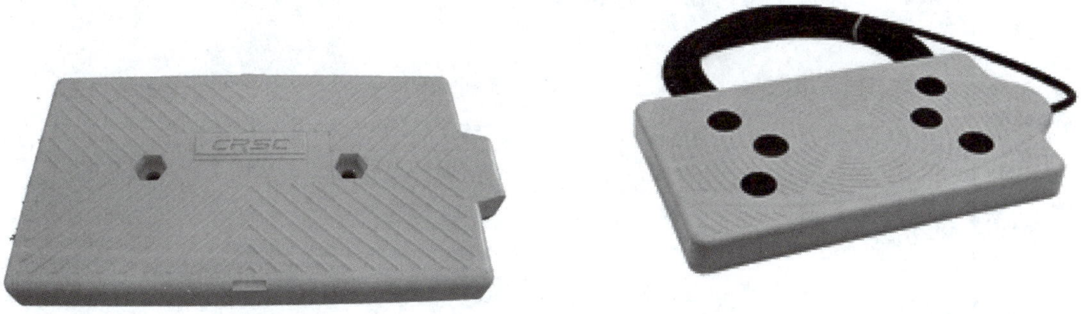

（a）无源应答器　　（b）有源应答器

图 6-17　应答器

3. 应答器的作用

应答器能帮助交通运输系统实现以下功能：

①列车防护：应答器可以通过持续的通信与列车保持联系，提供及时的列车位置和速度信息；使列车运行更加安全，能够避免碰撞和其他事故的发生。

②交通信号控制：应答器可以与交通信号系统进行通信，根据信号指示控制列车的运动。通过及时的信息交换，应答器能帮助列车准确地遵循交通规则，并保证交通系统的顺畅运行。

③列车调度：应答器可以提供列车位置和速度信息，帮助运输系统进行列车调度；使得列车能够按时到达目的地，提高运输效率。

④设备监测和维护：应答器可以监测设备的状态，并及时报告问题，有助于发现故障并进行维修，确保应答器设备的正常运行。

任务实施

任务工单见表6-3。

表6-3　任务工单

认知城市轨道交通信号系统的基础设备			
姓名：	班级：	日期：	
团队成员及分工：			
实训目标	①掌握信号基础设备的组成。 ②认知城市轨道交通信号基础设备及其作用		
实训内容	作为电务维护工作人员，需要准确了解信号基础设备的设置和作用。请以小组为单位利用模拟仿真系统及相关实训场地设备，准确判断各信号基础设备，说出其名称、作用、类型等信息		
引导问题	①城市轨道交通基础设备的组成。 ②城市轨道交通信号各基础设备的作用。 ③信号机、转辙机有哪些类型？		
训练：			
序号	结构图示	结构名称	作用
1			

续上表

序号	结构图示	结构名称	作用
2			
3			
4	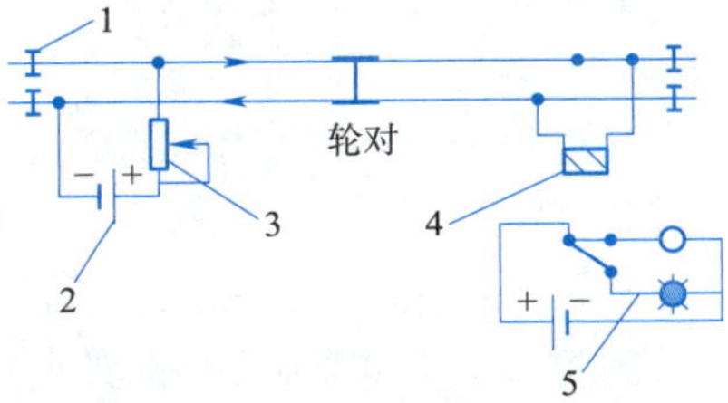		
5			
6			

任务评价

任务评价见表6-4。

表6-4 任务评价

序号	评价内容	评价标准	分值	分数		
				学生自评	组间互评	教师评分
1	城市轨道交通信号基础设备	准确指认设备名称,每个设备5分,共计30分	30			
2	轨道电路	描述轨道电路的结构及原理,共计10分	10			
3	各信号基础设备的作用	描述基础信号设备作用,每个设备各10分	60			
总成绩						

拓展视野

国内首个TACS系统改造项目取得突破

2023年12月8日至9日,上海地铁3/4号线信号系统更新改造工程样板段见证评审会顺利举行。专家组一致认为样板段信号系统满足预期目标,并给予高度评价。

作为阶段性的成果验收,上海3/4号线信号系统改造具有里程碑意义,对TACS(列车自主运行系统)在国内大修改造项目中的推广应用也具有重要影响力。这是国内首个TACS系统改造项目和TACS系统在大客流高密度线路中的首次应用。

如图6-18所示,专家于12月9日凌晨,前往上海地铁3/4号线进行现场观摩。列车在江杨北路站至水产路站区间开展动车验证,通过实测证明了启骥TACS在正常模式下的性能较CBTC提升了30%以上。降级场景的动车验证展现了基于BLS的后备定位控制,可实现信号机控制、混合运行、模式切换等功能,特别是降级混合运行时可追踪至21.3 m以内,并能实现BLS列车的任意点折返,充分证明了TACS系统极高的可靠性和安全性,能很好地满足上海3/4号线大客流、高密度的运营需求,为后续全线TACS改造的顺利推进奠定了基础。

图6-18 上海地铁3/4号线进行现场观摩

采用 TACS 系统改造后，轨旁设备大量减少，机房面积由原来的 100 m^2 缩减到 35 m^2，与此同时，设备安装和调试工作量的减少，也极大地缩短了改造工期，降低了改造成本。

任务三　认识城市轨道交通联锁设备

任务目标

①掌握城市轨道交通联锁的基本概念与条件。

②掌握城市轨道交通联锁设备的组成。

③掌握城市轨道交通联锁设备的功能、特点。

任务描述

联锁系统是用来在车站和车辆段实现列车和调车作业指挥的安全控制系统。该系统包括实现联锁关系、建立进路、控制道岔的转换和信号机的开放，以及进路解锁，以保证行车安全。联锁设备分为正线车站联锁设备和车辆段联锁设备，早期采用继电集中联锁，现在多采用计算机联锁系统。了解城市轨道交通联锁的基本概念，掌握进路、联锁的基本条件，了解车站联锁设备功能组成及作用是城市轨道交通相关专业技术人员必备的专业基础知识。

视频

联锁

核心知识

一、基本概念

1. 进路的概念

进路指列车在作业时运行的路径，是从一架信号机开始至同方向次一架信号机为止的线路。

2. 联锁的概念

车站信号、道岔、进路之间相互制约的关系，称为联锁关系，简称联锁，图 6－19 所示为联锁关系图。每条进路必须由相应的信号机来防护，如果进路上的道岔位置不正确，或已有车占用，或敌对进路（两条或两条以上的进路，有一部分相互重叠或交叉，同时建立有可能发生列车或机车车辆行车冲突的进路）已建立，有关的信号机就不能开放；若信号开放，其所防护的进路不能变动，即此该进路上的道岔不能再转换。这种联锁关系可保证行车安全，提高车站的通过能力。

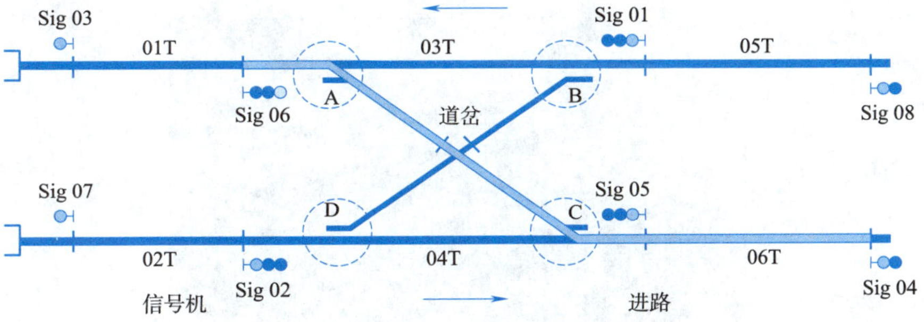

图 6-19　联锁关系图

二、联锁的基本条件

①进路上各区段空闲时才能开放信号机。

②当开放某一进路时，必须先将进路上的所有道岔扳到正确位置后，防护这一进路的信号机才能开放。

③当防护某一进路的信号机开放以后，这一进路上的道岔应被锁闭，不能再扳动。

④当某一进路的信号机开放以后，与之敌对的进路的信号机不能开放。

三、联锁设备

控制车站的道岔、进路和信号，以及实现它们之间联锁关系的设备，称为联锁设备。联锁设备可以采用机械的、机电的或电气的方法来实现，可以分散控制也可以集中控制。城市轨道交通联锁设备分为正线车站联锁设备和车辆段联锁设备。联锁设备早期采用继电集中联锁，现在多采用计算机联锁。

1. 继电集中联锁

在电气集中联锁设备中实现联锁的元件是继电器，因此也称继电集中联锁设备。早期的城市轨道交通，如北京、上海、广州地铁的车辆段曾采用6502继电集中联锁。6502继电集中联锁设备可分为室内和室外设备两大部分，室内设备有电源屏、控制台、继电器组合架、人工解锁按钮盘、分线盘。图6-20和图6-21分别为控制台、继电器组合架。室外设备主要有信号机、动力转辙机和轨道电路。

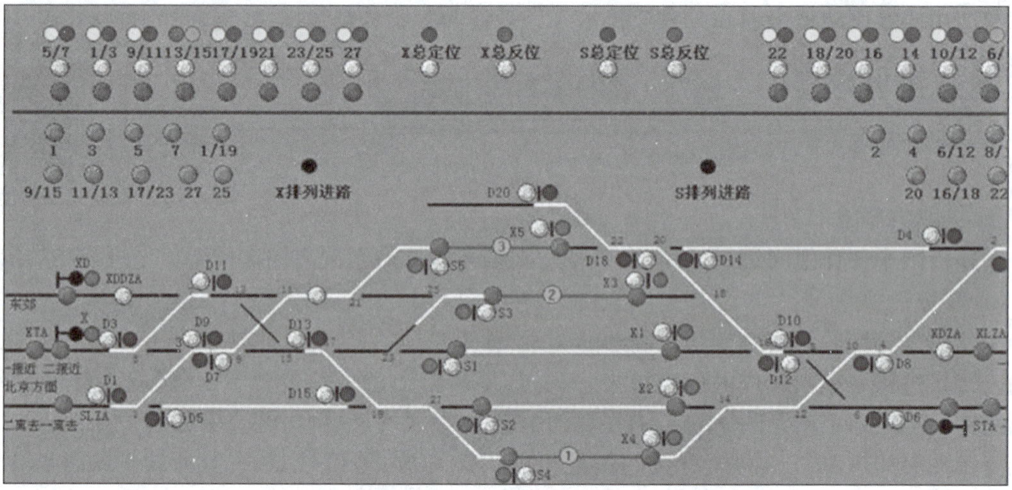

图6-20　6502控制台

图6-21　继电器组合架

2. 计算机联锁

计算机联锁是利用计算机对信号机、转辙机、轨道电路等信号设备进行进行远程监督、远程控制和自动控制，实现信号机、进路、道岔间的联锁，从而保证行车安全的，如图6-22所示。

图6-22　计算机联锁

我国城市轨道交通的计算机联锁系统主要有国产的TYJL-Ⅱ型计算机联锁、DS6-11型计算机联锁、VPI型计算机联锁和iLOCK型计算机联锁，从国外引进的SICAS计算机联锁和MICROLOCK Ⅱ计算机联锁，前四种主要用于车辆段，后两种主要用于正线。

四、联锁设备的功能

1. 联锁设备的功能

联锁设备具有轨道电路的处理、进路控制、道岔控制、信号控制、进路自动设置等功能。

① 轨道电路处理功能：接收和处理轨道区段的“空闲、占用”状态信息，并把该状态信息转发给其他相关设备。

②进路控制功能：建立和解锁进路的功能。建立进路的过程就是从开始办理进路到防护该进路的信号开放的过程。解锁进路的过程就是从列车驶入进路到越过进路中全部轨道区段的过程，或者操作人员解除已建立的进路的过程。

③道岔控制功能：全天候监控所有道岔的状态，道岔的状态信息反馈到人机会话层。如果发生列车挤岔等不正常情况，可由道岔检测设备反映到控制室，并给出声光报警。

④信号控制功能：负责监视轨旁信号状态，并依据进路 、轨道区段、道岔和其他轨旁信号状态信息对其进行自动控制。当收到控制中心送来的信号更新指令时，更新信号状态。

⑤进路自动设置功能：正常情况下，地铁中只需要开通某一固定进路。根据列车的目的地，进路自动设置功能在适当时间自动请求进路。进路自动设置功能有根据列车时间表自动设置进路和根据列车识别号自动设置进路两种模式。

2. 联锁系统特点

①运行三级控制：联锁操作要实现三级控制，即控制中心控制、远程控制终端控制、车站工作站控制。

②追踪进路：联锁系统本身的一种自动排列进路功能。列车接近信号机，占用其前方第一个接近区段时，列车运行所要通过的进路自动排列。

③折返进路：列车需要折返时通过列车自动选路、追踪进路或人工排列进路，从指定的折返

线出发。

④多列车进路：城市轨道交通运行间隔小，车流密度大，在一条进路中可能出现多列列车在运行，对于多列车进路，当第一列车离开进路始端信号机的监控区后，可以排列第二条相同终端的进路。

⑤联锁监控区段：在传统铁路上信号机开放必须检查所防护进路的所有区段空闲，而在装备准移动闭塞的城市轨道交通中，开放信号机前联锁设备不需要检查全部区段，只要检查部分区段，即联锁监控区段，如图 6-23 所示。

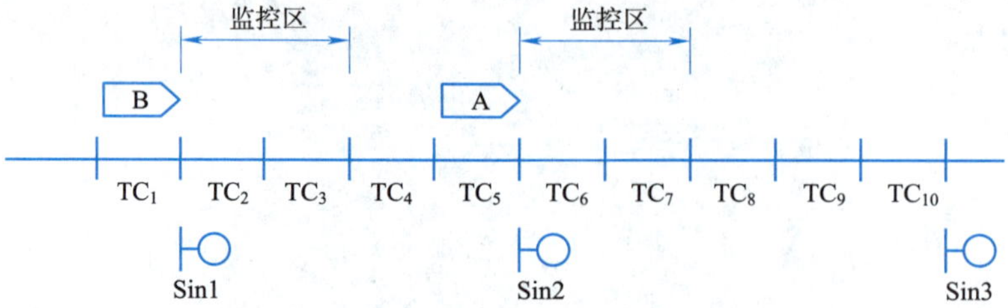

图 6-23　联锁监控区示意图

⑥保护区段：为了保护列车的运行安全，避免列车由于某种原因不能在信号机前停住而导致事故的发生，充分考虑了列车的制动距离及线路等因素，在停车点后设置了保护区段，即终端信号机后方的 1 ~ 2 个区段为保护区段。

⑦侧面防护：主要用来防止列车的侧面冲突，避免其他列车从侧面进入进路。

笔记栏：

任务实施

任务工单见表 6-5。

表 6-5　任务工单

归纳联锁设备的组成、功能及特点	
姓名： 班级： 日期：	
团队成员及分工：	
实训目标	①掌握联锁概念。 ②判断联锁条件
实训内容	小张是一个铁路爱好者，本周乘坐高铁到西安出差，在西安期间在市内活动时发现乘坐地铁的出行效率很高，发车的密度也很高，他非常好奇城市轨道交通中如何保证行车安全的。请根据所学知识归纳总结并为小张答疑解惑
引导问题	①联锁在城市轨道交通运营中有什么作用？ ②你知道哪些联锁设备？

训练：

①分析联锁的基本条件。

②分析 03T 被占用时，道岔 A、B、C、D 能否被搬动？

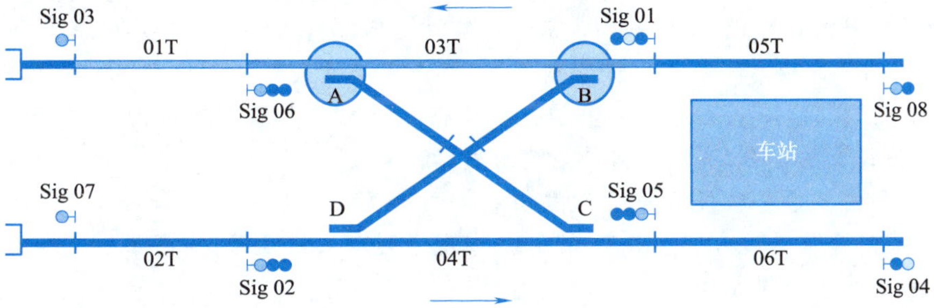

③分析信号 01 若开放，道岔 A、B 的位置。

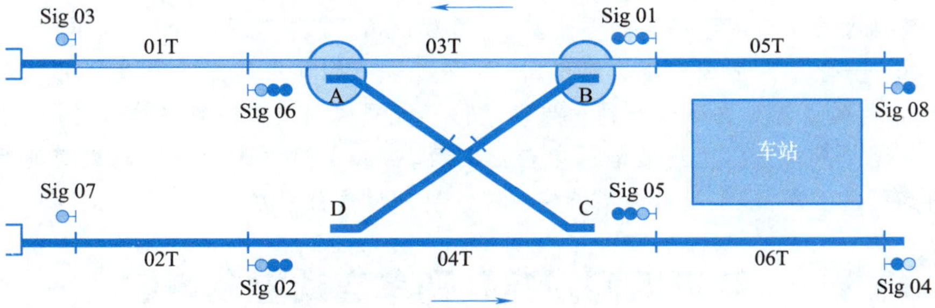

④查阅资料，总结计算机联锁设备与继电联锁设备相比，具有哪些优点。

任务评价

任务评价见表6-6。

表6-6　任务评价

序号	评价内容	评价标准	分值	分数		
				学生自评	组间互评	教师评分
1	联锁的基本条件	四个条件,共计40分	40			
2	正确分析联锁关系	每题15分,共计30分	30			
3	查阅资料,自主学习联锁设备的特点	团队协作,完成两种联锁设备的比较	30			
总成绩						

拓展视野

全国劳模郜春海:缔造轨道交通"中国大陆"的设计师

在1969年我国诞生首条地铁线路之后,中国市场的巨大发展潜力,让西门子、阿尔斯通等外企蜂拥而至。这使得我国长期处于国外技术和设备垄断。而作为城市轨道交通的大脑与中枢神经的信号系统不仅价格十分昂贵,核心技术还长期受制于人。

20世纪90年代末,郜春海经常以专家身份参与核心设备的招标和采购谈判,目睹跨国公司一次次将国内地铁信号控制系统大单收入囊中,中国地铁何时能用上自己的信号系统成了当时所有城市轨道交通人的心声。

于是郜春海带领团队开始了自主创新之路。历经10年的艰苦努力,使我国成功攻克国外巨头几十年才研制出的第三代CBTC技术(基于通信的列车控制系统)。2010年12月30日,"北京地铁亦庄线"CBTC信号系统示范工程顺利开通,标志着自主创新CBTC系统首次应用于实际工程,使我国成为亚洲第一个、世界第四个掌握该项核心技术并开通运用的国家,打破了外国长期垄断,填补了该领域的空白,实现了信号系统的进口替代。

郜春海是国内首倡并攻克互联互通关键技术的领军人。在确保列车安全高效运行的前提下,解决了不同厂商信号设备的互联互通问题,实现了列车共线运营,提高了线路和设备利用率,降低了信号系统的生命周期成本。

郜春海创造性地提出列车全自动运行系统(FAO)模型开发与仿真测试方法,为后续开展全自动运行系统技术研发奠定了坚实的理论基础,随后带领团队攻克了FAO核心技术,在国家发改委的示范工程——北京燕房线中首次应用,成为我国第一条真正意义上具有自主知识产权的全自动运行线路,打破了国外在轨道交通全自动运行系统领域的技术垄断和技术封锁。

郜春海曾说:"只有矢志不渝地坚持走自主创新之路,我们才能在全球轨道交通行业的战略核心地带拥有更多话语权,才能给中华民族的伟大复兴增添强劲动力。"

任务四　认识区间闭塞及列车自动控制系统

任务目标

①掌握闭塞的基本概念。

②了解城市轨道交通区间组织行车的基本方法。

③掌握常用的行车闭塞方法。

④了解列车自动控制系统的功能及各子系统的作用。

任务描述

闭塞是保证行车安全,同时通过技术手段提高线路运能的理念,而城市轨道交通没有铁路专用的闭塞设备的概念,闭塞功能由 ATP 系统(ATC 的子系统之一)完成。列车自动控制(ATC)系统是城市轨道交通信号系统最重要的组成部分,它通过实现行车指挥和列车运行自动化,能最大限度地保证列车运行安全,提高运输效率,减轻运营人员的劳动强度,从而充分发挥城市轨道交通的通过能力。作为相关技术人员应该了解闭塞的基本概念,掌握区间组织行车的基本方法及闭塞方法,掌握列车运行控制系统的组成及作用以更好地适应岗位需求。

核心知识

一、闭塞的基本概念

当一条线路建设完成以后,利用信号系统指挥行车,尽可能缩小前后两列车之间的行车间隔,最大限度地利用线路的通过能力提高运能。与此同时,又要保证前后车不发生追尾撞车事故,最简单的方法是划分一定长度的"区段",在某一时间段内,在此区间内只允许一列车占有(运行或停放),这就是"闭塞"的概念。

闭塞是保证行车安全,同时通过技术手段提高线路运能的理念,将列车正在运行、停放的线路区段予以"封闭",不允许其他列车进入此区段,以防止对向列车、后续列车的正面冲突或追尾事故的发生,在闭塞解除后,才允许其他列车驶入。

图 6-24 所示的列车运行方向,有三个区间 S_1、S_2、S_3,列车 A 位于区段 S_1,根据闭塞的概念,S_1 区间被封闭,其指示信号显示禁止红色,其后续列车只能运行至 S_1 的入口处,只有列车 A 再继续前行,出清 S_1 区段后,S_1 入口处给出开放信号绿灯,后续列车才能继续向前。

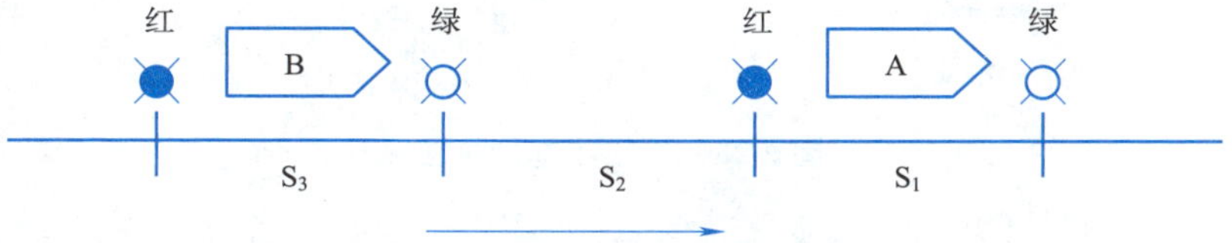

图 6-24 闭塞的概念

对于城市轨道交通,列车间隔控制(即闭塞)均由列车运行自动完成,故为自动闭塞。由于采用了 ATC 系统,各个轨道电路区段(即闭塞分区)均不设通过信号机,而由车载 ATP 系统提供显示。城市轨道交通没有铁路专用的闭塞设备的概念,闭塞功能由 ATP 系统完成。

二、区间组织行车的基本方法

为了保证轨道车辆的安全运行,就得设法把两轨道车辆分开。到目前为止,普遍采用的方法是隔离法。隔离法共有两种形式:一种是空间间隔法;另一种是时间间隔法。在正常情况下,一般采用空间间隔法。

1. 空间间隔法

在轨道交通正线上每隔相当距离设立一个车站、自动闭塞通过信号机,这样把正线划分为若干个区间，在同一时间里，同一空间内只准许一个轨道车辆运行。空间间隔法分为基本闭塞法和代用闭塞法。基本闭塞法采用自动闭塞、半自动闭塞两种，代用闭塞法采用电话闭塞法。

2. 时间间隔法

时间间隔法是指每趟列车发出以后，间隔一段时间再发出后一列车，以防止列车相撞。

在一个区间内，用规定的时间将同方向运行的轨道车辆彼此间隔开运行，以达到轨道车辆之间的空间间隔。由于时间间隔法没有设备上控制，容易发生人为的行车事故，安全性较差。所以，时间间隔法不能确保行车安全，原则上不采用该方法，只有在特殊情况下（如临时性的缓和轨道车辆堵塞、事故起复后的车流疏散、一切电话中断时的行车等）采用。

三、常用的行车闭塞方法

视频

常用的行车闭塞法

按照列车的定位方式，常用的闭塞方式有三种：固定闭塞、准移动闭塞、移动闭塞。

1. 固定闭塞

将线路在物理上划分为固定的区段，不论前、后列车的位置，还是前、后列车的间距都用固定的地面设备来表示，列车定位利用轨道电路来判别区间的空闲或者占用情况，前后车的间距为一个闭塞分区的长度，整个线路的通过能力受该参数的影响，闭塞分区的长度越小，区间通过能力越强，而闭塞分区的长度主要考虑列车的最高运行速度和列车的制动性能，如图 6-25 所示。

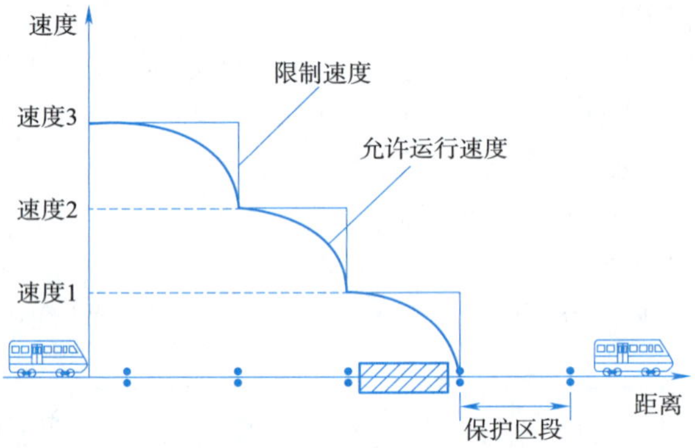

图 6-25　固定闭塞示意图

在这种制式下列车定位是以固定区段为单位的，所以固定闭塞的速度控制模式必然是台阶式的，需要向被控列车安全传送的只是代表少数几个速度级的速度码。固定闭塞需要通过轨道电路判别闭塞分区占用情况，并传输信息码，需要大量的轨旁设备，维护工作量较大，无法满足提高系统能力、安性全和互用性的要求。

2. 准移动闭塞

准移动闭塞是介于固定闭塞和移动闭塞之间的一种闭塞方式，如图 6-26 所示。作为一种独特的列车控制系统，巧妙地融合了固定闭塞和移动闭塞的特性。在准移动闭塞的框架内，前行列车依然沿用传统的固定闭塞方式进行定位，而后行列车则采用连续、动态的方式进行定位。所以它的速度（曲线）控制模式，必然既具有无级（连续）的特点，又具有分级（台阶）的性质。若前行列车不动而后续列车前进时，其最大允许速度是连续变化的；而当前行列车前进，其尾部驶过固定区段的分界点时，后续列车的最大速度（曲线）将按“台阶”跳跃上升。

准移动闭塞方式用报文式轨道电路与环线或应答器的协同作用，精确判断分区的占用状态并实时传输信息。这不仅提供了丰富的数据，使后续列车能够获知前方的运行状况，而且还能告知列车继续前行的安全距离。后续列车可以根据这些信息，更为合理地启动减速或制动操作。列车的制动操作可以从保证安全制动的地点开始，改善了列车的速度控制，使列车之间的安全间隔得到更加合理的安排，进而提高了线路的整体利用效率。但准移动闭塞并未完全摆脱轨道电路的限制，后续列车的最大目标制动点仍然必须在先行列车所占分区的外侧，因此在某些情况下可能无法实现最优的列车运行策略。

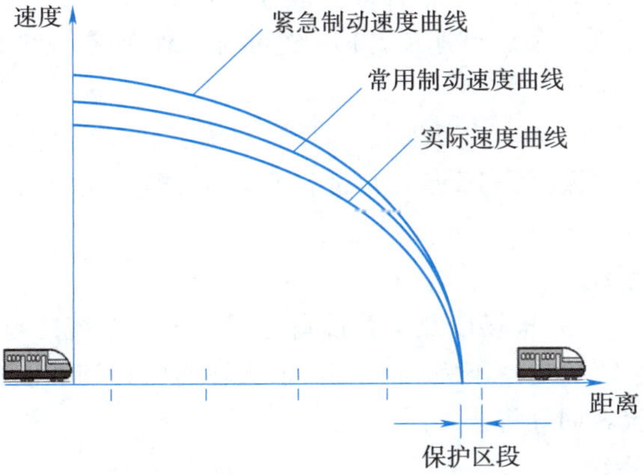

图 6-26　准移动闭塞示意图

3. 移动闭塞

移动闭塞系统没有固定的闭塞分区，而是将线路分成了若干个通过数据库预先定义的线路单元。每个单元长度从几米到十几米，移动闭塞分区即由一定数量的单元组成，单元的数目可随着列车的速度和位置而变化，分区的长度也是动态变化的。

移动闭塞系统是利用通信技术，通过车载设备、现场通信设备与车站或列车控制中心实现信息交换完成速度控制。列车间的最小运行间隔距离由列车在线路上的实际运行位置和运行状态确定。控制中心通过车载设备和轨旁设备不间断地双向通信，根据列车实时的速度和位置动态计算出列车的最大制动距离。列车的长度加上这一最大的制动距离，并在列车后方加上一定的防护距离，便组成了一个与列车同步移动的虚拟分区。由于保证了列车前后的安全距离，两个相邻的移动闭塞分区就能以很小的列车追踪间隔同时前进，使列车能以较高的速度和较小的间隔运行，从而提高了运输能力，如图 6-27 所示。

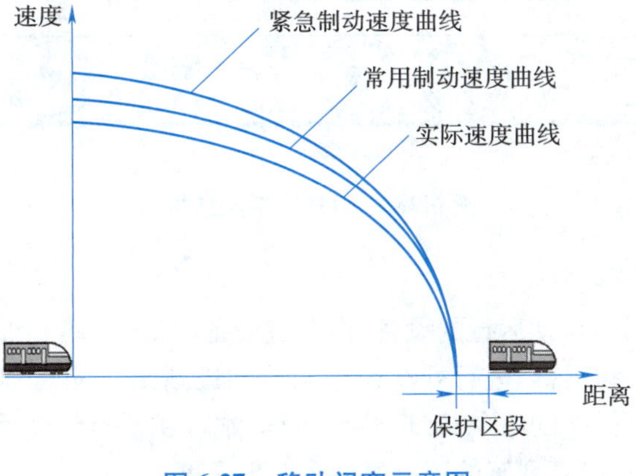

图 6-27　移动闭塞示意图

四、列车自动控制系统

城市轨道交通的信号系统是保证列车运行安全和提高线路通过能力的重要设施。基于城市轨道交通区别于大铁路的诸多特点，传统的信号系统已不能适应城市轨道交通的发展，必须用一种能实现列车速度自动控制和列车运行间隔自动调整的新系统来替代，这就是列车自动控制系统（简称 ATC 系统）。

列车自动控制系统是对列车运行全过程或一部分作业实现自动控制的系统。该系统可通过获取的地面信息和命令，控制列车运行速度，并调整与前行列车之间的安全距离，以保证列车之间按照空间间隔运行。

ATC 系统包括三个子系统：列车自动监控（ATS）系统、列车自动保护（ATP）系统、列车自动运行（ATO）系统，简称“3A”系统。ATC 是在保证行车安全、提高运营效率的情况下，实现列车的自动控制。

（1）列车自动监控子系统

ATS 系统由控制中心、车站、车场以及车载设备组成。ATS 系统是整个城市轨道交通系统的运营核心，在 ATP、ATO 系统的支持下完成。对列车状态的监督和控制，主要功能有运行图的管理、运行调整、仿真培训、旅客向导等。

（2）列车自动防护子系统

ATP 系统由地面设备、车载设备组成，结构如图 6-28 所示。ATP 系统的主要功能是列车的速度监控和超速防护，通过实时的测速和测距，保证列车在安全的速度下行驶，必要时给出各种信号的提醒，甚至自动启动紧急制动，同时还能对列车进行安全性停车点防护和列车车门控制，在列车不能停稳时不允许列车运动等。

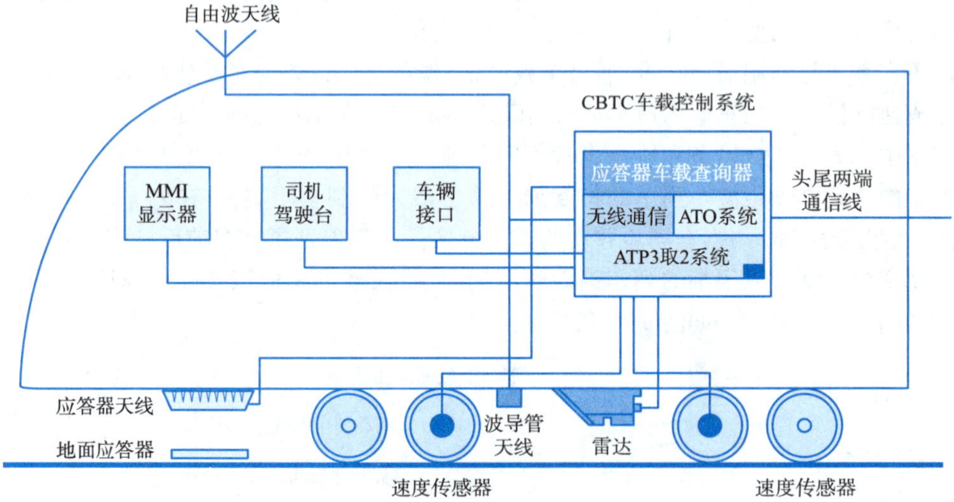

图 6-28　ATP 子系统结构

（3）列车自动驾驶子系统

ATO 子系统是控制列车自动运行的设备，由车载设备（见图 6-29）和地面设备组成，ATO 系统的主要功能是完成站间自动运行，进行列车速度调节和进站定点停车，对车门和屏蔽门的控制，接受控制中心（OCC）的运行调度命令，实现站台扣车、站台跳停等。使用 ATO 系统，可以使列车处于一个最佳的运行状态，提高列车的正点率和乘客舒适度。

图 6-29　ATO 车载设备

五、基于无线通信的列车自动控制系统（CBTC 系统）

CBTC 系统是指通过高精度的列车定位，以及双向连续、大容量的车—地数据通信等，实现连续、自动的列车控制。由于 CBTC 系统能适应不同车型、不同车速、不同运量、不同牵引方式的列车，且大幅提高了列车区间通过能力，因此这种动态信号系统已成为城市轨道交通领域的核心技术之一，其结构框图如 6-30 所示。

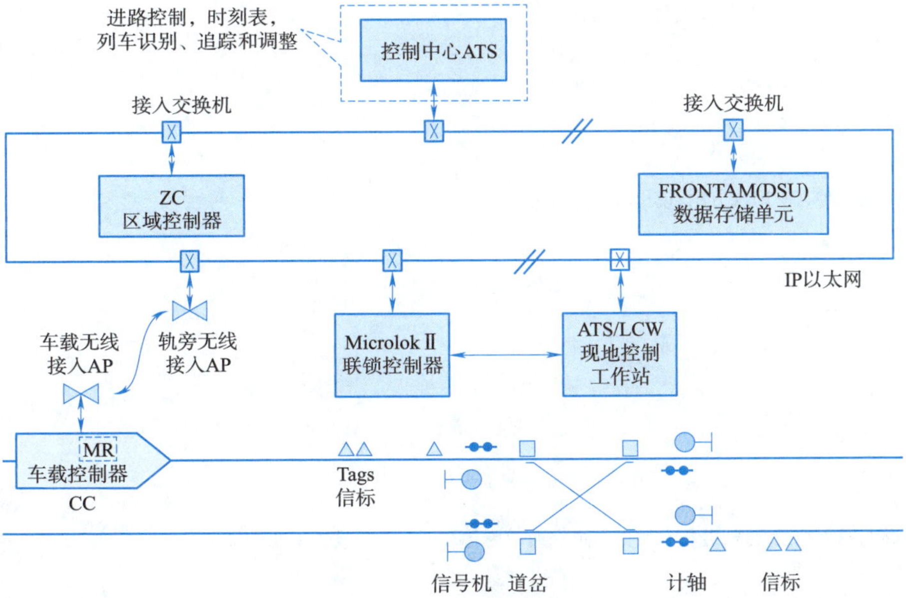

图 6-30　CBTC 系统结构图

基于通信技术的列车控制系统摆脱了用轨道电路判别列车对闭塞分区占用与否，突破了固定（或准移动）闭塞的局限性。较以往系统，CBTC 系统具有以下优点：

①能实现车—地双向、实时、高速度、大容量的信息传输，易于实现无人驾驶。

②列车定位精度高，移动授权更新快。

③轨旁设备简单、可靠性高，不受牵引回流干扰。

④能缩短列车追踪间隔，提高线路通过能力。

任务实施

任务工单1见表6-7。

表6-7 任务工单1

归纳梳理闭塞相关知识			
姓名：		班级：	日期：
团队成员及分工：			
实训目标	①闭塞的基本概念及区间组织行车的基本方法。 ②城市轨道交通常用的行车闭塞方法		
实训内容	城市轨道交通与铁路在闭塞的概念上有很多联系互通的地方，但是与铁路不同的是不再专门设置闭塞设备，作为城市轨道交通工作人员，需要掌握闭塞相关概念及城市轨道交通中行车闭塞常用的方法，以更好地完成相关工作任务，请以小组为单位讨论学习		
引导问题	①什么是区间？什么是闭塞？ ②目前区间组织行车常用的方法。 ③移动闭塞方式为什么优于其他两种闭塞方式？		
训练： ①描述闭塞的概念，绘制简单示意图进行分析。 ②分析常用的几种行车闭塞方法，说出各自适应的情境。 ③对比铁路与城市轨道交通，分析在城市轨道交通中为什么不再专门设置闭塞设备。			

任务工单2见表6-8。

表6-8　任务工单2

<table>
<tr><td colspan="2">说明列车运行控制系统的组成及作用</td></tr>
<tr><td colspan="2">姓名：　　　　　　班级：　　　　　　日期：</td></tr>
<tr><td colspan="2">团队成员及分工：</td></tr>
<tr><td>实训目标</td><td>①掌握ATC各子系统的组成及作用。
②基于无线通信的列车控制系统的结构及特点</td></tr>
<tr><td>实训内容</td><td>今年各类科普大赛遍地开花，作为城市轨道交通专业的大学生也想将自己所学分享给大家。请以小组为单位说明城市轨道交通信号系统的组成，ATC系统由哪些子系统构成？各子系统有什么作用</td></tr>
<tr><td>引导问题</td><td>(1)城市轨道交通信号系统的组成。
(2)ATC、ATO、ATS、ATP分别是什么含义？
(3)如今地铁广泛使用的信号系统是什么？</td></tr>
<tr><td colspan="2">训练：
①叙述ATC系统的组成，并区分各子系统的功能作用。

②CBTC与其他类型的列车运行控制系统对比有什么优势？</td></tr>
</table>

任务评价

任务评价见表6-9。

表6-9 任务评价

序号	评价内容	评价标准	分值	分数		
				学生自评	组间互评	教师评分
1	准确描述闭塞的基本概念，并能画出示意图进行解释	基本概念5分，绘制正确示意图5分	10			
2	常用的三种闭塞方式及特点	每种闭塞方式、特点5分	10			
3	常用的区间行车组织方法	每种10分	20			
4	分析城市轨道交通中为什么不专设闭塞设备	将城市轨道交通与铁路对比分析，每点5分（答对3点即可），分析逻辑5分	20			
5	城市轨道交通信号系统中ATC及子系统的基本概念	准确表述概念，每个5分	20			
6	广泛使用的信号系统及其优势	知晓其名称5分，并能对比分析优势（3点），每点5分	20			
总成绩						

拓展视野

中国中车自主CBTC信号系统全球发布：补齐最后一块短板

中车株洲电力机车研究所有限公司（以下简称“中车株洲所”）在2019北京国际城市轨道交通展览会上发布符合欧洲最新标准的全自主CBTC（基于通信的列车自动控制）信号系统，这意味着其补足了中车建设、车辆、信号的重要一环。

据中车方面介绍，CBTC信号系统是基于现代控制、计算机和通信技术的大型分布式实时控制系统，是目前国际主流通信信号技术。CBTC信号系统包括CI（计算机联锁）、ATS（自动列车监控）、ATP（自动列车保护）、ATO（自动列车驾驶）、数据通信和维修支持等多个子系统。

自主CBTC信号系统采用自主统一安全计算机平台技术，车载和地面使用同一平台可为业主大幅减少备品备件和降低运维成本。系统采用“信号+牵引+制动”的一体化设计，在列车控制精度、乘坐舒适性、列车节能控制等方面有大幅提升且处于行业先进水平，已在长沙地铁4号线成功试运营。

中车株洲所轨道交通信号产业起步于20世纪90年代的列控车载设备，2009年开始布局城市轨道交通信号产业，同年正式进军城市轨道交通信号领域。2016年成功研制出整套自主化CBTC信号系统，并通过了上海张江线的系统验证。2017年在湖南长沙地铁4号线实现自主CBTC信号系统首单突破，2019年5月长沙地铁4号线CBTC信号系统成功开通试运营，刷新不足17个月工期开通试运行的“行业速度”。

任务五　认识城市轨道交通通信系统

任务目标

①了解城市轨道交通对通信系统的要求。

②掌握城市轨道交通通信系统的组成。

③掌握各通信子系统组成及作用。

任务描述

通信系统是城市轨道交通的神经中枢，为车辆运行、调度指挥、设施维护和客运服务等运营和管理工作提供语言、文字、数据和图像等信息的传递服务。城市轨道交通通信系统是一个高可靠性、易扩充、组网灵活的综合数字通信网，了解城市轨道交通对通信的基本要求，掌握通信系统的组成，了解各子系统的作用和构成是城市轨道交通相关专业技术人员必备的基础知识。

核心知识

一、通信系统概述

城市轨道交通通信系统是一个高可靠性、易扩充、组网灵活的综合数字通信网，由专用的有线和无线通信系统组成，用于城市轨道交通运营管理中的公务联络和传递各种信息，确保列车高效、安全运行。当出现紧急情况时，通信系统能迅速及时地为防灾救援和事故处理的指挥提供通信联络。为了保证城市轨道交通系统列车运行安全、可靠、准点、高密度和高效率，实现运输的集中统一指挥，行车调度自动化和列车运行自动化，城市轨道交通系统必须配备专用的、完整的、独立的通信系统。

二、城市轨道交通对通信系统的要求

城市轨道交通对通信系统的要求是能迅速、准确、可靠地传递和交换各种信息。

1. 行车组织要求

通信系统应能保证将各站的客流情况、工作状况、线路上各列车运行状况等信息准确、迅速地传输到控制中心。同时，将控制中心发布的调度指挥命令与控制信号及时、可靠地传送至各个车站及行进中的列车上。

2. 组织管理要求

通信系统应能保证各部门之间、上下级之间保持畅通、有效、可靠的信息交流与联系。

3. 外部通信要求

通信系统应能保证本系统与外部系统之间便捷、畅通的联系。

4. 可靠性要求

通信系统主要设备、网络和软件模块应具有高可靠性，采取先进的可靠性冗余配置技术，出现故障时能自动切换和报警，控制中心可监测和采集各车站设备运行和检测的结果。

5. 多服务信息要求

包括音频服务信息、视频(CCTV 视频监控)服务信息、数字服务信息等的传递。

三、城市轨道交通通信系统的组成

视频
通信系统的组成

城市轨道交通通信系统一般由传输、公务电话、专用电话、调度专用无线通信系统、公安专用无线通信系统、消防应急通信、广播系统、电视监控系统,以及保证通信系统正常工作所需的时钟、电源等子系统组成。由于各城市划分范围不尽相同,配置有所取舍,但传输、公务、专用电话、专用无线、时钟、电源等主要部分是必不可少的。下面将介绍传输系统、电话系统、电视监控系统、广播系统、时钟系统和电源系统。

1. 传输系统

传输系统是一个基于光纤的主干通信网,它除了用于传输通信系统所需的语音、数据、图像等信息外,还可以传输电力监控、自动售检票、列车自动控制、火灾报警、机电设备监控等系统的信息。

2. 电话系统

电话系统主要为城市轨道交通管理、运营及维修人员提供语音通信。电话系统从运用和功能上区分,可分为公务电话系统和专用电话系统。

(1)公务电话系统

公务电话系统为城市轨道交通管理、运营及维修人员提供内部和外部语音通信。它是以数字程控交换机设备为核心,与数字程控交换机相连的电话分机分布在城市轨道交通各办公管理部门、OCC、车站、设备室、车辆段及需要电话的其他区域。

(2)专用电话系统

专用电话系统的作用是为 OCC 的调度员、车站值班员、车辆段值班员、各车站的安保人员等提供直线电话服务功能,以及单呼、组呼、全呼、紧急呼叫、录音等功能,并为区间电话(轨旁电话)、机房电话和一些内部电话提供自动交换功能,实现快捷而可靠的通信,以确保行车安全。

3. 电视监控系统

为了确保列车的运行安全,及时向有关人员提供车站各部位的安全情况,以及客流分布情况、列车停站、售、检票情况、列车门开启、关闭等现场实时图像信息,需要设置闭路电视监控系统。轨道交通电视监视系统一般由车站、运营控制中心、公安监控中心及管理中心(预留)三级组成,各个控制中心和各车站通过地铁通信传输系统平台共享视频图像资源。系统采用数字化、网络化监控方式。图 6-31 所示为城市轨道交通视频监控系统结构图。

4. 广播系统

车站广播系统是实现集中管理的重要组成部分。其用途和服务范围包括:通过该系统及时向旅客通报列车到站及离站的实时预告信息、非常情况下的疏导信息等。同时,为组织好行车,应及时将运行信息告知行车相关人员。发生故障、灾害等紧急情况时,发出警报,指挥救援。为了实现集中管理,车站广播系统除了车站广播外,还可由控制中心集中播音。

广播系统通常由两个子系统组成:车站广播子系统和停车场、车辆段广播子系统。

①车站广播子系统:供控制中心的总调、列调、防灾调及各车站的值班员、副值班员使用,为乘客播放列车到发信息、向导及紧急状态的安全等服务信息,为工作人员播放作业命令及管理信息。车站广播系统由控制中心广播设备、车站广播设备、系统监测终端及传输通道构成二级控制广播网。

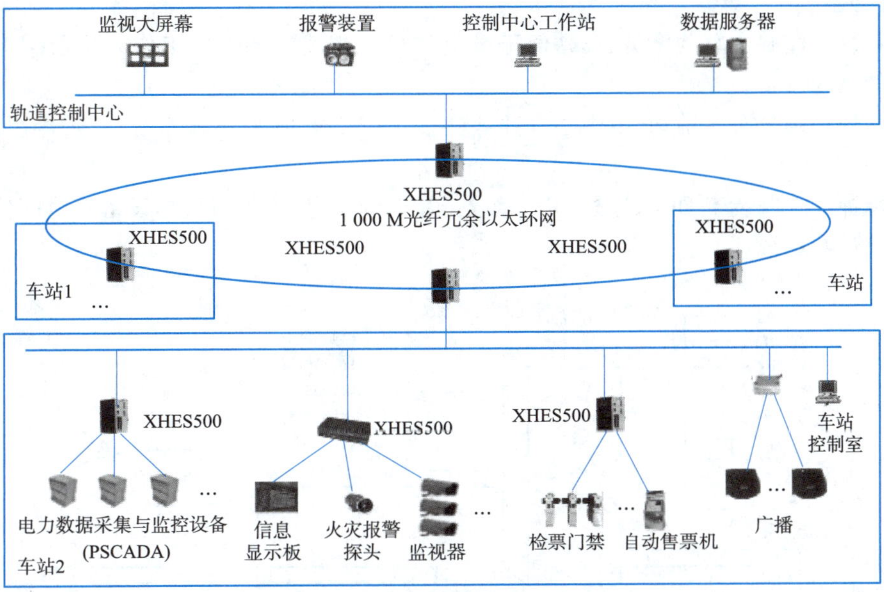

图 6-31　城市轨道交通视频监控系统结构图

②停车场、车辆段广播子系统：供各自信号楼值班员、车辆段调度、运用库值班员及停车列检库值班员向现场工作人员播放车辆调度、列车编组等有关作业信息。一个典型的广播系统组成如图 6-32 所示。

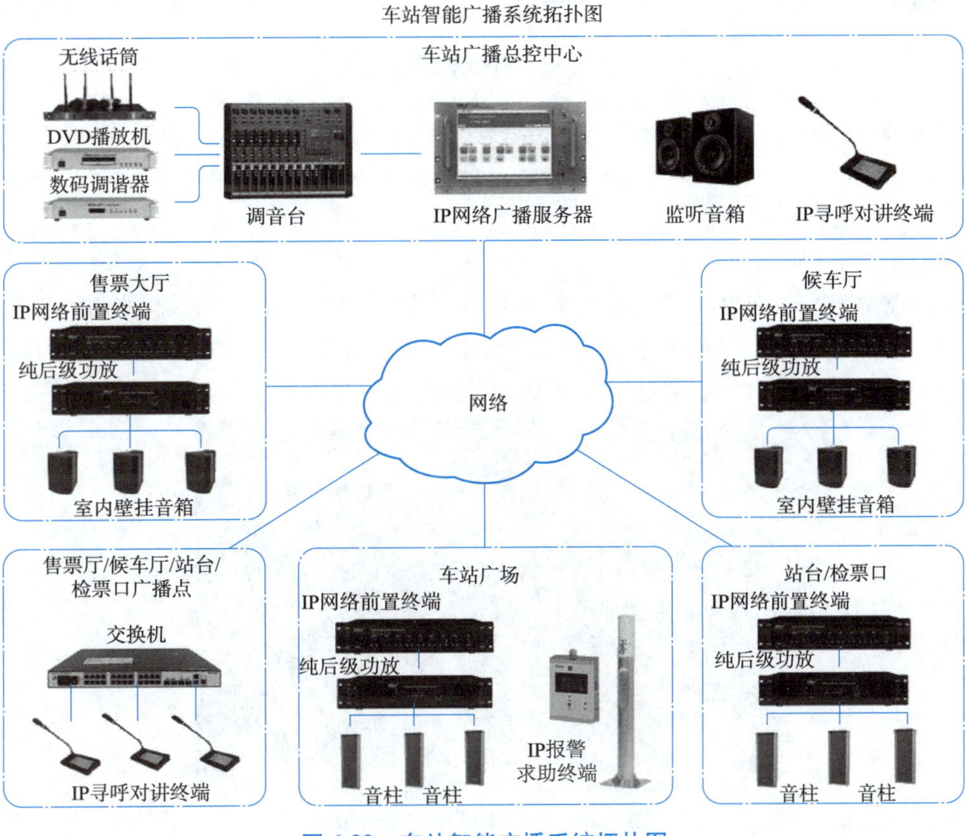

图 6-32　车站智能广播系统拓扑图

5. 时钟系统

时钟系统为控制中心调度员、车站值班员或与行车相关的各部门工作人员及乘客提供统一标准时间信息的设备。

时钟系统采用分布式结构，由中心母钟、监控终端、二级母钟、传输系统、子钟等组成，系统结构如图6-33所示。

中心母钟系统安装于OCC，通过GPS接收卫星时间信息，再通过机柜设备将时间信息传送给各站的二级母钟系统。

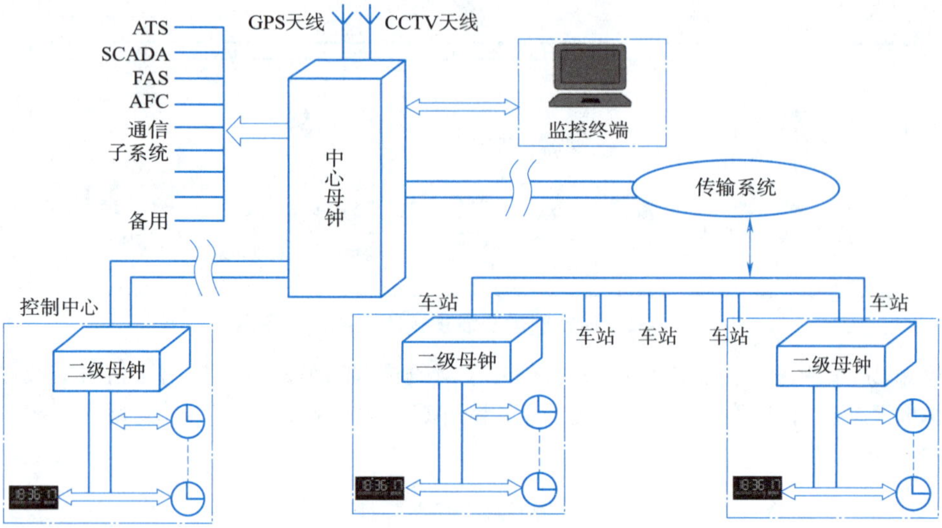

图6-33 时钟系统结构图

二级母钟安装在各车站及车辆段通信设备室，其子钟安装在各站设备区的生产、办公用房间及站台层、站厅层。二级母钟主要用于接收中心母钟系统发送的标准时间，同时驱动子钟转动以显示时间。

6. 电源系统

通信电源系统由各车站通信电源系统、车辆段和停车场的通信电源系统、控制中心通信电源系统、通信电源网管系统、通信接地系统等组成，主要设备有交流自切配电柜、不间断电源、直流高频开关电源、蓄电池等，可以通过图6-34认知部分通信电源设备。

图6-34 通信电源系统部分设备

任务实施

任务工单见表 6-10。

表 6-10　任务工单

<table>
<tr><td colspan="2">认识城市轨道交通通信系统</td></tr>
<tr><td colspan="2">姓名：　　　　　　　　　　　班级：　　　　　　　　　　　日期：</td></tr>
<tr><td colspan="2">团队成员及分工：</td></tr>
<tr><td>实训目标</td><td>①掌握城市轨道交通通信系统的组成。
②掌握城市轨道交通对通信系统的要求。
③掌握城市轨道交通各通信子系统的作用及组成</td></tr>
<tr><td>实训内容</td><td>司机开车过程中需要通过手台随时和调度中心保持联系，乘坐地铁时，车站内会有广播、时钟、电视监控等，这些都是通信设备，以小组为单位，交流讨论通信系统的作用及各子系统的功能，为今后的相关工作奠定基础。</td></tr>
<tr><td>引导问题</td><td>①城市轨道交通通信系统的基本概念。
②城市轨道交通通信系统要满足哪些要求？</td></tr>
<tr><td colspan="2">训练：
①根据所学知识分析城市轨道交通对通信系统有哪些要求。

②叙述通信系统的组成。

③根据所学知识结合乘坐地铁的经历谈一下你知道的子系统的作用。

</td></tr>
</table>

任务评价

任务评价见表6-11。

表6-11　任务评价

序号	评价内容	评价标准	分值	分数		
				学生自评	组间互评	教师评分
1	城市轨道通信信号系统的要求	五个要求，一个要求5分，每个要求的原因5分	50			
2	城市轨道交通信号系统的组成	六个子系统（可以拓展），每个5分	30			
3	根据实际生活中的经历，分析城市轨道交通各通信子系统的作用	至少列举三个不同情境的正确分析通信子系统的作用	20			
总成绩						

拓展视野

中车四方所（中车制动）关键核心系统产品为城轨列车保驾护航

2024年3月28日，长春轨道交通6号线正式开通运营，如图6-37所示。这是长春市轨道交通第三期建设规划中首个开通运营的地铁线路，列车具有动感活力、绿色舒适、安全智能等特点。车体采用中国标准B型全铝合金车体结构，更具轻量化、模块化、高强度等优势。

中车四方所（中车制动）为长春轨道交通6号线提供的列车网络控制系统采用符合最新国际标准的基于分组交换技术的编组以太网网络，应用了热备冗余的配置方式、关键子系统的双归属网络接入，以及协议数据交互的CRC校验等多种策略，能够将列车控制网络和维护网络融合为一体，实现多网合一，保证网络主控单元与各子系统设备之间通信的实时性，有效提升了列车控制安全性、可靠性和智能化水平。列车还配备了中车四方所（中车制动）研制的车联网健康管理系统（PHM），依托PHM运行状态追踪、故障追溯等功能建立车地一体化的健康管理体系，堪称“行走的地铁医生”。

图6-35　长春轨道交通6号线

巩固与练习

一、选择题

1. 采用列车自动监控（　　）子系统的轨道交通线路，行车指挥实行自动化控制。

A. ATS　　B. ATO

C. ATP　　D. ATC

2. 以下不属于 CBTC 系统特征的是(　　)。

A. 列车定位更精确　　B. 行车效率较低

C. 车地通信信息量大　　D. 沿线轨旁设备布置较少

3. 下列(　　)不是城市轨道交通信号系统的特点。

A. 自动化水平高　　B. 联锁关系复杂

C. 不要求兼容　　D. 具有完善的列车速度监控功能

4. 移动闭塞列控系统的追踪目标点为(　　)。

A. 前行列车所占用闭塞分区的末端

B. 前行列车的尾部

C. 前行列车所占用闭塞分区的始端

D. 前行列车的前部

5. 按区间或闭塞分区放行列车的方法称为(　　)。

A. 时间间隔法　　B. 空间间隔法

C. 区间间隔法　　D. 闭塞分区间隔法

6. (　　)灯光作为列车运行禁止信号。

A. 黄色　　B. 红色　　C. 绿色　　D. 蓝色

二、填空题

1. 城市轨道交通信号基础设备主要包括__________、__________、__________、__________、应答器等。

2. 城市轨道交通主要采用__________信号机。

3. __________设置在车站入口外方适当距离,用于防护车站内作业安全,指示列车能否由区间进入车站的信号机。信号显示为__________或__________。

4. 轨道电路由__________、__________、__________、__________、限流电阻、钢轨接续线等组成。

5. 车站的__________、__________和__________称为联锁设备。

6. 按照列车的定位方式,常用的闭塞方式有 3 种:__________、__________、__________。

7. 电话系统从运用和功能上区分,可分为__________和__________。

三、简答题

1. 阐述什么是轨道交通信号。

2. 轨道交通信号系统中有哪些基本设备?

3. 什么叫进路?

4. 什么是轨道电路? 其组成有哪些?

5. 什么是联锁? 联锁的条件有哪些?

6. 什么是闭塞? 固定闭塞、准移动闭塞、移动闭塞如何区分?

7. 轨道交通的通信系统有什么作用?

8. 轨道交通的通信系统主要由哪些子系统组成?

项目七

城市轨道交通运营管理

项目导入

城市轨道交通是一种大容量、速度快、以运送旅客为主的交通方式。要保障车辆运行安全、准点、快捷,需要有高效的行车组织、乘务管理、客流管理作为保障。同时,还要提供良好的乘客服务设施,使乘客感到舒适和方便。这一切都建立在“安全”的基础上,树立“安全第一”的思想尤为重要。

项目目标

知识目标:

①了解城市轨道交通行车组织的主要内容。

②了解城市轨道交通行车调度工作的基本任务。

③认知城市轨道交通运行图的意义、格式。

④了解城市轨道交通客运组织的主要内容。

⑤了解城市轨道交通票务管理的主要内容。

能力目标:

①能够说出行车调度的基本任务。

②能够说出城市轨道交通客运组织的基本原则。

③能够说出城市轨道交通车票安全管理的各项内容。

素养目标:

①了解城市轨道交通行车组织、客运组织、票务管理等基本知识,培养热爱专业,扎实学习的精神,树立服务社会的意识。

②树立“安全第一”,厚植家国情怀,践行使命担当。

知识导图

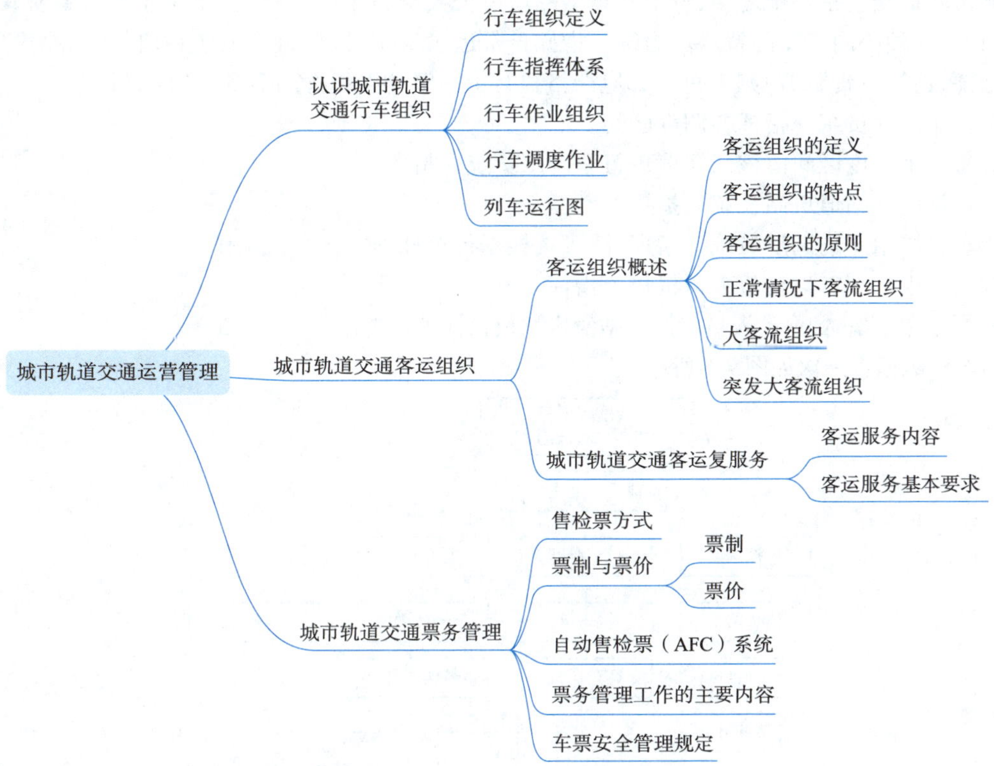

任务一　认识城市轨道交通行车组织

任务目标

①了解城市轨道交通行车组织。

②了解城市轨道交通行车调度工作的基本任务。

③认知车站与车辆段行车组织基本内容。

④认知城市轨道交通运行图的意义、格式。

任务描述

城市轨道交通行车组织工作是城市轨道交通运输生产的重要内容。通过学习城市轨道交通行车调度、行车组织、列车运行图等相关内容，进一步了解城市轨道交通运行的特点。

核心知识

一、城市轨道交通行车组织定义

城市轨道交通行车组织是指利用城市轨道交通设施设备，根据列车运行图组织列车运行，完成运送乘客的任务所进行的一系列与运输有关的工作。它担负着指挥列车运行，保证行车安全，提高运输效率的重要任务。行车组织工作是整个城市轨道交通系统运营的核心内容。

二、行车指挥体系

城市轨道交通是一个复杂、技术密集型的城市公共交通系统,具有各项作业环节紧密联系和各部门、各工种协同工作的特点。为统一指挥日常运输工作,行车组织工作必须坚持“高度集中、统一指挥、逐级负责”的原则。每级都应严格执行上一级调度指挥的命令,具有如下:

①行车调度员统一指挥各调度区间。

②每一个调度区间由该区间值班行车调度员统一指挥。

③车站由本站值班站长统一指挥。

④车辆段由车场调度员统一指挥,派班员根据行车计划安排司机工作。

⑤列车由本列车当班值乘司机负责指挥。

⑥列车在车站时,乘务人员应按车站值班站长指挥进行工作。

行车组织指挥层次如图 7-1 所示。

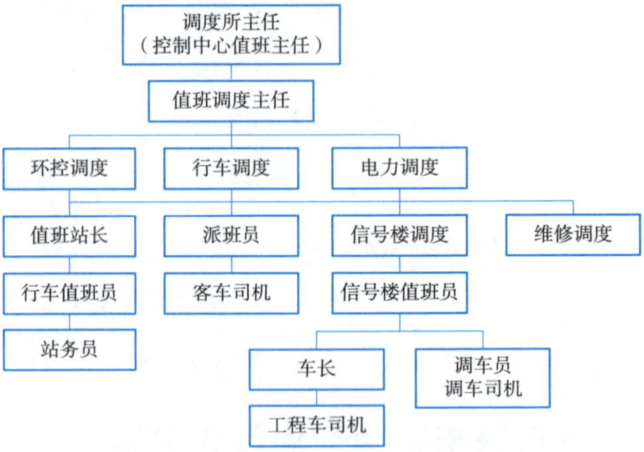

图 7-1 行车组织指挥层次

三、行车作业组织

正常情况下,城市轨道交通列车的一个运行周期为:根据列车运行图,列车按照规定时间从车辆段存车线进入正线并投入运营,一直到运营结束退出服务回到车辆段进行整备,整备完毕后再次从车辆段进入正线投入运营服务为止。可以说正常情况下列车的一个运行周期是 24 小时。在这一过程当中,需要由行车调度指挥,车辆段调度员、车辆段值班员、车站行车值班员、站台站务员和驾驶员等人员共同完成。

1. 车站行车作业组织

(1)信号正常情况下的行车组织

在信号系统正常情况下,信号系统由运行控制中心行车调度员集中控制,车站值班员负责现场设备的监管、乘客的监管和引导,确保行车的安全和正点。在站台发生事件时(如屏蔽门故障、乘客晕倒等),第一时间处理,尽可能减少因事件而产生的延误。

(2)信号非正常情况下的行车组织

ATC 系统中,在车站接收信号控制权后,可以实现信号系统的本地控制。正常情况下,信号系统由控制中心的中央 ATS 系统控制行车,在信号故障情况下,经过行车调度员授权,可以将控制权转移到车站控制。如果信号系统无法正常显示,经过行车调度员授权,还可以实行电话闭塞行车法,由车站值班站长负责所辖区域内的行车控制。

2. 车辆段行车作业组织

车辆段行车作业一般分为列车出入段作业和车辆段内调车作业。

(1)列车出入段作业

正线和出入段线由行车调度员统一指挥管辖,车辆段属于运营前准备场所,由车辆段调度员统一指挥管辖。司机到达列车,先进行车辆检查,检查结束后,按照指令组织列车出入段。

(2)车辆段内调车作业

调车作业计划是由车辆段调度员根据调车作业内容编制的书面计划,它需要下达给信号楼值班员、调车组长,然后由调车组长下达给调车驾驶员和调车员。参与调车作业的人员应人手一份调车作业通知单,确认具备调车条件后,应在调车信号机或调车手信号的要求下进行调车作业,并严格执行调车的有关规定。

四、行车调度工作

为保证安全、准时、舒适地完成旅客运输任务,实现列车运行图,必须进行一系列的日常工作组织。城市轨道运输的日常工作组织就是调度工作。

调度工作由控制中心实施,各部门高度集中地统一指挥,根据列车运行图和具体情况,使各部门密切配合,经济合理地使用各种设备,完成旅客运输任务。

行车调度工作的基本任务:

①负责组织有关行车部门按照运行计划行车,监督各相关部门的执行情况,及时正确地发布有关行车命令。

②监视列车到达、出发及途中运行情况,保证列车运行秩序。

③掌握客流情况,及时调整列车运行方案。

④及时、准确处理行车异常情况,防止行车事故的发生。

⑤监督列车运行情况,遇到突发事件时,及时采取调整措施。

⑥发生行车事故时,按照规定程序向上级部门汇报,并采取措施防止事故扩大,积极参与组织救援工作。

⑦建立、健全运营生产、调度指挥等各项原始记录台账,并综合分析数据,协同有关部门根据实际情况调整相应的组织方案。

五、列车运行图

列车运行图是组织列车运行的基础,运行图是用坐标形式表示列车运行的图解形式,它规定了占用区间的顺序、停站时间、到发时刻、折返及出入场时间等。它是行车组织的基础,是协调城市轨道交通各部门安全运行的重要文件,为保证列车安全、准时、快速运行起到了重要作用。

1. 列车运行图的要素

①横坐标表示时间变量,按要求用不定的比例进行时间划分。一般城市轨道交通列车采用1分格或2分格,每一等分格表示1 min钟或2 min。

②纵坐标表示距离分割,根据区间实际里程,采用规定的比例,以车站中心线所在位置进行距离定点。

③垂直线是一组平行的等分线,表示时间等分段,一般60 min和10 min用粗实线表示,30 min用虚线表示,1 min和2 min用细线表示。

④水平线是一组平行的不等分线,表示各个车站中心线所在的位置,各水平线的距离表示各站之间的距离。

⑤斜线为列车的运行轨迹线,上斜线表示上行列车运行线,下斜线表示下行列车运行线。

⑥运行线与车站线交点表示该列车到达、出发或通过的时刻。由于城市轨道交通车辆停站时间较短，一般不标明到、发的不同时间。

⑦车号、车次：在运行图上，每个列车都要有不同的车号和车次。车次一般按发车顺序编排，上行采用双数、下行采用单数。

2. 列车运行图的分类

（1）按时间轴刻度划分

①一分格运行图：横轴以 1 min 为单位用细竖线划分，主要用于地铁、轻轨运行图的编制。

②二分格运行图：横轴以 2 min 为单位用竖线划分，常用于市郊铁路运行图的编制。

③十分格运行图：横轴以 10 min 为单位用竖线划分，主要用于市郊铁路、铁路运输企业中运行图的编制。

④小时格运行图：横坐标以 1 h 为单位用竖线划分，主要在编制旅客列车方案图和机车周转图时使用。

（2）按区间正线数划分

①单线运行图：如图 7-2 所示，在单线区段采用的运行图，列车上、下行都在一条正线上进行，列车交会只能在车站进行。城市轨道交通中单线运行图很少采用，只有在非正常情况下或在运量较小的市郊铁路使用。

②双线运行图：如图 7-3 所示，在双线区段，上、下行列车在各自的区段上运行，互不干扰，可以在区间内或车站上交会，城市轨道交通系统一般都采用双线运行图。

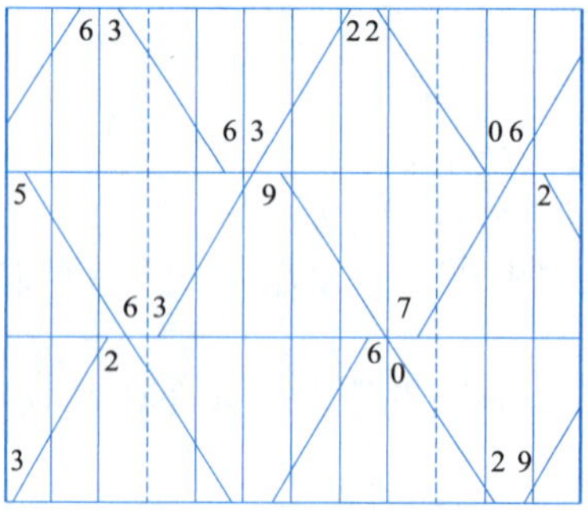

图 7-2　单线运行图

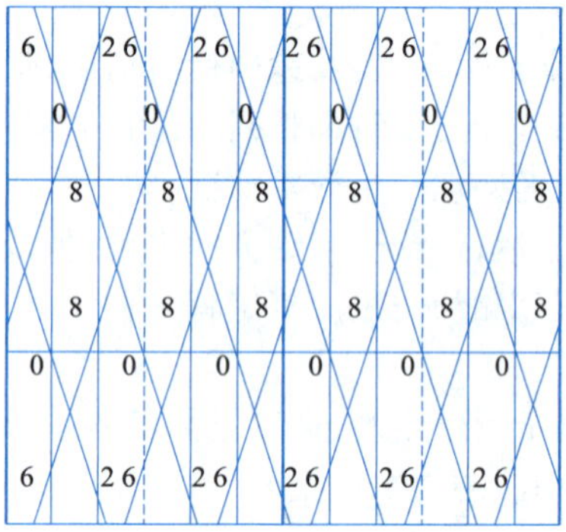

图 7-3　双线运行图

③单双线运行图：单线区段和双线区段各按单线运行图和双线运行图的特点绘制运行线，兼有单线运行图和双线运行图的特征，如图 7-4 所示。在城市轨道交通中，只有在非正常情况下的列车运行调整期间使用。

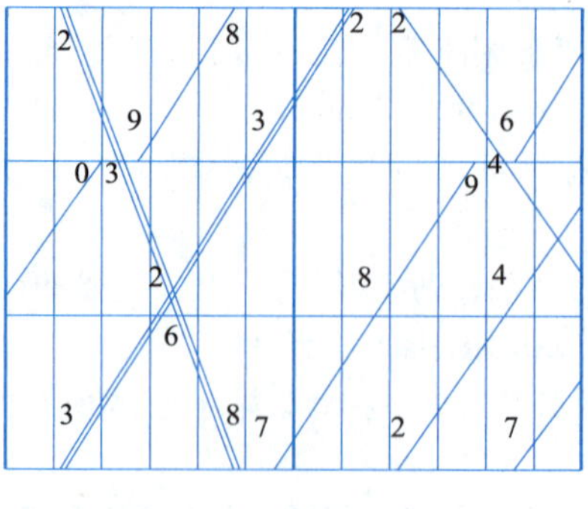

图 7-4　单双线运行图

任务实施

任务工单见表7-1。

表7-1　任务工单

<table>
<tr><td colspan="3">阐述城市轨道交通行车组织相关内容</td></tr>
<tr><td>姓名：</td><td>班级：</td><td>日期：</td></tr>
<tr><td colspan="3">团队成员及分工：</td></tr>
<tr><td>实训目标</td><td colspan="2">①了解城市轨道交通行车组织的定义。
②了解城市轨道交通列车运行图。
③掌握城市轨道交通行车调度工作的基本任务。</td></tr>
<tr><td>实训内容</td><td colspan="2">小张是一名行车调度员，在行车组织中是十分重要的角色，以小组为单位讨论行车调度需要负责哪方面的工作？</td></tr>
<tr><td>引导问题</td><td colspan="2">①城市轨道交通调度工作的任务
②城市轨道交通列车运行图的意义。</td></tr>
<tr><td colspan="3">练习：
①在行车组织指挥层次中，有多个专业调度，分析哪个调度是行车的核心工作。

②描述城市轨道交通行车调度工作任务。

③试画出城市轨道交通列车运行图，并列举其要素有哪些？</td></tr>
</table>

任务评价

任务评价见表7-2。

表7-2 任务评价

序号	评价内容	评价标准	分值	分数		
				学生自评	组间互评	教师评分
1	城市轨道交通行车指挥体系的特点	六个特点，每个5分	30			
2	城市轨道交通调度工作的任务	七个任务，每个5分	35			
3	城市轨道交通列车运行图的要素	七个要素，每个5分	35			
总成绩						

拓展视野

地铁"最强大脑"——调度员

地铁运营中心(OCC)主要承担运营线路的日常行车组织、施工组织、设备及客流监控、应急处置、运营信息收发等职能，所有指令都从这里发出，如图7-5所示。一字排开的计算机、时刻都在运作的调度台、不曾间断的电话铃声……作为地铁运营的"最强大脑"，他们不被乘客所看见，但与乘客息息相关，他们就是地铁调度员。

作为地铁运行的"指挥官"，他们24小时都紧张而忙碌，用高度的责任感，默默守护乘客的出行。

图7-5 地铁运营中心

白天地铁正常运营时，他们时刻坚守在调度台前，目不转睛地盯着电子显示屏，监控全线列车运行状态，控制运营列车运行秩序，一旦故障发生确保在第一时间人工介入，通过调度电话、无线广播指挥列车运行，确保不漏掉任何一个细节。地铁也会有晚点，遇到车站客流较大、停车时间长就会造成晚点，这时就需要人工介入进行调度。

地铁结束一天的运营后，即使在深夜，这里依然灯火通明，控制中心两块巨型数字屏幕上显示着所有地铁站点信息、列车运行实时数据、电力供应情况以及车站监控画面，工作人员指挥、监控地铁列车、信号等各种设备的运转。地铁结束运营后，行车调度员开始有条不紊地组织线路内列车逐个返回"基地"，地铁从"运营模式"转为"检修模式"。

任务二　认识城市轨道交通客运组织

任务目标

①了解城市轨道交通客运组织的定义、特点。

②了解城市轨道交通客运组织的基本原则。

③了解城市轨道交通客运服务内容。

任务描述

城市轨道交通客运组织是一个综合性的系统工程，需要从客运计划、设施配置、服务流程、安全管理等方面全面考虑，以提高客运效率和服务质量，满足乘客出行需求。

核心知识

一、城市轨道交通客运组织概述

1. 城市轨道交通客运组织的定义

城市轨道交通主要是通过合理的客运组织来完成其大容量的客运任务。客运组织是通过合理地布置客运有关设备、设施，以及对客流采取有效的分流、引导措施，来组织客流运输的过程。

2. 城市轨道交通客运组织的特点

①客运组织的服务对象是乘客，还包括乘客随身携带的物品及长途旅客的行李，但不办理行李、包裹托运服务。

②全日客流在时间分布上有较为明显的高峰（一般为早晚高峰）和低谷之分。

③全年客流在不同季节、节假日有较大起伏。

④服务对象较为广泛，包括各地、各阶层和各种职业的固定居民和流动人口。

3. 城市轨道交通车站客运组织的原则

城市轨道交通客运工作的特点决定客运组织应以保证客流运送安全，保持客流运送过程畅通，尽量减少乘客出行时间和避免拥挤，便于大客流发生时及时疏散为目的。为此，在进行客运组织时应特别考虑下面几个原则：

①车站应科学合理地引导客流方向，使客流流动路线简单明确，尽量减少客流在站台、楼梯、大厅、换乘通道等处的交叉对流。

②车站内的导向标志是引导乘客按照预先设计的移动线路流动的告知标志，科学合理设置导向标志可以使乘客快速分流，减少客流聚集和过分拥堵的现象。

③为避免乘客大量滞留车站，客运组织必须实行"出站优先"的原则。

④在组织客流时，车站应尽力为乘客提供方便，帮助乘客减少进出站、换乘时间和换乘距离。

如适宜的换乘步行距离、恶劣天气下的保护、气候调节、对残疾人专门设计无障碍通道等。

4. 正常情况下客流组织

正常情况下客流组织主要由进站客流组织、出站客流组织和换乘客流组织三大部分组成。

①进站客流组织:主要包括进站、购票、检票、候车和乘车等。车站注意观察,加强瞭望,引导乘客有序进站、购票、检票、候车及上下车,并及时处理突发事件。

②出站客流组织:主要包括下车、出闸和出站。出站客流组织应以尽快疏散乘客出站为原则,防止出站与进站客流产生明显对冲和交叉。

③换乘客流组织:换乘站客流量一般较大,客流流线复杂,客流组织相对复杂。换乘站需根据不同的换乘方式采用不同的方法,原则是组织好换乘客流、缩短换乘路径、减少换乘客流与进出站客流的交叉干扰。

5. 大客流组织

大客流是指在某一单位时间内,集中到达的客流量超过车站正常客运设施或客运组织措施所能承担的流量时的客流。

大客流的组织原则是统一指挥、逐级负责和分级控制,由运营控制中心成立应急指挥小组统一指挥,运营控制中心、站长、值班站长、值班员和站务员各负其责,客流控制遵循"由内至外、由下至上"原则,按照站台、付费区和非付费区分级控制。

6. 突发大客流组织

突发事件是指在没有任何征兆的情况下,城市轨道交通车站内、列车上或其他设备设施内突然发生的危及人身安全的事件,如地震、火灾、恐怖袭击、爆炸、大面积停电等。当发生突发事件时,工作人员须按照应急预案要求,冷静、迅速处理,将乘客快速疏散至安全位置。主要做法是疏散、清客和隔离。

二、城市轨道交通客运服务

城市轨道交通客运服务是对乘客进站、购票、候车、换乘、出站等每一环节提供安全、便利、快捷的人性化服,客运服务也是客运组织工作的重要组成部分。

1. 城市轨道交通客运服务内容

①导乘服务:车站应在出入口、自助购票机、闸机、站台等明显区域设置导向标识引导乘客顺利进出站。

②问讯服务:乘客在进站乘车的过程中,会产生问讯的需求,一般包括票务信息查询、乘车路线查询等内容。车站的问讯服务可分为有人式服务和无人式服务,车站的工作人员应向问讯的乘客提供服务,但随着时代的发展,车站的问讯服务向自助式服务方向发展。

③售检票服务:目前,世界各国城市轨道交通售检票服务主要采用"自动售检票为主,人工售检票为辅"的方式。

④组织乘降:站台应设有明显的候车安全线,提示乘客在列车未进站停稳,屏蔽门、车门未全打开之前,不要越过安全线,以防发生意外事件。

⑤引导乘客出站:乘客到达目的地后,持票、刷卡或扫码出站,车站应有各类导向标志,引导乘客从所需的出口出站。

⑥安全检查服务:采用安检装置对乘客行李进行检查,发现携带"危险品"的乘客进站时应立即给予制止。

⑦特殊服务:城市轨道交通属于公共交通系统,对老、幼、病、残、孕等乘客应提供特殊服务,

协助其顺利乘车。

2. 城市轨道交通客运服务基本要求

①保持制服整洁，不佩戴夸张饰品，当班时应保持精气神，避免显露疲态。

②留意周围的环境和设备，确保站厅、站台环境整洁，设备状态良好。

③维持车站秩序，留意周围的乘客，发现其有任何困难，应主动上前询问，并尽力提供帮助。解答乘客的疑问时，要耐心热情、态度和蔼。

④熟悉售票、补票、坏票处理、车票分析的基本操作程序，能够高效地处理票务问题。

笔记栏：

任务实施

任务工单见表7-3。

表 7-3　任务工单

认识城市轨道交通客运组织		
姓名：	班级：	日期：
团队成员及分工：		
实训目标	①了解城市轨道交通客运组织的相关内容。 ②了解城市轨道交通客运服务的有关内容	
实训内容	到附近的城市轨道交通车站或通过视频观摩站务员的日常客运服务，理解城市轨道交通客运组织的内容，以小组为单位，讨论正常情况下和非正常情况下如何组织好客流	
引导问题	①城市轨道交通客运组织的原则与内容有哪些？ ②城市轨道交通客运服务的内容与特点？	
练习： ①什么是城市轨道交通客运组织？ ②讨论乘客进站、购票、检票、候车和乘车时如何组织客流。 ③讨论如遇节假日的大客流情况，如何组织客流？ ④如果你是一名站务人员，如何做好客运服务？		

任务评价

任务评价见表 7-4。

表 7-4　任务评价

序号	评价内容	评价标准	分值	分数		
				学生自评	组间互评	教师评分
1	城市轨道交通客运组织的特点	每个特点 5 分，三个特点 15 分	15			
2	正常情况下客流组织	三项内容，每项 10 分	30			
3	非正常情况下客流组织	大客流、突发大客流的组织原则，每项 10 分	20			
4	城市轨道交通客运服务的内容	七项内容，每项内容 5 分	35			
总成绩						

拓展视野

全国劳动模范——武汉地铁“陀螺站长”姚婕

自 2004 年入职武汉地铁以来，姚婕始终坚持“知你心忧，懂你所求”的服务理念，待乘客如亲人。她在平凡的岗位上用实际行动自觉践行社会主义核心价值观，把武汉地铁“拼搏赶超，有诺必达”的企业精神融入工作。

为了让每名乘客来得开心，走得舒心，在她的带领下，汉口火车站创建了“知心姐姐”服务驿站，车站服务三星及以上人员加入了“知心姐姐”团队，并推出了预约出行、极速导航、安行救急、定位寻物、母婴无忧等“一站式”服务，不断提升服务品质和服务体验，在武汉的交通窗口为乘客留下了美好的回忆。

姚婕根据不同乘客的需求进行精准服务，逐渐摸索总结出了一套“点心”优质服务法——笑容多一点，真心；专业精一点，诚心；行动快一点，热心；说话轻一点，爱心。姚婕“点心工作法”的推广与武汉地铁微笑服务品牌结合，全面提升了武汉地铁运营服务水平。

在地铁车站工作的 19 年时间里，姚婕团队安全组织运送乘客 4 亿人次，共帮助乘客解决各类问题万余件，接到全国各地数百名乘客送达的锦旗和感谢信，她像个陀螺一样在车站里服务着每一名过往乘客。成为武汉地铁里的“最强站长”“陀螺站长”“地铁航标”……姚婕认为，客运服务工作除了保安全外，最重要的是把乘客当成亲人，这样的服务才有了温度，能温暖人心。

任务三　认识城市轨道交通票务管理

任务目标

①了解城市轨道交通售检票方式。

②掌握城市轨道交通票价与票制。

③了解城市轨道交通车票安全管理。

任务描述

城市轨道交通票务管理是对车票流向、票款收入和自动售检票系统的运行情况进行总的监视、控制、协调、指挥和调度。其管理的好坏会直接影响到客运服务质量以及运营公司的收入和经济效益。

核心知识

一、售检票方式

1. 开放式售检票

开放式售检票是指车站不设检票口,乘客在上车前或在列车上付费,在车上随机查票并进行补票与罚款的售检票方式。

2. 封闭式售检票

封闭式售检票是指车站设检票口,乘客进出收费区进行检票并完成收费的售检票方式。封闭式售检票分为传统的人工售检票、半自动售检票和自动售检票三种方式。

(1)人工售检票

人工售检票是一种完全由人工来完成售票、检票和票务数据统计的方式。人工售检票又分进站检票、出站检票和进出站均检票三种情形。人工售检票的优点是设备投资小,缺点是需要雇佣大量检票人员。这种方式往往在客运量较小的线路上推行。

(2)半自动售检票

半自动售检票是一种由人工参与、设备辅助来完成售票、检票和票务数据统计的方式。

(3)自动售检票

采用自动售检票(AFC)实行全封闭的计程、计时收费,乘客进出收费区均需要通过检票机检票后方能通行,可以实现售票、检票、收费和运营统计的自动化。自动售检票系统的应用就是自动售检票方式取代人工售检票方式的一种形式。

二、票制与票价

1. 票制

票制是票价制式的简称,是指城市轨道交通的收费方式和票价变化的规律,它是票价制定的基础。有两种形式:单一票价制和计程票价制(分级票价制),世界各国城市少部分采用单一票价制,大部分采用计程票价制。

单一票价制是指不论乘客乘坐里程长短或站点数多少都实行一种价格的票价制度。其优点是售票简单,效率高,进站检票,出站不检票,可减少车站管理人员;缺点是乘客支付的车费不够合理,无论路途远近,都支付同样的车费,且给票价的制订带来困难,使城市轨道交通运营效益不够理想。目前采用这种票制的国外城市较多,如纽约、莫斯科等,我国北京在2015年以前也采用过该种票制。

计程票价制是根据乘客乘车距离的长短来计算票价的票制,又分为按区间分段计价和按里程计价两种。按区间分段计价是指按乘客乘坐的车站区间数量实行多级票价,目前天津、哈尔滨城市轨道交通采取了该种票制,表7-5所示为天津地铁10号线票价标准。按里程计价是指按乘客乘坐的运营里程长短实行多级票价,由于按计程票制计算的票价比较合理,因此有利于吸引更多乘客。目前国内外大部分城市的城市轨道交通都采用计程票制。

表 7-5　天津地铁 10 号线票价标准

线　路	票　价	
天津地铁 10 号线	乘坐 5 站 4 区间以内(含 5 站)	2 元
	乘坐 5 站 4 区间以上,10 站 9 区间以下(含 10 站)	3 元
	乘坐 10 站 9 区间以上,16 站 15 区间以下(含 16 站)	4 元
	乘坐 16 站 15 区间以上	5 元

一般在运营里程较短或乘客平均距离较长的线路上采用单一票制,而运营里程较长,乘客平均距离较短的线路上采用计程票价。在流动人口较多的旅游开放城市,还可以采取平时、高峰两票制,以提高经济效益。

2. 票价

城市轨道交通作为城市公共交通的组成部分,带有公益性,不能单纯追求利润,票价不仅取决于本身运营成本,还受其他交通方式的票价水平、城市发展水平、市民生活水平、物价政策、企业交通补贴等多种因素制约。

三、城市轨道交通自动售检票(AFC)系统

城市轨道交通自动售检票系统是以磁卡或智能卡(非接触式 IC 卡)为车票介质,利用自动售票机、半自动售票机、自动检票机等终端设备,并通过计算机网络实现城市轨道交通运营中的售票、检票、计费、收费、统计、清分结算和运行管理等全过程的自动化系统。其主要工作内容如下:

①实现中央系统、车站系统和终端设备之间的数据传输和处理。

②完成车票制作、售票、检票、票务统计分析等工作。

③及时、准确地进行客流、票务数据的收集、整理、汇总和分析。

④实现城市轨道交通收益方的清分结算以及与关联系统之间的清分结算。

四、票务管理工作的主要内容

城市轨道交通票务系统的业务管理是借助于自动售检票系统来实现的,主要包括车票管理、规则管理、账务管理、票务设备设施管理等主要内容。

①车票管理:主要为包括统计车票库存量,并根据全线车票使用情况制订车票采购计划;对新票进行验收入库;对各类车票进行初始化、编码工作;对车票使用情况进行汇总、监控和管理;根据使用需求,及时调配车票;对需要回收车票及问题车票进行处理。

②规则管理:是为确保票务系统规范运作,而制定出一系列规则和流程并加以实施,包括票价方案、收益分配、权限管理、操作流程、清分管理等。

③财务管理:分为收益管理、审计管理、稽查管理。收益管理是对系统内的票务收入进行汇缴、清算、入账等的过程管理;审计管理负责处理收益管理过程中发现的票务疑难问题,调查票款差异并确定归因;稽查管理主要是对设计管理过程中发现的违章金额大、违章次数多的票务违章行为进行跟踪查办,为收益安全管理重大决策提供依据。

④票务设备设施管理:对 AFC 系统和设备进行日常运营维护维修、技术提升、硬件改造和软件升级等工作。对于车站票务管理而言,票务设备设施管理的主要工作是监管设备和处理简易故障,以保证车站票务工作的正常进行。

五、车票安全管理规定

车票是自动售检票系统(AFC)票务收益的载体,因此必须对车票进行妥善保管,保证车票的安全。

①任何时间，车票只能存放于 AFC 票务室、客服中心、自动售票机（TVM）和出站闸机（GATE）等处，除特殊原因，任何人不可在其他地点放置车票。除满足运营需要放在自动售票机（TVM）和客服中心的普通单程票与普通储值票外，其他普通单程票和普通储值票存放于 AFC 票务室专用的文件柜，预制单程票、特种票存放在 AFC 票务室保险柜中，钥匙由当班客运值班员全权负责，每班做好交接。备用钥匙封入票务专用信封，由站长负责保管。

②车票在运送途中，一律放在上锁的票箱或封闭手推车内。

③车票在任何地点存放都要有相应人员负责，一旦发生丢失、损坏，按票务管理规章相关规定处理。

④在有监控设备的条件下，清点、交接任何车票，均需要在监控摄像头有效范围内进行操作，不得私藏车票。

⑤售票开始前，客运值班员与售票员当面清点所领储值票以及找零款项，并将配发数填写在“售票员结算单”上，待售票员清点确认后双方在“售票员结算单”上签章确认。

⑥运营过程中如果售票员要离开客服中心（如上洗手间、吃饭等）的，须通知客运值班员，并退出票务处理机（BOM）操作界面。客运值班员根据情况决定是否安排顶班，如果需要客运值班员或机动售票员顶班，顶班交接时双方应各自在票务处理机（BOM）设备退出及登录自己的操作号，严禁信用交接、使用他人的操作号进行售票。

⑦售票结束后，售票员要将所有车票交回 AFC 票务室，与客运值班员办理结账交接。客运值班员核对“售票员结算单”上配发车票数是否等于售出车票数与剩余车票数之和；售票员退回的单程票、乘客退票（含无效票）需经点数及检测车票状态后确认。若数目相等，则完成车票交接；若数目不等，合计车票成本，按票务管理规章相关规定处理，并在相应报表上做好记录。

⑧在非运营时间，车站工作人员不得进入客服中心开启、操作票务处理机。

⑨在未得到当班值班站长的许可下，任何非当班票务工作人员不得进入 AFC 票务室、客服中心。任何非当班人员在进入 AFC 票务室时，必须有一名当值客运值班员陪同。

⑩在非运营时间，除当班客运值班员、值班站长、售票员和厅巡外，任何人员不得进入 AFC 票务室（特殊情况下，由值班站长或站长批准进入的除外）。

笔记栏：

任务实施

任务工单见表7-6。

表7-6　任务工单

了解城市轨道交通票务管理相关内容	
姓名：　　　　班级：　　　　日期：	
团队成员及分工：	
实训目标	①知晓城市轨道交通售检票方式。 ②理解城市轨道交通票制。 ③了解城市轨道交通票务安全管理
实训内容	小王是来呼和浩特的务工人员，其乘坐地铁2号线，通过人工窗口，花费5元前购买了前往目的地的车票，经进站、乘车、出站到达目的地。以小组为单位，讨论小王采用的售票、检票方式，及呼市地铁的票制
引导问题	①城市轨道交通票制的类型。 ②城市轨道交通售检票的方式有哪些？
练习： ①分析呼和浩特市地铁的售检票方式，举例说明你所在城市地铁站的检票的方式。 ②呼和浩特市地铁2号线票价标准：起步价为2元，起步里程为0～5千米（含）；5～10千米（含）票价为3元；10～15千米（含）票价为4元，15～21千米（含）票价为5元，21～28千米（含）票价为6元，28千米以上每增加1元可继续乘坐10千米。分析小王本次乘坐地铁的里程及呼市地铁的票制。 ③收集资料，介绍城市轨道交通的车票有哪些种类，你所在城市轨道交通是何种票制。	

任务评价

任务评价见表 7-7。

表 7-7 任务评价

序号	评价内容	评价标准	分值	分数		
				学生自评	组间互评	教师评分
1	城市轨道交通售检票方式	三种方式,每种 10 分	30			
2	城市轨道交通票制	三种方式,每种 10 分	30			
3	收集资料,制作 PPT 介绍车票的种类	从材质、形状、特点等方面进行介绍	40			
总成绩						

拓展视野

北京—呼和浩特两地实现地铁票务互联互通

2020 年 6 月 5 日上午,呼和浩特—北京城市轨道交通支付"互联互通"正式启动,如图 7-6 所示。

图 7-6 呼和浩特—北京两地地铁票务互联互通启动仪式

呼和浩特—北京城市轨道交通支付"互联互通",是指"青城地铁"App 用户可在北京地铁刷二维码乘车,北京"亿通行"App 用户可在呼和浩特刷二维码乘地铁,北京、呼和浩特两地正式实现地铁乘车互联互通,业务范围包括行程记录、线上补票等功能。这为两地乘客提供了更便利和统一的多元化城市轨道交通互联网服务,提升了乘客选择自由度。

巩固与练习

一、填空题

1. 行车组织工作必须坚持"__________"的原则。。
2. __________是组织列车运行的基础。
3. 城市轨道交通系统一般都采用__________线运行图。
4. 封闭式售检票分为传统的__________、__________和自动售检票三种方式。
5. 票制是 的简称,它有两种形式:__________和__________。
6. AFC 系统称为__________。

二、判断题

1. 一般城市轨道交通列车采用十分格列车运行图。（　）
2. 列车运行图横坐标表示距离分割。（　）
3. 自动售检票方式往往在客运量较小的线路上推行。（　）
4. 目前国内大部分城市的城市轨道交通都采用计程票制。（　）

三、简答题

1. 行车指挥体系的工作原则。
2. 简述车站行车作业组织的内容。
3. 行车调度工作的基本任务有哪些？
4. 叙述列车运行图的要素的含义。
5. 什么是城市轨道交通客运组织？
6. 简述城市轨道交通客运服务内容。

参 考 文 献

[1] 姚林泉,汪一鸣. 城市轨道交通概论[M]. 2 版. 北京:清华大学出版社,2018.

[2] 刘建国,张齐坤. 城市轨道交通概论[M]. 北京:中国铁道出版社,2015.

[3] 李建国. 城市轨道交通概论[M]. 2 版. 北京:机械工业出版社,2015.

[4] 闫国强. 城市轨道交通概论[M]. 3 版. 北京:人民交通出版社股份有限公司,2021.

[5] 慕威. 城市轨道交通概论[M]. 2 版. 北京:人民交通出版社股份有限公司,2021.

[6] 汪武芽. 城市轨道交通概论[M]. 北京:机械工业出版社,2020.

[7] 刘敏,刘燕. 城市轨道交通车辆电气检修系统[M]. 2 版. 北京:人民交通出版社股份有限公司,2021.

[8] 盛海洋. 城市轨道交通安全管理[M]. 武汉:华中科技大学出版社,2021.

[9] 李建民. 城市轨道交通供电系统概论[M]. 2 版. 北京:机械工业出版社,2015.

[10] 卢桂云. 城市轨道交通车辆检修[M]. 北京:高等教育出版社,2019.

[11] 宋齐吼,李学武. 城市轨道交通供电[M]. 北京:中国铁道出版社,2015.

[12] 旷利平,黄艺娜. 城市轨道交通车辆构造与运用[M]. 成都:西南交通大学出版社,2019.

[13] 邱志华,彭建武. 城市轨道交通车辆构造[M]. 2 版. 北京:人民交通出版社股份有限公司,2021.

[14] 张利彪. 城市轨道交通信号与通信系统[M]. 北京:人民交通出版社,2013.

[15] 中华人民共和国国家标准. 地铁设计规范:GB 50157—2013[S]. 北京:中国计划出版社,2013.